D1329797

ÉLOGE DU CARBURATEUR

MATTHEW B. CRAWFORD

ÉLOGE DU CARBURATEUR

Essai sur le sens et la valeur du travail

Traduit de l'anglais (États-Unis)
par Marc Saint-Upéry

Les Éditions
LOGIQUES
Une compagnie de Quebecor Media

Catalogage avant publication de Bibliothèque et Archives nationales
du Québec et Bibliothèque et Archives Canada

Crawford, Matthew B.
    Éloge du carburateur : essai sur le sens et la valeur du travail
    Traduction de: Shop class as soulcraft.
    ISBN 978-2-89644-004-7
    1. Travail. 2. Travail - Philosophie. I. Titre.

HD4824.C7214 2010   331   C2010-941342-3

Édition : Martin Bélanger
Correction d'épreuves : Daniel Bouillon
Couverture et grille graphique intérieure : Chantal Boyer
Mise en pages : Louise Durocher
Photo de couverture : Shutterstock

Remerciements
Les Éditions Logiques reconnaissent l'aide financière du gouvernement du Canada par
l'entremise du Fonds du livre du Canada pour leurs activités d'édition. Nous remer-
cions le Conseil des Arts du Canada et la Société de développement des entreprises
culturelles du Québec (SODEC) du soutien accordé à notre programme de publication.
Gouvernement du Québec – Programme de crédit d'impôt pour l'édition de livres –
gestion SODEC.
Les Éditions La Découverte et le traducteur remercient Jean-Luc Sensi pour l'aide
précieuse apportée à la traduction des termes et expressions techniques.

Ouvrage initialement paru sous le titre *Shop Class as Soul Craft. An Inquiry into The Value
of Work* chez Penguin Press en 2009.

Les Éditions Logiques
Groupe Librex inc.
Une compagnie de Quebecor Media
La Tourelle
1055, boul. René-Lévesque Est
Bureau 800
Montréal (Québec) H2L 4S5
Tél. : 514 849-5259
Téléc. : 514 849-1388
www.edlogiques.com

Dépôt légal – Bibliothèque et Archives nationales du Québec et Bibliothèque et Archives
Canada, 2010

ISBN : 978-2-89644-004-7

Distribution au Canada
Messageries ADP
2315, rue de la Province
Longueuil (Québec) J4G 1G4
Tél. : 450 640-1234
Sans frais : 1 800 771-3022
www.messageries-adp.com

Pour mes filles, joyeuse petite troupe,
B., G. et J.

À la mémoire de mon père bien-aimé,
Franck S. Crawford Jr.

Introduction

Si vous cherchez une bonne machine-outil, adressez-vous à Noel Dempsey, qui tient boutique à Richmond, en Virginie. Le magasin bien achalandé de Noel est plein de tours, de fraiseuses et de scies circulaires ; il se trouve que la plupart de ces outils proviennent d'établissements scolaires. On trouve également en abondance ce genre d'équipement sur eBay et, là aussi, il s'agit généralement d'objets en provenance de *high schools* ou de collèges. Cela fait près de quinze ans qu'ils circulent sur le marché de l'occasion. C'est en effet dans les années 1990 que les cours de technologie ont commencé à disparaître dans l'enseignement secondaire américain, quand les enseignants ont commencé à vouloir préparer leurs élèves à devenir des « travailleurs de la connaissance » (*knowledge workers*).

La disparition des outils de notre horizon éducatif est le premier pas sur la voie de l'ignorance totale du monde d'artefacts que nous habitons. De fait, il s'est développé depuis quelques années dans le monde de l'ingénierie une nouvelle culture technique dont l'objectif essentiel est de dissimuler autant que possible l'intérieur des machines. Le résultat, c'est que nombre des appareils que nous utilisons dans la vie de tous les jours sont devenus parfaitement indéchiffrables. Soulevez le capot de certaines voitures (surtout si elles sont de marque allemande) et, en lieu et place du moteur, vous verrez apparaître quelque chose qui ressemble à l'espèce d'obélisque lisse et brillant qui fascine tellement les anthropoïdes au début du film de Stanley Kubrick *2001 : L'Odyssée de l'espace*. Bref, ce que vous découvrez, c'est un autre capot sous le capot. Cet art de la dissimulation a bien d'autres exemples. De nos jours, pour défaire les vis qui maintiennent ensemble les différentes parties des appareils de petite taille, il faut souvent utiliser des tournevis ultraspéciaux qui sont très difficiles à trouver dans le commerce, comme pour dissuader les curieux ou les insatisfaits de mettre leur nez dans les entrailles de ces objets. Inversement, mes lecteurs d'âge mûr se souviendront sans doute que, il n'y a pas si longtemps, le catalogue Sears incluait des graphiques et des schémas décrivant les parties et le fonctionnement de tous les appareils domestiques ainsi que de nombreux autres engins mécaniques. L'intérêt du consommateur pour ce genre d'information passait alors pour une évidence.

Ce déclin de l'usage des outils semble présager un changement de notre relation avec le monde matériel, débouchant sur une attitude plus passive et plus dépendante. Et, de fait, nous avons de moins en moins d'occasions de vivre ces moments de ferveur créative où nous nous saisissons des objets matériels et les faisons nôtres, qu'il s'agisse de les fabriquer ou de les réparer. Ce que les gens ordinaires fabriquaient hier, aujourd'hui ils l'achètent ; et ce qu'ils réparaient eux-mêmes, ils le remplacent intégralement ou bien louent les services d'un expert pour le remettre en état, opération qui implique souvent le remplacement intégral d'un appareil en raison du dysfonctionnement d'une toute petite pièce.

Cet ouvrage plaide pour un idéal qui s'enracine dans la nuit des temps mais ne trouve plus guère d'écho aujourd'hui : le savoir-faire manuel et le rapport qu'il crée avec le monde matériel et les objets de l'art. Ce type de savoir-faire est désormais rarement convoqué dans nos activités quotidiennes de travailleurs et de consommateurs, et quiconque se risquerait à suggérer qu'il vaut la peine d'être cultivé se verrait probablement confronté aux sarcasmes du plus endurci des réalistes : l'économiste professionnel. Ce dernier ne manquera pas, en effet, de souligner les « coûts d'opportunité » de perdre son temps à fabriquer ce qui peut être acheté dans le commerce. Pour sa part, l'enseignant réaliste vous expliquera qu'il est irresponsable de préparer les jeunes aux professions artisanales et manuelles, qui incarnent désormais un stade révolu de l'activité économique. On peut toutefois se demander si ces considérations sont aussi réalistes qu'elles le prétendent, et si elles ne sont pas au contraire le produit d'une certaine forme d'irréalisme qui oriente systématiquement les jeunes vers les métiers les plus fantomatiques.

Aux environs de 1985, on a commencé à voir apparaître dans les revues spécialisées en éducation des articles intitulés « La révolution technologique en marche » ou « Préparez vos enfants à un avenir *high-tech* mondialisé ». Bien entendu, ce genre de futurisme n'est pas nouveau en Amérique. Ce qui est nouveau, c'est le mariage du futurisme et de ce qu'on pourrait appeler le « virtualisme », l'idée que, à partir d'un certain moment, nous finirons par prendre congé de la réalité matérielle et par flotter librement dans un univers économique d'information pure. En fait, ce n'est pas si nouveau, cela fait bien cinquante ans qu'on nous ressasse que nous sommes au seuil de la « société postindustrielle ». S'il est vrai que nombre d'emplois industriels ont migré sous d'autres cieux, les métiers manuels de type artisanal sont toujours là. Si vous avez besoin de faire construire une terrasse ou de faire réparer votre véhicule, les Chinois ne vous seront pas d'une grande utilité. Rien d'étonnant à cela, ils habitent en Chine. Et on constate l'existence d'une pénurie de main-d'œuvre tant dans le secteur de la construction que dans celui de la mécanique auto. Pourtant, les intellectuels ont trop souvent eu tendance à mettre ces métiers manuels dans le

même sac que les autres formes de travail industriel : tout
ça, c'est des boulots de « cols bleus », et donc tous censés
appartenir à une espèce en voie de disparition. Mais,
depuis peu, ce consensus a commencé à se fissurer ; ainsi,
en 2006, le *Wall Street Journal* se demandait si « le travail
[manuel] qualifié n'était pas en train de devenir l'une des
voies privilégiées pour accéder à une vie confortable ».

Ce livre n'est pas vraiment un livre d'économie ; il
s'intéresse plutôt à l'*expérience* de ceux qui s'emploient à
fabriquer ou réparer des objets. Je cherche aussi à comprendre ce qui est en jeu quand ce type d'expérience tend
à disparaître de l'horizon de nos vies. Quelles en sont les
conséquences du point de vue de la pleine réalisation de
l'être humain ? L'usage des outils est-il une exigence permanente de notre nature ? Plaider en faveur d'un renou-
veau du savoir-faire manuel va certainement à l'encontre
de nombre de clichés concernant le travail et la consommation ; il s'agit donc aussi d'une critique culturelle. Quelles
sont donc les origines, et donc la validité, des présupposés
qui nous amènent à considérer comme inévitable, voire
désirable, notre croissant éloignement de toute activité
manuelle ?

Je ferai souvent référence à ma propre expérience
de travail, la plus récente en particulier, celle de mécanicien moto. Quand je vois une moto quitter mon atelier
en démarrant gaillardement, et ce, quelques jours après
y avoir été transportée à l'arrière d'un pick-up, toute ma
fatigue se dissipe, même si je viens de passer la journée
debout sur une dalle de béton. À travers la visière de son
casque, je devine le sourire de satisfaction du motocycliste
privé de véhicule depuis un bon bout de temps. Je le salue
d'un geste de la main. Une main sur la manette des gaz
et une autre sur l'embrayage, je sais qu'il ne peut pas me
rendre mon salut. Mais je déchiffre un message de gratitude dans la joyeuse pétarade du moteur qu'il fait s'em-
baller pour le plaisir. J'aime cette sonorité exubérante,
et je sais que lui aussi. Ce qui passe entre nous, c'est une
conversation de ventriloques au timbre mécanique, et le
message en est tout simple : « Ouaaaaaaaaaais ! »

La sensation de cette liasse de billets dans ma poche n'a rien à voir avec les chèques que je recevais dans mon précédent boulot. Parallèlement à mes études de doctorat en philosophie politique à l'université de Chicago, je travaillais comme directeur d'une fondation à Washington, un *think tank*, comme on dit. J'étais constamment fatigué et, sincèrement, je ne voyais pas très bien pourquoi j'étais payé : quels bien tangibles, quels services utiles mon travail fournissait-il à qui que ce soit ? Ce sentiment d'inutilité était passablement déprimant. J'étais bien payé, mais c'était pratiquement comme recevoir une *indemnité* et, au bout de cinq mois, j'ai laissé tomber pour ouvrir mon atelier de réparation de motos. Peut-être que je ne suis pas doué pour le travail de bureau. Mais, en réalité, je doute fort que mon problème soit exceptionnel. Si je raconte ici ma propre histoire, ce n'est pas parce que je crois qu'elle sort de l'ordinaire, mais au contraire parce que je pense qu'elle est assez banale. Je veux rendre justice à certaines intuitions qui sont partagées par beaucoup de gens, mais qui n'ont pas suffisamment de légitimité publique. Tel est le sujet de ce livre : j'ai toujours éprouvé un sentiment de créativité et de compétence beaucoup plus aigu dans l'exercice d'une tâche manuelle que dans bien des emplois officiellement définis comme « travail intellectuel ». Plus étonnant encore, j'ai souvent eu la sensation que le travail manuel était plus captivant *d'un point de vue intellectuel*. Cet ouvrage est donc une tentative de comprendre pourquoi.

Je tire mes exemples de deux domaines essentiellement, ceux des métiers de la réparation et de la construction. Ce sont des professions avec lesquelles j'ai une certaine familiarité (j'ai aussi travaillé comme électricien), mais je pense que mon raisonnement peut aussi s'appliquer à d'autres types de tâches. Il se trouve que la plupart des individus qui apparaissent dans cet ouvrage sont des hommes, mais je suis certain que les femmes, elles aussi, savent reconnaître l'attrait de ce genre d'activité tangible et directement utile.

Maintenant, quelques mots sur ce que ce livre *n'est pas*. Je souhaite éviter le halo de mysticisme qui s'attache souvent aux éloges du savoir-faire artisanal, car il s'agit pour moi simplement de rendre justice aux satisfactions qu'il nous offre. Vous ne trouverez donc pas ici de digressions sur les fabricants de sabres japonais ou autres merveilles. J'emploierai de préférence le terme de « métier » (*trade*) plutôt que celui d'« art » (*craft*) pour souligner le caractère prosaïque de mon sujet (mais je n'observerai pas cette distinction avec une rigueur systématique). Comparés à ceux d'un véritable artisan, mes maigres talents ne pèsent pas grand-chose ; par conséquent, je n'ai aucune compétence pour parler de l'arôme de haute spiritualité qui est censé se dégager d'un tenon parfaitement emmanché dans sa mortaise, ou de quoi que ce soit dans le genre. Disons que, *grosso modo*, le savoir-faire de l'artisan définit une norme idéale, mais que, dans un système marchand de consommation de masse comme le nôtre, c'est l'activité de l'homme de métier qui incarne un mode de vie économiquement viable. Du moins s'agit-il d'un modèle largement accessible et qui offre une série de satisfactions similaires à celles que nous associons au savoir-faire artisanal. Nous tendons également à imaginer l'artisan dans le confort de son atelier, tandis que l'homme de métier travaille hors de chez lui et doit ramper sous un évier ou grimper au sommet de poteaux électriques et, en général, essayer de faire fonctionner des objets qui ne lui appartiennent pas.

Par conséquent, j'essaie d'éviter les images enjolivées du travail manuel dans lesquelles se complaisent parfois les intellectuels. Je ne pense pas non plus qu'il soit intéressant de nourrir la nostalgie d'une vie « plus simple » et soi-disant plus authentique, ou bien dotée d'une aura démocratique plus prestigieuse du fait d'être liée à la « classe ouvrière ». Certes, mon intention est bien de réhabiliter l'honneur des métiers manuels en tant qu'option professionnelle parfaitement légitime, mais j'ai choisi de le faire à partir de ma propre expérience, qui ne gagne rien à être lue à la lumière de ces idéaux contestables. La plupart des individus avec qui j'ai travaillé comme électricien ou comme mécanicien ne correspondaient guère à l'image traditionnelle du « col bleu ». Nombre d'entre eux étaient des excentriques, des réfugiés d'une existence antérieure trop étriquée. Certains dérivaient entre travail et inactivité, selon les circonstances.

Cet ouvrage propose une série d'arguments en faveur d'une forme de travail dont on peut dire qu'elle a du sens parce qu'il s'agit d'un travail vraiment utile. Il explore également ce qu'on pourrait appeler l'éthique de l'entretien et de la réparation. Ce faisant, j'espère qu'il aura quelque chose à dire aux personnes qui, sans exercer professionnellement ce genre d'activité, s'efforcent d'arriver dans leur vie à un minimum d'indépendance (*self-reliance*) matérielle à travers la connaissance pratique des objets matériels qui nous entourent. Nous n'aimons pas que ce que nous possédons nous dérange. Pourquoi certains des nouveaux modèles de Mercedes n'ont-ils plus de jauge à huile, par exemple ? Qu'est-ce qui nous séduit dans l'idée d'être débarrassés de toute interaction importune avec les choses qui nous entourent ? Poser ces questions fondamentales concernant notre culture de consommation, c'est aussi poser des questions fondamentales sur le sens du travail, parce que plus les objets utilitaires sont dociles et discrets, plus ils sont compliqués. Et quels effets cette complexité croissante des voitures et des motos, par exemple, a-t-elle eus sur les tâches de ceux qui sont chargés de leur entretien ? On entend souvent dire qu'il faut « requalifier » la main-d'œuvre pour qu'elle soit à la hauteur de l'évolution technologique. À mon avis, la question est plutôt la suivante : quel type de personnalité doit posséder un mécanicien du XXIe siècle pour tolérer la couche de gadgets électroniques inutiles qui parasite aujourd'hui le moindre appareil ?

Il s'agit donc d'une tentative de cartographier les territoires imbriqués où se côtoient l'idée d'un « travail doté de sens » et celle de l'« indépendance » (*self-reliance*). Ces idéaux sont tous deux liés à la *lutte pour l'expression active de l'individu* (*individual agency*) qui est au centre même de la vie moderne. Quand nous contemplons notre existence sous l'angle de cette lutte, certaines expériences acquièrent une plus grande importance. Tant comme travailleurs que comme consommateurs, nous sentons bien que nos vies sont contraintes par de vastes forces impersonnelles qui agissent sur nous à distance. Ne sommes-nous pas en train de devenir chaque jour un peu plus stupides ? Pour avoir la moindre *prise* sur le monde, intellectuellement parlant, ne nous faut-il pas aussi avoir un minimum de capacité d'agir matériellement sur lui ?

Pour certaines personnes, cela signifie cultiver son propre potager. On dit même qu'il y a maintenant des gens qui élèvent des poulets sur les toits des immeubles de New York. Ces néo-agriculteurs expliquent qu'ils éprouvent une profonde satisfaction dans le fait de récupérer une relation plus directe avec ce qu'ils mangent. D'autres décident de faire du tricot et sont tout fiers de porter des vêtements qu'ils ont créés de leurs propres mains. L'économie domestique de nos grands-mères redevient tout d'un coup le dernier cri de la mode. Comment expliquer ces phénomènes ?

Quand les temps économiques sont durs, la frugalité est à l'ordre du jour. Or, la frugalité requiert un certain niveau d'autonomie, c'est-à-dire la capacité de prendre soin de ses propres affaires. Mais ce nouveau goût pour l'autonomie semble bien avoir émergé avant le début de la crise, et la tendance à la frugalité n'est peut-être qu'une justification économique superficielle d'un mouvement qui répond en fait à un besoin plus profond : le désir de rendre notre univers intelligible afin de pouvoir nous en sentir responsables. Ce qui implique la possibilité de réduire la distance entre l'individu et les objets qui l'entourent. Nombreux sont ceux qui s'efforcent de restaurer une vision des choses à échelle humaine et de se libérer au moins partiellement des forces obscures de l'économie mondialisée.

Cette poignante aspiration à la responsabilité, que nombre de gens ressentent dans la sphère domestique, ne serait-elle pas en fait (en partie) une réaction aux bouleversements du monde du travail, au sein duquel l'expérience de l'agir individuel tend de plus en plus à disparaître ? Malgré toutes les pseudo-normes d'évaluation concoctées par la hiérarchie managériale, les personnes qui travaillent dans un bureau ont souvent l'impression que leur travail ne répond pas au type de critère objectif que fournit, par exemple, un niveau de menuisier et que, par conséquent, la distribution du blâme et de l'éloge y est parfaitement arbitraire. La mode du « travail en équipe » rend de plus en plus difficile l'attribution de la responsabilité individuelle et a ouvert la voie à des formes singulières et inédites de manipulation managériale des salariés, lesquelles adoptent le langage de la thérapie motivationnelle ou de la dynamique de groupe. Les cadres supérieurs eux-mêmes vivent dans une condition d'incertitude psychique déroutante liée au caractère anxiogène des impératifs extrêmement vagues auxquels ils doivent obéir. Quand un étudiant tout juste sorti de l'université est convoqué à un entretien d'embauche pour un poste de « travailleur intellectuel », il découvre que le chasseur de têtes qui l'interroge ne lui pose jamais aucune question sur ses diplômes et ne s'intéresse absolument pas au contenu de sa formation. Il sent bien que ce qu'on attend de lui, ce n'est pas un savoir, mais plutôt un certain type de personnalité, un mélange d'affabilité et de complaisance. Toutes ces années d'études ne serviraient-elles donc qu'à impressionner la galerie ? Ces diplômes obtenus à dure peine ne seraient-ils qu'un billet d'entrée dans un univers de fausse méritocratie ? Ce qui ressort de tout ça, c'est un hiatus croissant entre forme et contenu, et l'impression de plus en plus nette que tout ce qu'on nous raconte sur le sens du travail est complètement à côté de la plaque.

Plutôt que d'essayer de nier ce malaise, il est peut-être temps d'en tirer quelque chose de constructif. Au moment où j'écris ces lignes, l'ampleur de la crise économique est encore incertaine, mais elle semble s'approfondir. Les institutions et les professions les plus prestigieuses sont en train de traverser une véritable crise de confiance. Mais cette crise est aussi une occasion de remettre en question nos présupposés les plus élémentaires. Qu'est-ce qu'un « bon » travail, qu'est-ce qu'un travail susceptible de nous apporter tout à la fois sécurité et dignité ? Voilà bien une question qui n'avait pas été aussi pertinente depuis bien longtemps.

Destination privilégiée des jeunes cerveaux ambitieux, Wall Street a perdu beaucoup de son lustre. Au milieu de cette grande confusion des idéaux et du naufrage de bien des aspirations professionnelles, peut-être verrons-nous réémerger la certitude tranquille que le travail productif est le véritable fondement de toute prospérité. Tout d'un coup, il semble qu'on n'accorde plus autant de prestige à toutes ces méta-activités qui consistent à spéculer sur l'excédent créé par le travail des autres, et qu'il devient de nouveau possible de nourrir une idée aussi simple que : « Je voudrais faire quelque chose d'utile. »

Retour aux fondamentaux, donc. La caisse du moteur est fêlée. Il est temps de la démonter et de mettre les mains dans le cambouis.

1

Bref plaidoyer
pour les arts mécaniques

« À l'école, nous créons un environnement artificiel
pour nos enfants et ceux-ci sont bien conscients de
tout ce qu'il a de forcé et de peu stimulant. Quand
on n'a pas l'occasion d'apprendre avec ses propres
mains, le monde reste quelque chose d'abstrait
et de lointain, et la passion d'apprendre n'est pas
mobilisée. »

Un prof de technologie dont
je ne me rappelle plus le nom

Tom Hull enseigne la soudure, la mécanique industrielle, la mécanique auto, le laminage du métal et le
dessin industriel assisté par ordinateur au Marshfield
High School de Coos Bay, dans l'Oregon. Il est également président de l'Association des professeurs de
technologie de l'Oregon. Quand on l'interroge sur
l'état actuel de sa spécialité, il explique qu'un grand
nombre d'établissements scolaires ont supprimé leurs
cours de technologie dans les années 1990, quand la
mode des cours d'informatique a pris son essor. Pour
financer l'achat des ordinateurs, les *high schools* ont éliminé un certain nombre d'options. Les ateliers de
technologie étaient une cible particulièrement tentante
parce qu'ils coûtent cher et présentent des risques d'accident. En outre, souligne Hull, « vous ne pouvez pas
entasser cinquante élèves dans un cours de technologie,
comme c'est généralement le cas en éducation physique,
par exemple ». En Californie, les trois quarts des cours

de technologie des *high schools* ont disparu depuis le début des années 1980[1]. En Caroline du Nord, en Floride et toujours en Californie, on assiste à des efforts pour faire revivre ces enseignements, mais il est de plus en plus difficile de trouver des profs compétents. Si l'on en croit Jim Aschwanden, directeur de l'Association des enseignants d'écoles d'agriculture de Californie, « nous avons maintenant toute une génération d'élèves qui peuvent répondre à une série de tests standardisés et qui connaissent abstraitement un ensemble de faits génériques, mais qui ne savent rien faire avec leurs mains[2] ».

Parallèlement, les entrepreneurs se plaignent constamment de la pénurie de travailleurs qualifiés. Cette lacune est en partie remédiée par les *community colleges* (établissements publics locaux s'apparentant au cégep), qui offrent maintenant des cours de technologie. D'après Tom Thompson, du secrétariat à l'Éducation de l'Oregon, un certain nombre d'indices tendent à suggérer qu'un des secteurs en croissance la plus rapide du corps étudiant du premier cycle public est celui des individus qui ont déjà une maîtrise et se réinscrivent à l'université pour apprendre un métier pratique valorisable sur le marché du travail. Il existe aussi des établissements privés comme le Universal Technical Institute et le Wyoming Technical Institute qui attirent des étudiants de tout le pays. Quatre-vingt-quinze pour cent des élèves de ces deux institutions décrochent un diplôme et 97 % de ces diplômés trouvent un emploi moins d'un an après la fin de leurs études.

Hull envoie une lettre d'information trimestrielle à ses anciens élèves. Elle ressemble un peu à un almanach agricole du XIXe siècle, avec son mélange d'informations utiles, de réflexion théorique et d'exemples de réussite édifiants. On y trouve des tuyaux techniques (par exemple, comment bloquer un objet de forme irrégulière en vue d'un travail de soudure), des recensions de livres, des digressions

---

1. Déclaration de l'Association pour l'enseignement technologique et industriel de Californie, rapportée par l'Associated Press sur cnn.com, 2 octobre 2006 : «Rebuilding Shop Classes in U. S. High Schools».
2. *Ibid.*

esthétiques et des *success stories* dans lesquelles il retrace la carrière de tel ou tel de ses anciens élèves. Dans un numéro récent de la lettre d'information, on trouvait un portrait de Kyle Cox, un soudeur et chaudronnier employé par l'entreprise Tarheel Aluminum. Au moment où Hull reprit contact avec lui, Coyle travaillait sur une barge-grue sur les quais de Charleston. Son ancien élève lui expliqua que, sur ce chantier, la tâche changeait tous les jours et que c'était justement ça qui lui plaisait. Et puis il avait l'impression d'«être utile à la société».

Un des derniers articles de Hull est une réflexion sur la suite de Fibonacci, une série infinie de nombres entiers où le quotient entre deux termes successifs converge vers une certaine valeur connue comme le nombre d'or, que l'on trouve un peu partout dans la nature. Hull explique que «la suite de Fibonacci reflète aussi une caractéristique humaine, étant donné que le nombre d'or n'est pas atteint de façon immédiate, mais par approximations successives, et ce, non pas en remontant une pente régulière vers la perfection, mais à travers une série d'*oscillations autocorrectrices*» autour de la valeur idéale. Voilà qui semble bien saisir cette espèce de processus autocritique itératif, tendant vers un idéal qui n'est jamais vraiment atteint, et par le biais duquel l'artisan progresse dans son art. Vous donnez le meilleur de vous-même, vous apprenez de vos erreurs et, la fois suivante, vous vous approchez un peu plus de l'image initiale qu'a formée votre cerveau. On le voit, la conception que Hull se fait de ce qu'on appelle aujourd'hui «éducation technique et professionnelle» est celle d'un humaniste, et lui-même joue un rôle crucial dans la vie de ses étudiants. Pour lui, le métier de professeur de technologie est «le meilleur boulot qu'[il] puisse imaginer».

En général, les profs disent s'épanouir dans leur travail. Y a-t-il dans les arts mécaniques quelque chose qui puisse susciter un dévouement similaire? Car on a bien l'impression que ce que Hull apporte à ses étudiants, ce n'est pas seulement la perspective d'un gagne-pain, mais une conception plus globale de la vie bonne.

Les bénéfices psychiques du travail manuel

C'est à la veille de mes quatorze ans que j'ai commencé à travailler comme assistant d'un électricien. À l'époque, j'avais quitté l'école, et j'ai continué à travailler à plein temps jusqu'à l'âge de quinze ans, après quoi j'ai exercé le métier d'apprenti électricien pendant les vacances d'été, jusque pendant mes premières années d'université, et ce, en assumant des responsabilités de plus en plus importantes[3]. À l'université, j'ai fini par obtenir un diplôme de premier cycle en physique mais, en l'absence de débouché professionnel immédiat, j'étais bien content de pouvoir mettre à profit mes compétences d'artisan, et c'est ainsi que je me suis mis à mon compte à Santa Barbara.

Le moment où, à la fin de mon travail, j'appuyais enfin sur l'interrupteur (« Et la lumière fut ») était pour moi une source perpétuelle de satisfaction. J'avais là une preuve tangible de l'efficacité de mon intervention et de ma compétence. Les conséquences de mon travail étaient visibles aux yeux de tous, et donc personne ne pouvait douter de ladite compétence. Sa valeur sociale était indéniable. J'étais parfois estomaqué à la vue d'un faisceau de câbles convergeant vers un panneau de contrôle industriel, déployant leurs courbes et leurs ramifications, et se rejoignant tous sur la même surface. Il s'agissait là d'un exploit technique tellement au-dessus de mes capacités que j'en arrivai à considérer son auteur comme un véritable génie, et j'étais certain que l'homme qui avait ainsi dompté ce faisceau de câbles avait ressenti l'exaltation engendrée par son accomplissement. Ma spécialité, c'était plutôt les circuits d'immeubles résidentiels ou d'éclairage commercial basique, et le résultat de mon travail était généralement dissimulé à la vue, caché à l'intérieur des murs. Ce qui ne

---

3. Mes conditions de vie étaient un peu insolites. J'ai vécu dans une commune de taille importante entre l'âge de neuf ans et celui de quinze ans. Comme cette commune déménageait tous les six mois, ses membres devaient constamment effectuer des travaux de rénovation dans les hôtels décrépits dans lesquels nous habitions. L'équipe d'électriciens avait besoin d'un individu de petite taille capable de se faufiler dans les espaces les plus étriqués, et c'est comme ça que j'ai été embauché. Je mentionne cet épisode simplement parce que le lecteur peut se demander pourquoi je travaillais au lieu d'aller à l'école.

m'empêchait pas de ressentir une certaine fierté chaque fois que je satisfaisais aux exigences esthétiques d'une installation bien faite. J'imaginais qu'un collègue électricien contemplerait un jour mon travail. Et même si ce n'était pas le cas, je ressentais une obligation envers moi-même. Ou plutôt, envers le travail lui-même – on dit parfois en effet que le savoir-faire artisanal repose sur le sens du travail bien fait, sans aucune considération annexe. Si ce type de satisfaction possède avant tout un caractère intrinsèque et intime, il n'en reste pas moins que ce qui se manifeste là, c'est une espèce de révélation, d'auto-affirmation. Comme l'écrit le philosophe Alexandre Kojève,

> l'homme qui travaille reconnaît dans le Monde effectivement transformé par son travail sa propre œuvre : il s'y reconnaît soi-même, il y voit sa propre réalité humaine, il y découvre et y révèle aux autres la réalité objective de son humanité, de l'idée d'abord abstraite et purement subjective qu'il se fait de lui-même[4].

On sait que la satisfaction qu'un individu éprouve à manifester concrètement sa propre réalité dans le monde par le biais du travail manuel tend à produire chez cet individu une certaine tranquillité et une certaine sérénité. Elle semble le libérer de la nécessité de fournir une série de gloses bavardes sur sa propre identité pour affirmer sa valeur. Il lui suffit en effet de montrer la réalité du doigt : le bâtiment tient debout, le moteur fonctionne, l'ampoule illumine la pièce. La vantardise est le propre de l'adolescent, qui est incapable d'imprimer sa marque au monde. Mais l'homme de métier est soumis au jugement infaillible de la réalité et ne peut pas noyer ses échecs ou ses lacunes sous un flot d'interprétations. L'orgueil du travail bien fait n'a pas grand-chose à voir avec la gratuité de l'« estime de soi » que les profs souhaitent parfois instiller à leurs élèves, comme par magie.

---

4. Alexandre KОJÈVE, *Introduction à la lecture de Hegel*, Gallimard, Paris, 1980, p. 31-32.

*** *** ***

Beaucoup hésiteraient à parler de savoir-faire « artisanal »
au sujet d'un électricien et préféreraient réserver ce terme
à l'activité du fabricant d'objets finement élaborés. L'argument se tient, et je n'ai pas d'objection de principe[5]. Ma
propre expérience en matière de production artisanale est
celle d'un modeste amateur, mais je crois qu'elle mérite
d'être rapportée. Les gens qui fabriquent leurs propres
meubles vous diront tous que cette activité est difficile à
justifier en termes strictement économiques, mais ça ne
les empêche pas de continuer à le faire. Un halo de souve-
nirs partagés imprègne les objets matériels qui témoignent
de notre existence, et la fabrication de ces objets est une
forme de communion avec nos semblables et nos descen-
dants. Il m'est arrivé de fabriquer une table en acajou, et
je me rappelle l'avoir fait sans ménager ma dépense ni
mes efforts. À l'époque, la paternité ne faisait nullement
partie de mon horizon immédiat, et pourtant j'imaginais
un enfant gardant pour toujours l'image de cette table et
reconnaissant en elle l'œuvre de son père. J'imaginais la
présence indistincte de cette table elle-même à l'arrière-
plan d'une existence encore à venir, avec ses défauts de
fabrication et les inévitables marques et cicatrices qui s'ac-
cumuleraient à sa surface, offrant une texture suffisamment dense pour donner prise à la sensibilité et formant
ainsi d'imperceptibles accrétions de mémoire et de sentiment. C'est au fond ce qu'exprime Hannah Arendt quand
elle écrit que les objets utilitaires durables produits par
l'homme « donnent naissance à la familiarité du monde,

---

5. En fait, je pense que le travail d'électricien d'immeubles résidentiels est probablement le moins exigeant des métiers de la construction. Les menuisiers
et les plombiers doivent faire coïncider et s'emboîter des éléments rigides,
tandis que le câblage électrique des immeubles résidentiels passe par des
gaines flexibles dont l'installation est extrêmement rapide. Nul doute que
les salaires élevés des électriciens reflètent en partie le fait que les gens ont
peur de l'électricité et qu'effectivement les risques sont gros si le travail est
mal fait. Mais il n'est pas très difficile de le faire bien. Je ne vois donc aucun
inconvénient à réserver le terme de savoir-faire « artisanal » à des travaux plus
exigeants, à condition qu'on y inclue par exemple le pliage et le modelage de
câbles rigides.

à ses coutumes, à ses rapports usuels entre l'homme et les choses aussi bien qu'entre l'homme et les hommes». «La réalité et la solidité du monde humain reposent avant tout sur le fait que nous sommes environnés de choses plus durables que l'activité qui les a produites, plus durables même, en puissance, que la vie de leurs auteurs[6].»

En fin de compte, toutes les choses matérielles retournent à la poussière, et l'idée de «durabilité» n'est donc sans doute pas ici la plus adéquate. La signification morale du travail qui s'exerce directement sur la matière, c'est peut-être tout simplement le fait que les objets matériels existent hors de nous. L'existence d'une machine à laver, par exemple, satisfait certainement un besoin humain, mais quand elle cesse de fonctionner et qu'il faut la réparer, l'être humain doit bien se demander quels sont ses besoins *à elle*. En de telles circonstances, la technologie n'est plus l'expression de notre maîtrise de l'univers, mais un affront à notre narcissisme. Constamment en quête d'affirmation de soi, l'individu narcissique perçoit toute chose comme une extension de sa propre volonté et ne parvient guère à appréhender la forte autonomie du monde des objets. Il est volontiers enclin à la pensée magique et aux fantasmes d'omnipotence[7]. Le métier de réparateur, en revanche, consiste à se mettre au service de nos semblables et à restaurer le fonctionnement des objets dont ils dépendent. La relation du réparateur à ces objets exprime une forme d'emprise matérielle beaucoup plus solide, fondée sur une véritable compréhension. C'est pourquoi elle contredit la complaisance du fantasme de maîtrise qui imprègne la culture moderne. Au début de chacune de ses interventions, le réparateur doit sortir de lui-même et déployer son don d'observation; il doit examiner les choses avec attention et être à l'écoute des machines en souffrance.

Nous faisons appel à un réparateur quand notre monde normal se dérègle, quand notre dépendance

---

6. Hannah ARENDT, *Condition de l'homme moderne*, Calmann-Lévy, Paris, 1983, p. 140-141.

7. Ces traits du narcissisme ont été soulignés par Christopher LASCH, *La Culture du narcissisme. La vie américaine à un âge de déclin des espérances*, Climats, Paris, 2000.

presque inconsciente à l'égard d'objets habituellement dociles (une chasse d'eau, par exemple) se manifeste soudainement avec une acuité douloureuse. C'est pour cette raison que la présence du réparateur provoque souvent un certain malaise chez la personnalité narcissique. Et ce, non pas tant parce qu'il est parfois sale ou peu raffiné, mais parce qu'il incarne un défi fondamental à notre perception de nous-mêmes. Nous ne sommes pas aussi libres et indépendants que nous le croyons. De même, l'apparition dans notre rue d'un chantier qui interrompt le fonctionnement normal des infrastructures urbaines, qu'il s'agisse des canalisations souterraines ou du réseau électrique, met en lumière notre dépendance *collective*. Riches ou pauvres, nous habitons souvent des univers très différents au sein d'un même espace urbain mais, en fin de compte, nous partageons la même réalité physique, et notre dette à l'égard du monde est similaire.

Dans la mesure où le savoir-faire artisanal renvoie à des critères objectifs indépendants de notre moi et de nos désirs, il représente un défi pour l'éthique consumériste, comme le soutient le sociologue Richard Sennett dans *La Culture du nouveau capitalisme*. L'artisan est fier de sa création et il la chérit, tandis que le consommateur met constamment au rebut des objets qui fonctionnent encore parfaitement dans sa quête fébrile du nouveau[8]. L'artisan est plus

---

8. Dans sa recension du livre de Benjamin BARBER, *Comment le capitalisme nous infantilise* (trad. fr. Fayard, Paris, 2007), Josie Appleton écrit que «le problème n'est pas tellement l'éthique consumériste en tant que telle, mais le fait qu'elle est devenue – par défaut – une des dernières expériences significatives de notre existence. Il y a dans le fait d'acheter un nouveau produit, une nouvelle chemise ou un nouveau disque, et de les rapporter chez soi, une tangibilité et une satisfaction qui impliquent que le shopping devient pour les individus une confirmation de leur capacité de produire des effets dans le monde. Le pouvoir de la consommation a été utilement théorisé par le sociologue Georg Simmel. Dans sa *Philosophie de l'argent*, il examine l'achat d'un objet en tant qu'expression d'une subjectivité individuelle à travers laquelle la personne imprime sa marque à un objet et revendique le droit à en jouir de façon exclusive. Simmel cite l'exemple d'un de ses amis qui achetait de belles choses, non pas pour les utiliser mais pour donner une expression active à son appréciation de ces objets, pour les laisser passer entre ses mains, pour imprimer sur eux la marque de sa personnalité. La consommation est une façon de revendiquer un effet tangible à nos choix, de produire quelque chose de nouveau et de différent dans nos vies. Elle est aussi pour les individus une manière essen-

possessif, plus attaché à un présent qui n'est que le reflet fantomatique du travail vivant passé alors que, selon les spécialistes du marketing, le consommateur serait plus libre et plus imaginatif, et donc plus audacieux. Mais, justement, explique Sennett, la capacité de penser en termes matériels aux choses matérielles est aussi une capacité critique qui nous libère au moins partiellement des manipulations du marketing, lequel détourne notre attention de la réalité des choses en déployant un récit qui repose sur des associations imaginaires dont le seul but est d'exagérer des différences tout à fait mineures entre les marques. Car, lorsque nous connaissons l'histoire de la production d'un objet, ou du moins lorsque nous sommes capables de l'imaginer de façon plausible, le récit social de la publicité perd de son efficacité. L'imaginaire de l'artisan est sans doute plus pauvre que celui du consommateur idéal ; sa vision du monde est plus utilitariste et moins encline aux grandes envolées de l'espérance. Mais il est aussi plus indépendant.

Il semble bien que tout cela ait des implications importantes en termes de typologie politique. D'Aristote à Thomas Jefferson, les penseurs politiques ont mis en question la vertu républicaine de l'artisan, estimant que le cercle de ses préoccupations était trop étroit pour lui permettre de s'intéresser au bien public. Mais ces considérations datent de bien avant l'explosion de la communication de masse et du conformisme qui l'accompagne, lesquels posent une série de problèmes bien distincts au caractère républicain, à savoir ceux de l'appauvrissement du jugement et de l'érosion de l'indépendance d'esprit des citoyens. La réorganisation de la personnalité de l'homme moderne autour de l'univers de la consommation passive tend nécessairement à affecter notre culture politique.

Dans la mesure où les critères du savoir-faire artisanal découlent de la logique des choses plutôt que de l'art de la persuasion, l'habitude d'obéir à ces critères offre peut-être

---

tielle de jouir de la créativité et des efforts d'autrui, même si c'est de façon inconsciente, sans vraiment savoir qui a fabriqué les objets que nous achetons, et comment » (« The Cultural Contradictions of Consumerism », disponible sur www.spiked-online.com).

à l'artisan une base psychique qui lui permet de résister aux attentes fantasmatiques suscitées par les démagogues, que ce soit dans le domaine du commerce ou de la politique. Platon établit une distinction entre la compétence technique et la rhétorique en signalant à propos de cette dernière qu'«elle ne peut expliquer la véritable nature des choses dont elle s'occupe, ni dire la cause de chacune[9]». L'artisan ne voue pas un culte à la nouveauté, il respecte les critères objectifs de son art. Quelle que soit l'étroitesse de son champ d'application, il s'agit là d'un cas plutôt rare dans la vie contemporaine – une idée du bien désintéressée, explicite et susceptible d'être défendue publiquement. Une ontologie aussi vigoureuse n'a guère d'affinités avec l'éthos des institutions de pointe du nouveau capitalisme, pas plus qu'avec le système d'éducation censé fournir à ces institutions une main-d'œuvre adéquate de généralistes flexibles libérés des entraves d'une spécialisation trop définie.

Car nos établissements d'enseignement ne rendent plus guère honneur aux travaux manuels. Outre le scrupule égalitaire qui nous fait hésiter au moment d'aiguiller tel ou tel élève vers l'«enseignement professionnel» au lieu de le mettre sur la voie de l'université, existe la crainte qu'une orientation trop spécialisée limite définitivement l'horizon de l'individu concerné. En revanche, bien souvent, les étudiants de premier cycle n'acquièrent aucun savoir ayant une application trop spécifique, et l'université passe pour le billet d'entrée à un futur entièrement *ouvert*. Le savoir-faire artisanal suppose qu'on apprenne à faire une chose vraiment bien, alors que l'idéal de la nouvelle économie repose sur l'aptitude à apprendre constamment des choses nouvelles : ce qui est célébré, ce sont les potentialités plutôt que les réalisations concrètes. D'une certaine façon, dans l'entreprise d'avant-garde, chaque salarié est censé se comporter comme un «intrapreneur» et s'impliquer activement dans la redéfinition incessante du contenu de son travail. L'éducation professionnelle à l'ancienne donne une image d'immobilisme qui va directement à

---

9. PLATON, *Gorgias*, Garnier-Flammarion, Paris, 1967, 465a, p. 193.

l'encontre de ce que Richard Sennett définit comme « un élément clé du moi idéalisé de la nouvelle économie : la capacité d'abdiquer, d'abandonner la possession d'une réalité établie ». On imagine ce qu'un tel rapport à une « réalité établie », qu'on qualifiera volontiers de « psychédélique », peut comporter de risques aux abords d'une scie circulaire. Il y a là une forme d'insatisfaction latente par rapport à ce qu'Hannah Arendt appelle la « réalité et la solidité » du monde. Il s'agit d'un idéal plutôt étrange, qui ne saurait attirer qu'un genre tout particulier de personnes. En effet, la plupart des gens répugnent à vivre dans un monde où rien n'est jamais vraiment définitif.

Comme l'explique Sennett, la plupart des gens s'enorgueillissent de posséder tel ou tel talent spécifique, talent qui repose généralement sur une expérience accumulée. Mais la génération actuelle de révolutionnaires de la gestion s'emploie à inculquer de force la versatilité et la flexibilité aux salariés, et considère l'éthos artisanal comme un obstacle à éliminer. Le savoir-faire artisanal signifie en effet la capacité de consacrer beaucoup de temps à une tâche spécifique et de s'y impliquer profondément dans le but d'obtenir un résultat satisfaisant. Dans la novlangue de la gestion, c'est là un symptôme d'introversion opérationnelle excessive (*being ingrown*). On lui préfère de loin l'exemple du consultant en gestion, qui ne cesse de vibrionner d'une tâche à l'autre et se fait un point d'honneur de ne posséder aucune expertise spécifique. Tout comme le consommateur idéal, le consultant en gestion projette une image de liberté triomphante au regard de laquelle les métiers manuels passent volontiers pour misérables et étriqués. Songez seulement au plombier accroupi sous l'évier, la raie des fesses à l'air.

Ce type d'images explique bien pourquoi les parents ne veulent pas que leurs enfants deviennent plombiers. Et pourtant, il est très probable que ce plombier aux mains graisseuses accroupi sous l'évier vous facture quatre-vingts dollars de l'heure. Voilà un fait qui devrait théoriquement engendrer une certaine dissonance cognitive dans l'esprit du parent assuré de l'intelligence de son enfant et convaincu qu'il devrait la mettre à profit en travaillant dans le secteur des services et de la connaissance. À partir du moment où il accepte la prémisse fondamentale de la nouvelle économie selon laquelle, si un individu est très bien payé, c'est qu'il doit *savoir* quelque chose, il sera alors peut-être amené à s'interroger sur ce qui se passe vraiment sous cet évier et à commencer à douter de la validité de la dichotomie rigide – et largement acceptée – entre travail manuel et travail intellectuel. De fait, cette dichotomie repose sur un certain nombre d'équivoques fondamentales. Je souhaite donc offrir une autre vision du problème, qui me permettra de mettre en valeur toute la richesse cognitive du travail manuel. L'examen de ces questions nous amènera à comprendre pourquoi le labeur à visée directement utilitaire peut aussi être intellectuellement stimulant.

Les exigences cognitives du travail manuel

Dans son livre *The Mind at Work*, Mike Rose nous offre une « biographie cognitive » de plusieurs métiers et décrit le processus d'apprentissage tel qu'il a lieu dans un atelier de menuiserie. D'après lui,

> nos éloges du travail manuel renvoient le plus souvent aux valeurs qu'il est censé incarner et non pas à l'effort de pensée qu'il requiert. Il s'agit là d'une omission subtile mais systématique... Tout se passe comme si, dans l'iconographie de notre culture, ce qui prévalait était l'image du bras musclé et des manches retroussées sur des biceps généreux, mais jamais celle de la lueur d'intelligence qui brille dans un regard, jamais celle du lien entre la main et le cerveau[10].

Le travail manuel qualifié suppose un engagement systématique avec le monde matériel, soit justement le même type d'approche qui donne naissance aux sciences naturelles. Dès la plus haute Antiquité, le savoir artisanal a impliqué une connaissance des « façons d'être » du maté-

---

10. Mike Rose, *The Mind at Work: Valuing the Intelligence of the American Worker*, Penguin Books, New York, 2005, p. XIII.

riau employé – une connaissance de sa nature qui ne s'acquiert qu'à travers une véritable discipline de la perception. À l'aube de la tradition occidentale, pour Homère, *sophia* (la sagesse) avait aussi le sens de « talent, aptitude, compétence » (*skill*) : il pouvait s'agir de l'habileté technique d'un menuisier. C'est par l'exercice pratique de son art que le menuisier apprend à connaître les différentes essences de bois, leur degré d'adaptation à tel ou tel usage, leur résistance physique aux solides et aux liquides, la stabilité de leurs proportions face aux variations du climat et leur vulnérabilité à la putréfaction et aux parasites. Le menuisier apprend aussi à maîtriser une série de valeurs géométriques universelles : équerre, fil à plomb et niveau, autant d'outils indispensables à une construction fiable. C'est dans la pratique des métiers artisanaux que la nature est devenue pour la première fois un objet d'étude, une étude qui s'enracine dans le souci de satisfaire les besoins humains.

Mais, au fur et à mesure que la tradition de l'Occident s'est développée, la *sophia* a perdu le sens concret que lui donnait encore Homère. La « sagesse » des textes religieux tend vers la sphère mystique tandis que le savoir de la science, tout en restant connecté à la connaissance de la nature, passe par des idéalisations telles que les surfaces sans frottement ou le vide absolu. Ce faisant, les sciences naturelles ont fini elles aussi, paradoxalement, par adopter une conception presque surnaturelle de la façon dont nous acquérons une connaissance de la nature, à savoir par le biais de constructions mentales qui se plient plus facilement aux exigences de notre entendement que la réalité matérielle, en particulier à travers la symbolisation mathématique. Descartes, auquel on attribue généralement l'honneur d'avoir inauguré la révolution scientifique, initie sa démarche à partir d'un doute radical quant à l'existence du monde extérieur et construit les principes de l'investigation scientifique sur les fondations d'un sujet radicalement autarcique.

Mais cet idéal solipsiste ne reflète pas vraiment l'histoire de la science. Car, en réalité, dans les domaines où la pratique artisanale est fortement développée, c'est généralement le progrès technologique qui a anticipé et donné naissance au progrès de la compréhension scientifique, et pas le contraire. La machine à vapeur en est un bon exemple. Elle a été développée par des mécaniciens qui avaient observé les rapports entre volume, pression et température. À l'époque, la science pure en était encore au stade de la théorie calorique de la vapeur, qui allait s'avérer une impasse conceptuelle. Le succès de la machine à vapeur contribua au développement de ce que nous connaissons désormais sous le nom de thermodynamique classique. Cette histoire fournit une parfaite illustration d'un point jadis souligné par Aristote :

> Le manque d'expérience diminue notre capacité d'adopter une vue d'ensemble des faits communément admis. C'est pourquoi ceux qui développent des liens d'association intimes avec la nature et ses phénomènes sont mieux à même d'établir des principes capables de susciter des développements amples et cohérents ; en revanche, ceux que leur engouement pour les discussions abstraites a rendus incapables d'observer les faits correctement sont excessivement enclins à dogmatiser sur la base d'une poignée d'observations[11].

Nombre d'inventions sont le fruit d'un moment réflexif pendant lequel un travailleur est parvenu à rendre explicites les postulats implicites sous-jacents à sa pratique. Dans un bel article, les cogniticiens Mike et Ann Nishioka Eisenberg impriment une véritable force pédagogique à cette idée en développant ses implications théoriques. Ils proposent un programme informatique facilitant la pratique de l'origami (art japonais du pliage de papier), ou plus exactement la fabrication de solides archimédiens, en déployant ces solides sur deux dimensions. Mais ils engagent aussi leurs étudiants à élaborer concrètement ces solides en pliant du papier en fonction des instructions de l'ordinateur.

---

11. ARISTOTE, *De la génération et de la corruption*, 316a 5-9.

Les outils d'aide informatique à la conception sont des entités qui existent en équilibre quelque part entre le monde abstrait et intangible des objets logiciels et les contraintes prosaïques de la dextérité humaine ; il s'agit par conséquent d'exercices créatifs permettant de rendre conscients les aspects du travail artisanal [...] qui sont souvent plus faciles à représenter "à la main" que par le biais du langage[12].

Il vaut la peine d'examiner de plus près leurs efforts, car ils ont des implications bien au-delà de la pédagogie des mathématiques.

Dans nos premiers travaux sur l'HyperGami, nous nous heurtions souvent à des situations où le programme nous offrait une séquence de pliage qui était mathématiquement correcte – suggérant un dépliage techniquement correct du solide désiré – mais avec des résultats désastreux dans la pratique [...] Ici, nous essayons de créer quelque chose qui s'approche d'un cône, soit une pyramide possédant une base octogonale régulière. HyperGami nous fournit une séquence de pliage qui engendre effectivement une pyramide ; sauf que, en général, aucun praticien de l'origami n'imaginerait une séquence de ce type, parce qu'il est horriblement difficile de faire converger ces huit longs triangles aigus en un seul sommet. Il s'agit là en fait d'un exemple spécifique qui illustre une idée plus générale, à savoir la difficulté de formaliser en termes purement mathématiques l'identification d'une solution « réaliste » (et pas seulement techniquement correcte) à un problème algorithmique engendré par la pratique humaine.

Ce que j'interprète comme suit : une solution réaliste doit nécessairement prendre en compte des contraintes *ad hoc* qui ne sont connaissables qu'à travers la pratique, c'est-à-dire à travers des manipulations physiques. On ne

---

12. Mike EISENBERG, Ann Nishioka EISENBERG, « Shop Class for the Next Millenium : Education Through Computer-Enriched Handicrafts », *Journal of Interactive Media in Education*, 98, 14 octobre 1998.

peut pas définir ces contraintes par simple déduction, à partir d'entités mathématiques. Ces expériences de pliage de papier nous permettent de saisir pourquoi certains aspects du travail mécanique ne peuvent pas être réduits à la simple obéissance à une série de règles.

* * *

Quand j'ai commencé à réparer des motos, après avoir quitté le *think tank*, chaque fois que je rentrais de l'atelier, mon épouse venait me renifler. Au fur et à mesure qu'elle apprenait à reconnaître les divers solvants utilisés pour nettoyer les différentes parties d'une moto, elle émettait son verdict : « carburateur », « freins », etc. Parce qu'elle laisse une trace sensible, ma journée de travail devient au moins accessible à son imagination. Mais si la saleté et les odeurs sont manifestes, la quantité de cogitation à laquelle je me suis livré depuis le matin est invisible. Mike Rose explique que, dans l'exercice du métier de chirurgien, « des notions dichotomiques comme celles d'abstrait et de concret, ou de technique et de réflexion, s'évanouissent dans la pratique. Le jugement du chirurgien est simultanément technique et délibératif, et cet amalgame est la source de son pouvoir[13] ». On pourrait dire la même chose de tout métier manuel reposant sur un diagnostic, y compris la réparation de motos. Au départ, ce diagnostic consiste à imaginer une série de causes plausibles à partir de symptômes visibles et d'évaluer cette plausibilité avant de tout démonter. Cet effort d'imagination s'appuie sur le contenu d'une espèce de bibliothèque mentale qui indexe non pas des parties ou des structures naturelles, comme chez le chirurgien, mais plutôt les éléments fonctionnels d'un moteur à combustion interne, les diverses interprétations qu'en font les différents fabricants et leurs diverses sources de dysfonctionnement. À quoi il faut ajouter un catalogue de sons, d'odeurs et de sensations tactiles. À titre d'exemple, les ratés d'un moteur dus à un mélange d'alimentation trop pauvre sont subtilement différents de

13. Mike ROSE, *The Mind at Work*, *op. cit.*, p. 156-157.

ceux qui accompagnent un retard d'allumage. Si la moto sur laquelle vous travaillez a trente ans et si elle est d'une marque obscure dont le fabricant a fait faillite il y a vingt ans, ses qualités et ses défauts ne sont plus connus qu'à travers la tradition orale. Il est probablement impossible d'exercer ce métier tout seul, sans avoir accès à la mémoire collective de la profession, sans nourrir de solides racines au sein d'une communauté de mécaniciens-antiquaires. De telles relations se cultivent par téléphone, à travers un réseau d'échanges de faveurs réciproques qui s'étend sur tout le territoire national. Ma source la plus fiable est Fred Cousins, de Chicago, dont la connaissance encyclopédique des plus obscures marques de motos européennes est tellement prodigieuse que tout ce que je peux lui offrir en échange, c'est la livraison régulière de caisses de bières européennes de marques non moins obscures.

Quand on travaille sur des machines qui ont fait plus que leur temps, il y a toujours le risque d'introduire des complications supplémentaires (je suppose que c'est un peu la même chose en gérontologie), et c'est là un facteur qui doit être intégré à la logique du diagnostic. Il faut toujours choisir une hypothèse de départ – par exemple, quand on cherche à savoir pourquoi une moto ne veut pas démarrer –, mais si on les mesure en termes de « probabilités de se planter », les coûts varient selon les méthodes d'investigation du problème. Les vis qui maintiennent en place le carter d'un moteur ont des têtes cruciformes qui sont *toujours* émoussées par l'usure et corrodées. Est-ce que vous avez *vraiment* envie de vérifier l'état de l'embrayage si cela implique d'extraire chacune de ces dix vis au tournevis électrique, avec le risque d'endommager le carter du moteur? Ce genre de dilemmes a parfois de quoi laisser perplexe. D'une manière plus générale, l'attrait d'une hypothèse quelconque est déterminé en partie par des facteurs physiques qui n'ont pas de connexion logique avec le problème à diagnostiquer, mais qui peuvent avoir de fortes conséquences pratiques sur la viabilité de la solution de ce problème (un peu comme dans le pliage de papier). Les manuels des fabricants vous conseillent toujours de procéder de façon systématique dans l'identification des variables pertinentes, mais ils ne vous disent pas quoi faire quand vous travaillez sur des reliques ni quels sont les risques. Par conséquent, vous devez élaborer votre propre arbre de décision pour tous les cas spécifiques. Le problème, c'est que, à chaque embranchement, votre propre degré d'aversion au risque, qui n'est pas quantifiable, introduit de nouvelles ambiguïtés. Arrive un moment où vous devez prendre un peu de recul et essayer de vous former une vue d'ensemble de la situation. À ce moment-là, mieux vaut allumer une cigarette et déambuler autour du pont. Tous les mécaniciens vous diront qu'il est indispensable d'avoir à proximité un ou deux collègues auprès desquels vous pourrez tester votre raisonnement, spécialement s'ils ont une autre façon de penser.

Pendant les premières années de mon activité de réparateur, mon compagnon de travail était Thomas Van Auken, dessinateur émérite (c'est lui qui a illustré l'édition américaine de ce livre), et j'étais souvent frappé par sa capacité de voir, littéralement, des choses qui m'échappaient complètement. J'avais tendance à faire un peu trop confiance à mes dons d'observation empirique, alors qu'en fait savoir *voir* les choses n'est pas si facile que ça. Même quand il s'agit des vieux modèles classiques de motos qui étaient notre spécialité, avec leur structure assez élémentaire, le nombre de variables pertinentes pour effectuer un diagnostic est tellement élevé, et les symptômes tellement ambigus, que le raisonnement analytique explicite ne suffit pas. La seule chose qui fonctionne dans ce cas, ce n'est pas un système de règles mais le type de jugement plus ou moins intuitif qui émerge de l'expérience. J'ai vite compris qu'il y avait plus de travail intellectuel dans le cadre d'un atelier de motos que dans mon précédent boulot.

Socialement, être propriétaire d'un atelier de réparation de motos dans une petite ville me gratifie d'un sentiment que je n'avais jamais eu auparavant. Je sens que j'ai une place dans la société. Si quelqu'un vous demande ce que vous faites dans la vie et que vous êtes bien en peine de vous l'expliquer à vous-même, dire que vous travaillez pour un *think tank* vous fera gagner quelques secondes de répit, mais si vous dites que vous réparez des motos, il n'y a plus aucune ambiguïté. C'est comme ça que je peux troquer des services avec des métallos et des chaudronniers, une pratique qui n'a pas du tout le même sens que les échanges monétaires et qui renforce mon sentiment d'appartenance à la communauté. À Richmond, il y a trois restaurants dont les cuisiniers font réparer leur moto chez moi ; peut-être que je me fais des idées, mais j'ai l'impression qu'on m'y reçoit comme un bienfaiteur plein de sagesse. Quand je sors souper avec mon épouse, je suis fier qu'elle se rende compte qu'on nous traite royalement, ou même simplement qu'on nous accueille avec chaleur. Il y a aussi les sorties collectives en moto ; ainsi, un bar de la ville offrait une soirée spéciale motards tous les jeudis, et ça faisait toujours du bien de constater qu'une ou deux personnes portaient le tee-shirt aux couleurs de mon atelier.

Si l'on prend en compte la richesse intrinsèque du travail manuel du point de vue cognitif, social et psychologique, on peut se demander pourquoi sa présence a connu un tel déclin dans le système éducatif. L'explication la plus fréquente, selon laquelle il tendrait tout simplement à disparaître dans notre économie, est tout à fait discutable, voire absurde. C'est donc plutôt dans les coulisses obscures de la culture qu'il faut chercher une explication. C'est ici qu'un peu d'histoire n'est pas inutile : un bref aperçu des origines de l'enseignement technologique au début du xxᵉ siècle mettra en lumière une série de phénomènes culturels qui continuent à influencer notre présent.

Les arts et métiers et la chaîne de montage
Au début du xxᵉ siècle, alors que le président Theodore Roosevelt prêchait le retour à la vigueur primitive d'une existence moins artificielle et que les élites de l'époque s'interrogeaient sur le déclin spirituel engendré par un « excès de civilisation », le projet de renouer avec la « vraie vie » adopta plusieurs formes différentes. L'une d'entre elles était l'idéalisation romantique de l'artisan prémoderne. Cette nostalgie était compréhensible au vu des

transformations du monde du travail, alors que la bureau-
cratisation de la vie économique entraînait une croissance
rapide du nombre des salariés voués à manipuler la pape-
rasse. Dans son histoire de l'«ère progressiste» (1890-
1920), *No Place of Grace,* Jackson Lears explique que l'arti-
sanat et son côté concret offraient un antidote séduisant
aux vagues sentiments d'irréalité, de perte d'autonomie
et de fragmentation de la conscience qui affectaient plus
particulièrement les classes moyennes et les cadres.

Le mouvement Arts and Crafts («Arts et Métiers»),
inspiré à l'origine par les textes de John Ruskin et William
Morris, était parfaitement adapté à cette nouvelle éthique
thérapeutique et à cette volonté de régénérescence spirituelle. Épuisé par une semaine de dur labeur dans sa
grande entreprise, l'employé de bureau se réfugiait dans
son atelier au sous-sol pour s'y consacrer au bricolage et
y reconstituer ses forces en vue de la semaine suivante.
Comme l'écrit J. Lears, «vers la fin du XIXe siècle, nombre
de bénéficiaires de la culture moderne commencèrent
aussi à se considérer comme des victimes secrètes de la
modernité[14]». On vit bientôt se diffuser diverses formes
d'antimodernisme au sein des classes moyennes et de
l'élite, dont le culte de l'éthique artisanale. Certains
adeptes enthousiastes du mouvement Arts and Crafts s'at-
tribuèrent la mission de divulguer l'évangile du bon goût
tel qu'il s'incarnait dans les fruits du travail artisanal et de
combattre ainsi la vulgarité de l'âge des machines. Cultiver
l'appréciation des objets d'art devenait ainsi une forme de
protestation contre la modernité tout en offrant un moyen
de subsistance aux artisans qui résistaient à la tendance
dominante. Mais cette aspiration coïncidait aussi avec la
culture naissante de la consommation somptuaire. Comme
le remarque J. Lears, l'ironie de toute cette histoire, c'est
que les sentiments antimodernistes de révolte contre la
machine ouvrirent la voie à certains des traits culturels
les plus rebutants de la modernité tardive: le narcissisme

---

14. T.J. Jackson LEARS, *No Place of Grace: Antimodernism and the Transformation
of American Culture, 1880-1920*, University of Chicago Press, Chicago, 1994,
p. XV.

thérapeutique et l'obsession de l'«authenticité», qui sont justement les supports psychiques du marketing publicitaire. Ces formes symboliques et spiritualisées de pratique et de consommation artisanales constituaient à la fois une espèce de compensation et d'adaptation aux nouvelles formes de travail bureaucratique et routinisé.

Mais tout le monde n'était pas employé de bureau. Le tournant du siècle était aussi une époque de lutte de classes, où des vagues d'immigrants faiblement assimilés s'accumulaient dans les métropoles de la côte Est et où la violence des conflits de travail faisait rage à Chicago et dans d'autres centres industriels. Et les élites bourgeoises de ces mêmes métropoles, énamourées de l'idéal artisanal, commencèrent à envisager la possibilité d'offrir aux classes laborieuses un motif d'être contentes de leur sort matériel par le biais de la satisfaction au travail. L'enseignement professionnel pouvait fournir une légitimation idéologique du travail manuel. Tout travail pouvait devenir une forme d'«art» s'il était exécuté dans un esprit adéquat. C'est ainsi qu'un mouvement qui trouvait son origine dans le culte de l'artisan finit par déboucher sur une apologie du travail industriel. Comme l'écrit J. Lears, «en déplaçant leur attention des conditions de travail à l'état d'esprit du travailleur, les idéologues des arts et métiers se donnaient les moyens de faire l'éloge du travail en général, même le plus monotone[15]».

La loi Smith-Hughes de 1917 libéra une certaine quantité de fonds publics fédéraux pour financer l'enseignement technique sous la forme de deux filières : comme partie de l'enseignement général et comme programme d'orientation professionnelle séparé. L'invention des cours de travaux manuels modernes répondait ainsi simultanément aux deux aspirations du mouvement Arts and Crafts. Pour les enfants des classes supérieures, l'enseignement technique était un supplément d'âme à leur cursus pré-universitaire ; ils pouvaient fabriquer pour leur maman une jolie mangeoire à oiseaux et la suspendre à la fenêtre de la cuisine. Les enfants des ouvriers, de leur côté, en s'initiant à ce qu'on appelait désormais les «arts

---

15. *Ibid.*, p. 76.

industriels», pourraient s'imprégner d'une éthique du travail conforme à leur position sociale. La nécessité de ce type de socialisation productive ne répondait pas seulement à l'exigence d'assimiler les nouveaux immigrants en provenance d'Europe de l'Est et des pays méditerranéens, qui ignoraient tout de l'éthique protestante. C'était la population ouvrière tout entière qui avait besoin d'être ainsi disciplinée, car les institutions qui remplissaient jadis cette fonction, la tradition de l'apprentissage et les guildes artisanales, avaient été détruites par les nouvelles formes de production. En 1915, dans un rapport rédigé à l'intention de la Commission sur les relations industrielles, Robert Hoxie manifestait sa préoccupation:

> Il est évident [...] que la productivité naturelle de la classe laborieuse souffrira de l'abandon des traditions d'apprentissage si aucun autre moyen d'éducation industrielle n'émerge. Les spécialistes du management scientifique eux-mêmes se plaignent amèrement du matériau misérable et indiscipliné dans les rangs duquel ils doivent recruter leurs travailleurs, en comparaison avec l'efficacité et l'honorabilité des artisans qui peuplaient le marché du travail il y a vingt ans[16].

Il va sans dire que les «spécialistes du management scientifique» étaient plus intéressés par l'«efficacité» que par l'«honorabilité» de leur main-d'œuvre, même si les deux choses n'étaient pas indépendantes l'une de l'autre. Leur dilemme était le suivant: comment faire que les travailleurs soient à la fois efficaces et attentifs alors que le processus d'automation avait considérablement dégradé leurs tâches? Pour remplacer les gratifications intrinsèques du travail manuel, il fallait créer une nouvelle motivation à caractère idéologique; l'enseignement des «arts industriels» devait donc s'accompagner d'une éducation morale. J. Lears écrit que, «en traitant le savoir-faire artisanal [...] comme un facteur de socialisation, les propagandistes

---

16. Robert Franklin HOXIE, *Scientific Management and Labor*, D. Appleton & Company, New York, 1918, p. 133-134.

américains des arts et métiers abandonnèrent toute tentative de ressusciter la notion de plaisir au travail. L'enseignement des travaux manuels finit par signifier exclusivement deux choses : préparation à la chaîne de montage pour les classes subalternes, activités éducatives de type récréatif pour la bourgeoisie[17] ».

Nous l'avons vu, la loi Smith-Hughes prévoyait deux modalités de l'enseignement technologique, en tant que filière professionnelle d'une part et matière du cursus général de l'autre. Ce n'est que dans cette deuxième version qu'était promu l'apprentissage des principes de la physique, des mathématiques et de l'esthétique à travers la manipulation des objets matériels. Pas étonnant, donc, que cette loi ait été votée seulement quatre ans après l'invention de la chaîne de montage par Henry Ford. Ce dispositif éducatif à deux filières reflétait la séparation instaurée par la chaîne entre les aspects cognitifs du travail manuel et son exécution physique. C'est de cette divergence du penser et du faire que nous avons hérité la distinction entre cols blancs et cols bleus, entre l'intellectuel et le manuel.

Ces catégories continuent apparemment à informer le paysage éducatif contemporain, et avec elles se perpétuent deux grandes erreurs. D'abord l'idée que toute forme de travail ouvrier est nécessairement aussi décérébrée que le travail à la chaîne ; ensuite, celle que le travail en col blanc continue à avoir un caractère nettement intellectuel. Et pourtant, il y a bien des indices qui démontrent que la nouvelle frontière du capitalisme, c'est l'application au travail de bureau des mêmes procédés jadis appliqués au travail d'usine, à savoir l'élimination de ses éléments cognitifs. Le paradoxe, c'est que les éducateurs qui souhaitent orienter les jeunes vers des formes de travail dotées d'un minimum de richesse cognitive devraient peut-être pour ce faire s'employer à réhabiliter les métiers manuels, sur la base d'une compréhension plus profonde de ce que ce type de travail implique vraiment.

Cela supposerait bien entendu qu'ils fassent preuve d'un certain courage. Un directeur de *high school* qui ne

---

17. T.J. Jackson LEARS, *No Place of Grace…*, *op. cit.*, p. 83.

proclame pas un objectif de « 100 % d'entrées à l'université » risque d'être accusé de « manque d'ambition » pour ses élèves et d'être persécuté par des parents indignés. Or, il est difficile de résister à ce type d'indignation, car elle s'autorise de tout le poids moral de l'égalitarisme. Mais elle est aussi une manifestation de snobisme, car elle considère clairement les métiers manuels comme quelque chose d'« inférieur ». Une éducation véritablement démocratique devrait éviter les deux écueils du snobisme et de l'égalitarisme irréfléchi. Sa fonction devrait être d'accorder une place d'honneur à ce qu'il y a de meilleur dans notre vie commune. En ces temps étranges de dépendance et de passivité croissantes, il convient d'accorder une reconnaissance publique à l'aristocratie plébéienne de ceux qui acquièrent un savoir réel sur les choses réelles, celles dont nous dépendons tous dans notre existence quotidienne.

* * *

Mais est-il possible de gagner sa vie décemment en pratiquant un métier manuel? Ou bien sommes-nous vraiment sur la voie d'une société « postindustrielle » où nous n'aurons guère plus besoin du labeur effectué à la main? Y sommes-nous déjà installés? Quelle est la dynamique économique de l'« économie de la connaissance »? L'objectif de cet ouvrage est de mettre en lumière le potentiel d'épanouissement humain offert par les métiers manuels – la richesse de leurs défis cognitifs et les satisfactions psychiques qu'ils nous offrent –, et non pas de développer des positions politiques ou d'offrir des analyses factuelles sur l'état de l'économie. Reste qu'il peut être utile de prendre en compte certaines analyses économiques susceptibles d'alimenter notre scepticisme sur les « discours postindustriels » et d'ouvrir de plus amples horizons à notre investigation.

L'avenir du travail : retour vers le passé ?
Dans un article de la revue *Foreign Affairs*, l'économiste de Princeton Alan Blinder examine la question de la sécurité

de l'emploi et de la baisse des salaires des travailleurs américains à la lumière de la concurrence mondiale :

> Nombre de gens présupposent sans trop y penser que la dichotomie fondamentale qui caractérise le marché du travail est celle qui distingue une population bardée de diplômes et hautement qualifiée d'une main-d'œuvre pourvue d'un niveau d'éducation élémentaire et faiblement qualifiée – disons les médecins d'un côté et les opérateurs de centres d'appels de l'autre, par exemple. La solution pour les pays riches serait par conséquent d'augmenter le niveau d'éducation de la population et de «requalifier» à la hausse leur main-d'œuvre. Et si cette vision était erronée ? Et si, à l'avenir, la dichotomie fondamentale s'établissait entre les tâches facilement délocalisables et transmissibles par câble (ou sans câble) sans perte majeure de qualité et les tâches intrinsèquement «localisées» ? Cette division non conventionnelle ne correspond guère à la distinction traditionnelle entre les professions qui exigent un haut niveau d'éducation et les autres[18].

Blinder suggère ainsi que la distinction cruciale sera désormais celle entre les « services personnels » et les « services impersonnels ». Les premiers exigent un contact face à face ou bien une localisation spécifique. Si votre médecin traitant n'a nullement besoin de s'inquiéter d'une éventuelle délocalisation de son travail, il n'en est pas de même pour les radiologues de son hôpital, qui peuvent connaître le même sort que les comptables et les programmeurs informatiques. Mais, comme dit Blinder, «vous ne pouvez pas enfoncer un clou sur Internet».

Son analyse suggère un avenir de salaires en hausse pour les travailleurs de la construction et des activités de maintenance et de réparation, qu'il s'agisse de veiller sur des infrastructures physiques ou d'entretenir des machines «durables» (comme les automobiles) dont le coût est suffisamment élevé pour ne pas les transformer en objets

---

18. Alan S. Blinder, «Offshoring: The Next Industrial Revolution?», *Foreign Affairs*, mars-avril 2006.

jetables au premier signe de panne, un four à micro-ondes, par exemple. Dans un article complémentaire publié par le *Washington Post*, Blinder écrit que «des millions de travailleurs en col blanc qui pensaient que leur poste était à l'abri de la concurrence internationale découvrent tout d'un coup que les règles du jeu ont changé – et les nouvelles règles ont de quoi les inquiéter[19]».

D'après lui, entre 30 et 40 millions d'emplois américains sont potentiellement délocalisables, depuis les «scientifiques, les mathématiciens et les journalistes» jusqu'aux «opérateurs de téléphonie, aux employés de magasin et aux secrétaires». Il prévoit donc un bouleversement économique massif qui ne fait que commencer et qui affectera même les diplômés d'université convaincus que leurs études leur ouvraient la voie à des carrières fortement rémunératrices et riches en opportunités. Car, désormais, leurs employeurs se tournent vers l'Inde ou les Philippines, où ils trouvent des individus qualifiés qui parlent bien anglais et sont prêts à travailler pour une fraction de ce que gagnent leurs homologues américains. Or, c'est là une évolution qui menace les architectes, mais pas les travailleurs de la construction.

Frank Levy, économiste au MIT, apporte des arguments complémentaires dans ce sens. Il ne cherche pas à savoir si un service peut être délocalisé électroniquement, mais s'il est réductible à un ensemble de règles ou non. Jusqu'à il y a peu, explique-t-il, vous pouviez gagner décemment votre vie en exerçant un métier qui consistait à suivre minutieusement une série d'instructions, comme remplir des formulaires de déclaration d'impôts. Mais aujourd'hui, ce type de tâche est attaqué sur deux fronts : une partie est délocalisée auprès de comptables vivant outre-mer, une autre partie est exécutée par des logiciels comme TurboTax. D'où une pression à la baisse des salaires des métiers fonctionnant sur la base de règles formelles.

Ces évolutions économiques méritent notre attention. L'intrusion des ordinateurs et d'une main-d'œuvre

---

19. Alan S. Blinder, «Free Trade's Great, but Offshoring Rattles Me», *Washington Post*, 6 mai 2007.

exotique qui travaille selon un modèle procédural informatique dans la sphère jadis protégée des professions qualifiées est peut-être alarmante, mais elle nous oblige à considérer avec un regard neuf la dimension proprement *humaine* du travail. Dans quelles circonstances cet élément humain reste-t-il indispensable, et pourquoi? Levy esquisse une réponse en remarquant que, « dans cette perspective procédurale, la créativité [*sic*] consiste à savoir quoi faire à partir du moment où les règles semblent disparaître, ou bien quand il n'y a pas de règles du tout. C'est ce que fait un bon mécano une fois que ses instruments de contrôle informatique lui ont communiqué que la transmission d'une automobile était en bon état alors que cette transmission continue à passer la mauvaise vitesse[20] ».

Quand ce genre de choses arrivent, le mécanicien est renvoyé à sa propre intuition et doit déchiffrer le sens de la situation. Bien souvent, cette opération de décryptage implique non pas tant de *résoudre* le problème (*problem solving*) que de *trouver* le problème (*problem finding*). Quand vous résolvez une équation présentée à la fin d'un chapitre d'un manuel d'algèbre, c'est effectivement du *problem solving*. Si ce chapitre est intitulé « Système de deux équations à deux inconnues », vous savez exactement quelle méthode utiliser. Dans une situation aussi nettement délimitée, le contexte pertinent dans lequel s'inscrit le problème est déjà déterminé d'avance et, par conséquent, aucun effort d'interprétation n'est requis. Mais dans le monde réel, les problèmes ne se présentent pas sous cette forme prédigérée ; en général, vous disposez de trop d'éléments d'information, sans vraiment savoir lesquels sont pertinents et lesquels ne le sont pas. Déterminer à quel *genre* de problème vous êtes confronté vous permet de savoir quelles caractéristiques de la situation vous pouvez vous permettre d'ignorer. Et même les frontières de ce qui peut passer pour une « situation » sont parfois ambiguës ; ce n'est pas en appliquant des règles que vous pouvez discriminer entre le pertinent et le négligeable, mais seulement en exerçant

---

20. Frank Levy, « Education and Inequality in the Creative Age », *Cato Unbound*, 9 juin 2006, www.cato-unbound.org.

le type de jugement qui naît de l'expérience. La valeur d'un mécanicien – et la sécurité de son emploi – tient au fait qu'il possède ce savoir direct et personnel.

* * *

Chaque métier manuel a sa spécificité. Chacun d'entre eux engendre un certain type de satisfaction ou de frustration et présente ses propres défis cognitifs ; parfois, ces défis sont suffisamment riches pour absorber complètement notre attention. Pour comprendre pourquoi le type de processus mental qui accompagne le travail manuel n'est pas plus largement apprécié, il faut se tourner une fois de plus vers l'histoire afin de mieux appréhender la situation actuelle.

2

Faire et penser :
la grande divergence

L'émergence de la dichotomie entre travail manuel et travail intellectuel n'a rien de spontané. On peut au contraire estimer que le XXᵉ siècle s'est caractérisé par des efforts délibérés pour séparer le faire du penser. Ces efforts ont largement été couronnés de succès dans le domaine de la vie économique, et c'est sans doute ce succès qui explique la plausibilité de cette distinction. Mais dans ce cas, la notion même de « succès » est profondément perverse, car partout où cette séparation de la pensée et de la pratique a été mise en œuvre, il s'est ensuivi une dégradation du travail. Si nous arrivons à comprendre le processus à travers lequel un si grand nombre de métiers ont vu leurs tâches s'atomiser, nous serons mieux à même de reconnaître les domaines professionnels qui ont résisté à ce processus et de déterminer les travaux qui continuent à favoriser pleinement le déploiement des capacités humaines.

Au cours des années 1950, les sociologues ont commencé à souligner certaines similitudes fondamentales entre les sociétés occidentales et les sociétés de type soviétique : dans chacune d'entre elles, un nombre croissant de professions connaissaient une simplification radicale de leur contenu. Il s'agissait dans les deux cas de sociétés industrielles où les tâches de planification et celles d'exécution étaient de plus en plus séparées. D'aucuns attribuaient parfois cette tendance à l'automatisation, mais des observateurs plus attentifs soulignaient qu'elle était le produit des exigences de la rationalité bureaucratique, à savoir la conséquence d'une technologie sociale enracinée dans la division du travail. La « machine » responsable était en fait le corps social lui-même, dont les différentes parties étaient de plus en plus standardisées. Au sein du bloc soviétique, ladite machine était soumise au contrôle central de l'État ; à l'Ouest, c'étaient les grandes entreprises qui étaient aux commandes.

En 1974, Harry Braverman publia une œuvre maîtresse de la littérature économique : *Travail et capitalisme monopoliste : la dégradation du travail au XXe siècle*. Braverman ne dissimulait pas ses convictions marxistes. Vu que la guerre froide est désormais derrière nous, nous pouvons de nouveau prendre en considération, sans crainte de faire face à un danger politique mortel, la théorie marxiste du travail aliéné. D'ailleurs, comme Harry Braverman le reconnaissait lui-même, cette critique s'appliquait tout autant à l'Union soviétique qu'aux sociétés capitalistes. Dans son ouvrage, il offre une riche description de la dégradation de différents types de travaux. Ce faisant, il nous fournit rien de moins qu'une explication de la raison pour laquelle nous devenons chaque année un peu plus stupides : en dernière analyse, la dégradation du travail est une question cognitive, qui s'enracine dans la séparation entre le faire et le penser.

La dégradation du travail ouvrier

Dans l'analyse de Braverman, le coupable numéro un est le « management scientifique » ou l'organisation scientifique du travail, qui « pénètre dans les lieux de travail, non en représentant de la science, mais en représentant de la direction, affublée des oripeaux de la science[21] ». C'est Frederick Winslow Taylor qui a exposé pour la première fois avec le plus de franchise les principes du management scientifique dans son ouvrage du même nom, qui exerça une énorme influence pendant les premières décennies du XXᵉ siècle. Staline était un grand fan de Taylor, de même que les initiateurs du premier programme de MBA (maîtrise en administration d'entreprise) à Harvard, où l'auteur fut invité à donner un cours tous les ans. Comme l'explique Taylor, « les dirigeants assument [...] le fardeau de collecter le savoir traditionnel accumulé tout au long du passé par les travailleurs et de classifier, tabuler ce savoir et de le réduire à des règles, des lois, des formules[22] ». C'est ainsi que le savoir professionnel dispersé est concentré entre les mains de l'employeur, puis resservi aux travailleurs sans la forme d'instructions détaillées leur permettant d'exécuter une *partie* de ce qui est désormais un *procès* de travail. Ce processus remplace ce qui était hier une activité intégrale, enracinée dans la tradition et l'expérience d'un métier, animée par l'intentionnalité du travailleur et l'image du produit fini qu'il formait dans son esprit. Par conséquent, poursuit Taylor, « toute forme de travail cérébral devrait être éliminée de l'atelier et recentrée au sein du département conception et planification[23] ». Il serait erroné de penser que l'objectif primaire de cette séparation est de rendre le procès de travail plus efficace. Permet-elle d'extraire plus de valeur d'une unité donnée de temps de travail ? Parfois oui, parfois non, mais là n'est pas la question. Car c'est plutôt la question du *coût* du travail qui compte ici. Une fois que les aspects cognitifs du travail ont été accaparés par une classe managériale séparée des travailleurs, ou mieux encore, une fois qu'ils ont été incorporés à un processus automatique qui ne requiert aucune forme de jugement ou de délibération,

21. Harry BRAVERMAN, *Travail et capitalisme monopoliste : la dégradation du travail au XXᵉ siècle*, Maspero, Paris, 1976, p. 78.
22. Frederick W. TAYLOR, *Principles of Scientific Management*, Harper and Brothers, New York, Londres, 1915, p. 36.
23. Frederick W. TAYLOR, *Shop Management*, Harper and Brothers, New York, Londres, 1912, p. 98-99.

les travailleurs qualifiés peuvent être remplacés par des travailleurs non qualifiés moins bien payés. Taylor écrit aussi que la « totalité des possibilités » offertes par son système « ne se réaliseront pleinement que lorsque presque toutes les machines de l'atelier seront manœuvrées par des hommes de talent et de calibre inférieurs, et par conséquent meilleur marché que le type de main-d'œuvre requise par l'ancien système[24] ».

Quel est dès lors le sort des travailleurs qualifiés ? L'idée naïve, c'est qu'« ils vont ailleurs ». Mais l'avantage compétitif en termes de coût du travail obtenu par l'entreprise taylorisée qui a séparé agressivement la planification de l'exécution oblige l'industrie tout entière à emprunter la même voie, et c'est toute une série de métiers qualifiés qui disparaissent dès lors complètement. C'est ainsi que le savoir-faire artisanal dépérit, ou plutôt qu'il se reproduit sous une forme différente, en tant qu'ingénierie abstraite du procès de travail. La conception du travail est désormais élaborée à distance du travailleur qui l'exécute.

Le management scientifique introduisit l'« analyse des temps et du mouvement » pour décrire les capacités physiologiques du corps humain en termes mécaniques. Comme l'écrit H. Braverman, « plus le travail est dirigé en fonction de mouvements types qui s'appliquent également aux travaux les plus variés, au commerce, aux services, etc., plus il dissout ses formes concrètes dans des gestes de travail de type général. Cet exercice mécanique des facultés humaines, selon des types de mouvements qui sont étudiés indépendamment du travail particulier à réaliser, amène à la conception marxiste de "travail abstrait"[25] ». L'exemple le plus clair de travail abstrait est ce qui se passe sur la chaîne de montage. L'*activité* du travail autonome, maîtrisé par le travailleur lui-même, est dissoute ou démembrée

---

24. *Ibid.*, p. 105. Voir le témoignage devant le Congrès – en réponse à Taylor – de N. P. ALIFAS, président de la section 44 de l'Association internationale des opérateurs de machine-outil, *in Industrial Relations : Final Report and Testimony*, vol. 1, pp. 940 *sqq.*, rapport soumis au Congrès en 1916 par la Commission des relations industrielles.

25. Harry BRAVERMAN, *Travail et capitalisme monopoliste*, *op. cit.*, p. 153-154.

en plusieurs parties et reconstituée en tant que *procès de travail* hétéronome contrôlé par la direction en vertu d'un véritable saucissonnage.

Au début du xxe siècle, la production d'automobiles était assurée par des artisans recrutés dans les ateliers de construction de bicyclettes et de véhicules à traction animale. Il s'agissait de mécaniciens polyvalents qui savaient ce qu'ils faisaient. Dans *The Wheelwright's Shop*, George Sturt raconte son expérience à la tête d'une petite entreprise familiale de fabrication de roues de chariots dont il assume la charge en 1884, soit peu de temps avant l'avènement de l'automobile. Sturt était jusque-là un maître d'école non dénué d'ambitions littéraires, mais il se voit tout d'un coup presque submergé par les exigences cognitives de son métier. Dans son atelier, où le travail s'effectue exclusivement à l'aide d'outils manuels, les compétences requises pour construire une roue commencent avec la sélection des arbres à abattre, le choix du bon moment de l'année pour les abattre, la préparation du bois, etc. À titre d'exemple, et pour nous en tenir à une seule tâche mineure parmi les dizaines de besognes qu'il décrit, voilà comment Sturt rapporte la fabrication d'une section de jante connue en anglais sous le terme technique de *felloe*:

> Il est vain d'entrer dans le détail à ce stade; car lorsque l'appareillage élémentaire est rassemblé pour ce processus d'apparence toute simple, la nature du matériau introduit une série infinie de variations. Une fois parachevés, deux *felloes* peuvent bien paraître fort similaires, mais c'est le travail du charron qui engendre cette impression. C'est lui qui a forgé cette ressemblance à partir de deux pièces de bois tout à fait dissemblables, car on ne rencontrera jamais dans la nature deux pièces identiques. Ici un nœud, là une crevasse, là encore un défaut de l'écorce ou un bois flache, tel ou tel degré d'épaisseur sont autant d'obstacles ou d'opportunités qui remettent en cause les solutions usuelles ou en offrent de nouvelles: presque à chaque minute, l'ingéniosité du travailleur est confrontée à un nouveau problème. À

l'époque, il n'y avait pas de scie à ruban, comme maintenant [1923], et le menuisier ne pouvait pas plier impitoyablement à sa volonté, sans la moindre réflexion, la résistance du matériau. Ce dernier n'était pas alors une simple proie, une victime sans défense de la machine. Bien au contraire, les vertus spécifiques d'une pièce de bois déteignaient en quelque sorte sur l'individu qui savait l'apprivoiser[26].

On ne s'étonnera donc pas que, lorsque Henry Ford introduisit la chaîne de montage en 1913, les travailleurs de l'époque, sans doute accoutumés aux richesses cognitives des formes de labeur traditionnelles, aient boycotté cette innovation. Comme l'écrit un des biographes de Ford, « les ouvriers éprouvaient une telle répugnance pour le nouveau système automatisé que, vers la fin de l'année 1913, chaque fois que l'entreprise voulait renforcer le personnel de ses ateliers avec 100 nouveaux travailleurs, elle devait en recruter 963[27] ».

Il s'agit là apparemment d'un moment crucial dans l'histoire de l'économie politique. Il est clair que le nouveau système se heurtait à une résistance spontanée. Et pourtant, les travailleurs finirent par s'y habituer. Comment cela fut-il possible ? On pourrait poser la question autrement : quel type d'individus ont été les premiers à s'adapter, qui étaient ces 100 ouvriers sur 963 qui n'abandonnèrent pas la chaîne de montage ? Peut-être étaient-ils ceux qui éprouvaient le moins de répugnance envers ce nouveau mode de travail parce qu'ils tiraient moins de fierté de leurs facultés créatives, et étaient donc plus dociles. Et plus dénués d'esprit républicain, en quelque sorte. Mais ce processus d'autosélection initiale céda vite la place à quelque chose de plus systématique.

Contraint de suspendre de façon provisoire la logique taylorienne, Ford se vit obligé de doubler le salaire de ses travailleurs pour pouvoir faire fonctionner la chaîne. Comme l'écrit H. Braverman, cela « permit l'intensifica-

26. George STURT, *The Wheelwright's Shop*, Cambridge University Press, Cambridge, 1993, p. 45.
27. Keith SWARD, *The Legend of Henry Ford*, Rinehart, New York, 1948, p. 49.

tion du travail dans les usines, où les travailleurs étaient maintenant désireux de rester[28]». Et ces travailleurs préoccupés devenaient plus productifs. De fait, Ford lui-même reconnut ultérieurement que cette augmentation de salaire fut «une des décisions qui diminuèrent le plus les coûts de production»: elle lui permit de diviser par deux, puis par trois le temps de production rien qu'en augmentant la vitesse de passage de la chaîne. Ce faisant, il élimina tous ses concurrents, et avec eux la possibilité même d'autres façons de travailler. (Il élimina aussi par la même occasion la pression à la hausse exercée sur les salaires par l'existence d'emplois plus satisfaisants pour les travailleurs.) En 1900, il y avait 7362 fabricants de véhicules sur roues aux États-Unis[29]. Après l'adoption de la méthode fordiste, l'industrie fut bientôt réduite à trois grandes entreprises automobiles. C'est ainsi que les travailleurs s'habituèrent peu à peu à l'abstraction de la chaîne de montage. Apparemment, celle-ci n'est susceptible d'inspirer de la répugnance qu'aux individus qui connaissent des façons plus gratifiantes de travailler.

C'est ici que le concept de salaire comme *compensation* (indemnité), comme on dit parfois en anglais, prend toute sa signification et son rôle central dans l'économie moderne. Un individu aux besoins limités se contentera de vouloir assurer sa subsistance à travers le travail le moins désagréable possible et, de fait, l'expérience des premiers entrepreneurs capitalistes du xviiie siècle, à une époque où nombre d'ouvriers travaillaient à la pièce à domicile, c'est que la quantité de travail à laquelle on pouvait les contraindre était limitée. Contrairement à toutes les hypothèses du «comportement rationnel», quand les employeurs augmentaient le taux de rémunération par pièce pour stimuler la production, ils obtenaient l'inverse de l'effet désiré: les travailleurs commençaient à fabriquer un moins grand nombre de pièces, étant donné que ce volume de production inférieur suffisait désormais à

---

28. Harry BRAVERMAN, *Travail et capitalisme monopoliste, op. cit.*, p. 127.
29. Thomas A. KINNEY, *The Carriage Trade: Making Horse-Drawn Vehicles in America*, The Johns Hopkins University Press, Baltimore, 2004, p. 241.

satisfaire leurs besoins. Ce que les capitalistes finirent par apprendre, c'est que la seule façon de les faire travailler plus était de jouer sur leur imagination en stimulant de nouveaux besoins et de nouveaux désirs. C'est ainsi qu'apparurent les spécialistes du marketing. Ces « ingénieurs de la consommation », ainsi qu'on les désignait encore pendant les premières décennies du XXe siècle, étaient armés des dernières découvertes de la psychologie expérimentale[30].

L'adaptation des travailleurs à la chaîne de montage fut donc peut-être aussi facilitée par une autre innovation du début du XXe siècle : le crédit à la consommation. Comme l'a soutenu Lears, le paiement par mensualités rendit désormais pensables des dépenses qui étaient jadis impensables. Mieux encore, s'endetter devenait la norme[31]. Le fait d'acheter une nouvelle voiture à crédit devenait un signe de votre fiabilité. En lieu et place du vieux moralisme puritain, bien exprimé par la devise de Benjamin Franklin (qui, certes, n'était pas vraiment un puritain), « être frugal, c'est être libre », les premières décennies du XXe siècle donnèrent libre cours à la légitimation de la dépense. Lears voit un des symptômes de ce phénomène dans la publication en 1907 d'un livre modestement intitulé *Les Nouveaux Fondements de la civilisation* et dont l'auteur, Simon Nelson Patten, entreprenait d'inverser la signification morale de l'endettement et de la dépense, et de traiter la multiplication artificielle des besoins non plus comme un dangereux signe de corruption mais comme un élément du processus de civilisation. Et du processus de domestication des travailleurs. Car, comme l'écrit Lears, « l'endettement avait la vertu de discipliner les travailleurs, désormais captifs de leurs tâches routinisées dans les usines et les bureaux, durablement enchaînés à leurs postes de travail et payant régulièrement leurs mensualités ».

---

30. Krishan KUMAR, *From Post-Industrial to Post-Modern Society: New Theories of the Contemporary World*, Blackwell Publishers, Cambridge, Mass., 1995, p. 33.
31. T.J. Jackson LEARS, « The American Way of Debt », *New York Times Magazine*, 11 juin 2006.

La dégradation du travail de bureau

Une bonne partie de la rhétorique futuriste qui sous-tend l'aspiration à en finir avec les cours de travaux manuels et à envoyer tout le monde à l'université repose sur l'hypothèse que nous sommes au seuil d'une économie postindustrielle au sein de laquelle les travailleurs ne manipuleront plus que des abstractions. Le problème, c'est que manipuler des abstractions n'est pas la même chose que penser. Les cols blancs sont eux aussi victimes de la routinisation et de la dégradation du contenu de leurs tâches, et ce, en fonction d'une logique similaire à celle qui a commencé à affecter le travail manuel il y a un siècle. La part cognitive de ces tâches est « expropriée » par la direction, systématisée sous forme de procédures abstraites, puis réinjectée dans le procès de travail pour être confiée à une nouvelle couche d'employés moins qualifiés que les professionnels qui les précédaient. Loin d'être en pleine expansion, le véritable travail intellectuel est en voie de concentration aux mains d'une élite de plus en plus restreinte. Cette évolution a des conséquences importantes du point de vue de l'orientation professionnelle des étudiants. Si ces derniers souhaitent pouvoir utiliser leur potentiel cérébral sur leur lieu de travail tout en n'ayant pas vocation à devenir des avocats vedette, on devrait les aider à trouver des emplois qui, par leurs caractéristiques propres, échappent d'une façon ou d'une autre à la logique taylorienne.

Ce ne sont pas toujours les impératifs du profit qui régissent l'expropriation du savoir des professionnels ; le secteur public n'est pas étranger à cette évolution. Les tests standardisés limitent l'autonomie pédagogique des enseignants ; la stricte rationalisation des sentences réduit la marge de manœuvre évaluative des juges. Paradoxalement, ce sont nos instincts politiques libéraux qui nous poussent dans cette direction centralisatrice : nous répugnons à ce que de simples individus concentrent trop d'autorité entre leurs mains. Avec sa déférence à l'égard des procédures neutres, le libéralisme est par définition une politique de l'irresponsabilité. Au départ, cette tendance part des meilleures intentions – protéger nos libertés contre les

abus du pouvoir –, mais elle s'est transformée en phénomène monstrueux qui élimine toute initiative individuelle,
en particulier chez les salariés du public. Dans le privé,
c'est la maximisation du profit plutôt que la méfiance
envers l'arbitraire qui gouverne cette dynamique, mais le
résultat est le même.

À l'origine, les « systèmes experts » – un terme créé par
les chercheurs en intelligence artificielle – furent d'abord
développés par les militaires pour satisfaire aux exigences
du commandement opérationnel, avant d'être employés
pour standardiser le savoir-faire industriel dans des
domaines comme l'exploitation pétrolière ou l'entretien
des lignes téléphoniques. Après quoi, ils furent appliqués
au champ du diagnostic médical, puis à des activités hautement lucratives mais très opaques sur le plan cognitif,
comme le conseil financier et juridique. Dans un ouvrage
intitulé *The Electronic Sweatshop*, Barbara Garson explique
en détail comment « un degré extraordinaire d'ingéniosité
humaine a été mis au service de l'élimination de l'ingéniosité humaine ». D'après elle, tout comme dans le cas de la
rationalisation taylorienne de l'atelier, la finalité des systèmes experts est de « transférer le savoir, les compétences
et les capacités de décision des employés aux employeurs ».
De même que l'analyse taylorienne des temps et des mouvements visait à fractionner chaque tâche en autant de
parties élémentaires.

L'ingénierie cognitive moderne applique une analyse
similaire au travail intellectuel, explorant l'anatomie du
processus de décision au lieu de celle de la maçonnerie.
L'analyse des temps et des mouvements s'est transformée
en analyse des temps et des processus mentaux. [...] La
construction d'un système expert passe par le *debriefing* d'un
expert en chair et en os et le clonage de son savoir par
un ingénieur spécialisé. Cette procédure d'interview peut
durer plusieurs semaines, voire plusieurs mois. L'ingénieur
cognitif observe le travail de l'expert et lui demande quels
sont exactement les facteurs qu'il prend en considération
au moment de prendre ses décisions sur une base appa-

remment intuitive. Au bout d'un certain temps, ce sont des centaines, voire des milliers, de règles implicites et de procédures empiriques qui sont passées à la moulinette par l'ordinateur. Il en ressort un programme capable de «prendre des décisions» ou de «tirer des conclusions» de façon heuristique au lieu de simplement effectuer un calcul mécanique. Tout comme un véritable expert, un système expert est censé pouvoir formuler des inférences à partir de données incomplètes ou aléatoires qui semblent suggérer ou exclure telle ou telle option. En d'autres termes, le système expert a recours à une forme de jugement (ou s'y substitue)[32].

L'expert humain qui voit ainsi son savoir cloné accède en quelque sorte à une espèce d'immortalité et de superpouvoir. Mais ce sont ses collègues et ses successeurs qui sont définitivement expropriés à travers ce processus de centralisation de l'expertise. Comme l'écrit Garson, «cela signifie que, dans le secteur du conseil et des services aux personnes, de plus en plus de gens fonctionneront comme des diffuseurs plutôt que comme des créateurs». C'est un processus tout à fait similaire que décrit Richard Sennett dans *La Culture du nouveau capitalisme*, en particulier dans des secteurs d'avant-garde comme la haute finance, la technologie de pointe et les services sophistiqués: le véritable travail intellectuel y est toujours plus concentré aux mains d'une élite de plus en plus réduite. Il apparaît donc que nous devons adopter une vision plus désenchantée du «travail mental» et rejeter l'image d'une grande vague d'intellectualisation généralisée qui irriguerait l'entièreté du monde du travail. Bien au contraire, c'est plutôt un raz-de-marée de déqualification en col blanc qui s'annonce à l'horizon. Espérer une autre issue revient à compter sur une inversion de la logique fondamentale de l'économie moderne, qui alimente une sorte de «stratification cognitive». Je ne vois d'ailleurs pas sur quoi un tel espoir pourrait

---

32. Barbara GARSON, *The Electronic Sweatshop: How Computers Are Transforming the Office of the Future into the Factory of the Past*, Penguin, New York, 1989, p. 120-121.

s'appuyer, même si les leçons de l'histoire peuvent nous suggérer que ce type d'expectative pourrait être utilisé pour préparer à l'aliénation bureaucratique les jeunes gens qui entrent sur le marché du travail, de la même façon perverse que l'idéologie des arts et métiers préparait en fait les travailleurs à la discipline de la chaîne de montage.

Tout le monde peut être Einstein

La dernière version de l'évangile post-industriel est résumée par une formule à la mode, celle de l'«économie créative». Dans *The Rise of the Creative Class*, Richard Florida nous présente l'image de l'individu créatif comme membre d'une nouvelle classe sociale en pleine expansion. «Des rebelles excentriques opérant dans les marges bohèmes de la société» sont désormais «au cœur même du processus d'innovation [...] dans le domaine des sciences et de l'ingénierie, de l'architecture et du design, de l'enseignement, des arts, de la musique et de l'industrie du spectacle et des loisirs», et viennent grossir les rangs des «professions créatives dans le secteur des affaires et de la finance, du droit, de la santé et autres domaines apparentés[33]».

Dans un article complémentaire de son livre, Richard Florida invoque Albert Einstein pour nous donner une idée de ce qu'est un individu créatif et autonome, figure sociale soi-disant de plus en plus répandue: «Déjà plus de 40 millions d'Américains travaillent dans le secteur créatif, qui a gagné 20 millions d'emplois depuis les années 1980[34].» Et, d'après Florida, certains de ces nouveaux Einstein travaillent dans les rayons de la chaîne de magasins d'électronique Best Buy.

En effet, nous informe le chantre de la classe des «créatifs», «le P-DG de Best Buy, Brad Anderson, a officiellement assigné à son entreprise la mission d'offrir "un environnement de travail inclusif et innovant permettant

---

33. Richard FLORIDA, *The Rise of the Creative Class: And How It's Transforming Work, Leisure, Community and Everyday Life*, Basic Books, New York, 2002, p. 6 et 8.

34. Richard FLORIDA, «The Future of the American Workforce in the Global Creative Economy», *Cato Unbound*, 4 juin 2006, www.cato-unbound.org.

l'épanouissement intégral du potentiel de tous nos salariés, qui pourront donner le meilleur d'eux-mêmes tout
en y prenant du plaisir"». Se faisant le porte-parole du
porte-parole, Florida ajoute :

> Les salariés sont encouragés à améliorer les procédures
> et les techniques de l'entreprise afin de rendre leur lieu
> de travail à la fois plus productif et plus agréable tout en
> augmentant les ventes et les profits. Dans bien des cas, un
> changement infime effectué dans les rayons – par un ven-
> deur adolescent qui reconceptualise la présentation des pro-
> duits Vonage, ou bien par un salarié immigré qui a l'idée
> d'élargir la clientèle et d'adapter les arguments de vente et
> les services en direction des communautés non anglophones
> – a été repris au niveau national, permettant d'encaisser des
> millions de dollars de revenus supplémentaires.

La présentation du rayon Vonage n'est donc pas simplement améliorée, elle est *reconceptualisée*. Tout ce qui
survit à cet assaut de rigueur intellectuelle de la part du
vendeur adolescent redescend dans les rayons. Une fois
ses fondements conceptuels clarifiés, le rayon Vonage
« reconceptualisé » engendre des millions de dollars de
revenus supplémentaires. À quoi Richard Florida ajoute :

> Anderson [...] aime à dire que la grande promesse de l'ère
> créative, c'est que pour la première fois dans notre histoire,
> le développement futur de notre compétitivité économique
> repose sur le plein épanouissement des capacités créatives
> de l'être humain. En d'autres termes, notre succès écono-
> mique est de plus en plus lié à l'exploitation des talents
> créatifs de chaque individu[35] [...].

À quoi Frank Levy, l'économiste du MIT, répond
sèchement en observant que, « là où je vis, le salaire à
l'embauche d'un employé de Best Buy est apparemment
de huit dollars de l'heure[36] ».

---

35. *Ibid.*
36. Frank LEVY, «Education and Inequality in the Creative Age», *loc. cit.*

Mais ça n'a pas l'air de perturber Florida. Après tout, la « mission officielle » du P-DG de Best Buy, on l'a vu, est d'offrir un environnement de travail « permettant l'épanouissement intégral du potentiel de tous nos salariés, qui pourront donner le meilleur d'eux-mêmes tout en y prenant du plaisir ». Apparemment, l'épanouissement intégral du potentiel des rebelles excentriques qui travaillent dans le secteur créatif de Best Buy est tout à fait compatible avec un salaire proche du minimum. C'est vrai, quoi, la vie de bohème obéit à des règles différentes, et ses pratiquants ne sont pas des prolétaires obsédés par le fric. Ces aristocrates de l'esprit savent « donner le meilleur d'eux-mêmes tout en y prenant du plaisir ». Florida nous offre ainsi l'image d'un vendeur immigrant qui agit sous le coup d'une *idée*. Sommes-nous prêts à croire que ces salariés adolescents ou immigrants incarnent l'unité retrouvée entre pensée et action qui prévalait chez l'artisan préindustriel ou chez le gentleman inventeur ? Si l'on suit le raisonnement de Florida, le modèle Best Buy, c'est l'inversion radicale de la centralisation du travail intellectuel qui caractérise le capitalisme industriel.

Robert Jackall nous offre un compte rendu plus plausible du véritable rôle que jouent tous ces Einstein immigrants et adolescents chez Best Buy. Sur la base de centaines d'heures d'entretien avec des cadres supérieurs et des dirigeants, il conclut qu'un des principes de la gestion contemporaine est d'« abandonner la gestion des détails à la base et d'accumuler la reconnaissance du mérite au sommet[37] ». Pour les chefs, la règle est donc d'éviter de prendre de véritables décisions, qui peuvent finir par nuire à leur carrière, mais de savoir concocter *a posteriori* des récits qui leur permettront d'interpréter le moindre résultat positif en leur faveur. À cette fin, les cadres dirigeants se consacrent exclusivement à manipuler des abstractions, laissant les détails opérationnels à leurs subordonnés. Si tout va bien, on dira : « L'élaboration de synergies transversales en matière

---

37. C'est ainsi que Craig Calhoun reformule un des résultats des recherches de Jackall. Craig CALHOUN, « Why Do Bad Careers Happen to Good Managers ? », *Contemporary Sociology*, 18, n° 4, juillet 1989, p. 544.

de marketing dans le secteur des télécommunications et de l'électronique grand public a permis d'améliorer nos perspectives stratégiques au seuil du quatrième trimestre. » Si quelque chose cloche, on se justifiera comme suit : « La réorganisation du rayon Vonage ? C'est une idée de ce p'tit gars, là, comment il s'appelle déjà ? Bapu, ou quelque chose comme ça. J'vous jure, ces immigrés... » Là où Jackall perçoit une stratégie parfaitement faux cul d'évitement des responsabilités, Florida voit s'épanouir magiquement les cent fleurs du pouvoir des salariés : « L'exploitation des talents créatifs de chaque individu. »

Et de s'extasier : « Le contenu créatif de nombre d'emplois d'ouvriers et d'employés des services est en pleine expansion – un exemple majeur en étant les programmes d'amélioration continue des performances qui existent dans de nombreuses usines et qui sollicitent tout autant les idées des travailleurs à la chaîne que leur effort physique[38]. » Harry Braverman connaissait déjà ce type de gestion, caractérisé par « un semblant très étudié de "participation" ouvrière, par une gracieuse libéralité permettant au travailleur de régler sa machine, de changer une ampoule [...] lui laissant l'illusion de décider alors qu'il ne fait que choisir entre des possibilités fixées et limitées par une direction qui, de façon calculée, ne laisse des choix que mineurs[39] ».

Richard Florida n'est pas le premier à voir des Einstein partout. Au début des années 1920, à la grande époque du

---

38. Richard FLORIDA, *The Rise of the Creative Class, op. cit.*, p. 10. Barbara Ehrenreich offre un aperçu sarcastique sur ces méthodes, dont elle a fait l'expérience à l'occasion d'un programme d'orientation préalable à son embauche par Wal-Mart : « Sam [Walton] disait toujours – et on le voit en train de le dire –, "les meilleures idées viennent des associés", par exemple l'idée d'une personne chargée d'accueillir les gens, un employé un peu âgé (pardon, un "associé") qui reçoit personnellement chaque client à son entrée dans le magasin. Trois fois pendant la procédure d'orientation [...] on nous rappelle que [cette idée] est née dans le cerveau d'un simple associé. Qui sait quelle révolution dans la vente au détail chacun d'entre nous a peut-être en tête ? Parce que nos idées sont les bienvenues, plus que bienvenues, et il ne faut pas que nous pensions à nos dirigeants comme à des patrons, mais comme des "dirigeants à notre service". *L'Amérique pauvre. Comment ne pas survivre en travaillant*, Grasset, Paris, 2004, p. 220.

39. Harry BRAVERMAN, *Travail et capitalisme monopoliste, op. cit.*, p. 39.

taylorisme, un autre vrai croyant écrivait ainsi que «l'usine moderne est un champ d'expérimentation qui mobilise constamment le travailleur dans une démarche scientifique». Un autre, encore, expliquait que «notre civilisation tout entière est une physique, n'importe quel ouvrier est physicien[40]». (Ce qui revient un peu à confondre une particule et la physique des particules.) Le rôle de Florida consiste à mettre au goût du jour l'image de ces mini-Einstein en nous offrant une vision existentialiste un peu kitsch de leur «créativité». Cette vision, nous la connaissons bien depuis la maternelle : la créativité, c'est ce mystérieux potentiel tapi au cœur de notre individualité et dont il suffit simplement de stimuler l'«épanouissement» (en laissant les bambins barbouiller avec leurs doigts). La créativité, c'est ce qui se passe quand les gens sont libérés des conventions. D'après cette philosophie hippie, le look d'Einstein lui-même est lourd de significations, car quel autre moyen aurait-on de reconnaître «un rebelle excentrique opérant dans les marges bohèmes de la société» ?

En réalité, bien entendu, la véritable créativité est le sous-produit d'un type de maîtrise qui ne s'obtient qu'au terme de longues années de pratique. C'est à travers la *soumission* aux exigences du métier qu'elle est atteinte (qu'on songe à un musicien pratiquant ses gammes ou à Einstein apprenant l'algèbre tensorielle). L'identification entre créativité et liberté est typique du nouveau capitalisme ; dans cette culture, l'impératif de flexibilité exclut qu'on s'attarde sur une tâche spécifique suffisamment longtemps pour y acquérir une réelle compétence. Or, ce type de compétence est la condition non seulement de la créativité authentique, mais de l'indépendance dont jouit l'homme de métier. On peut faire l'hypothèse que c'est l'éthique libérationniste de ce qu'on appelle parfois la «génération de 68» qui a ouvert la voie à notre dépendance croissante. Nous sommes disposés à réagir de façon positive à toute invocation de l'*esthétique* de l'individualité. La *rhétorique* de la liberté flatte nos oreilles. Le simulacre de pensée et d'action indépendantes qui se pare du nom

40. *Ibid.*, p. 357.

de « créativité » accompagne trop facilement le discours des porte-parole de la contre-culture d'entreprise et, si nous ne sommes pas suffisamment attentifs, nos plans de carrière risquent d'être influencés par ce verbiage. Le mot « créativité » réveille notre puissante inclination au narcissisme ; ce faisant, il risque de nous orienter vers un avenir professionnel qui trahira nos espérances.

Portrait de l'homme de métier en philosophe stoïcien
Contre les espoirs confus d'une transformation émancipatrice du travail, nous sommes ramenés aux contradictions fondamentales de la vie économique : travailler est pénible et sert nécessairement les intérêts de quelqu'un d'autre. C'est même pour ça que le travail est rémunéré. Ainsi rappelés à la dure réalité, nous pouvons enfin poser les bonnes questions : quelles sont nos véritables aspirations quand nous donnons à un jeune homme ou à une jeune fille des conseils d'orientation ? La seule réponse valable, me semble-t-il, en est une qui évite l'utopisme sans pour autant perdre de vue le bien humain : un travail qui mobilise autant que cela s'avère possible la totalité des capacités humaines. De tels propos relèvent tout à la fois du sens commun et d'une sensibilité humaniste ; ils vont à l'encontre de l'impératif central du capitalisme, qui ne cesse d'alimenter la divergence entre la pensée et l'action. Que faire ? Je n'ai pas de programme à proposer, rien qu'une série d'observations qui pourront intéresser quiconque a son mot à dire dans l'orientation des jeunes générations.

Dans la mesure où cela fait plus d'un siècle que le travail manuel est soumis à des processus de routinisation, on pourrait penser que les tâches manuelles qui subsistent en dehors des murs de l'usine sont désormais résistantes à toute forme de standardisation. Certes, on assiste encore à des évolutions à la marge. Ainsi, au cours des deux dernières décennies, les charpentes et les escaliers préfabriqués ont éliminé certaines des tâches les plus délicates des charpentiers qui travaillent pour les grandes firmes de construction ; même chose pour les portes « prêtes à poser ». Reste que les conditions physiques spécifiques des activités exercées par les charpentiers, les plombiers ou les mécaniciens auto sont trop variables pour que lesdites activités soient exécutées de façon robotique par des idiots. Elles exigent circonspection et capacité d'adaptation, à savoir le travail d'un être humain, pas l'impulsion aveugle d'un rouage de la machine. Les métiers manuels sont donc un refuge naturel pour les individus qui entendent exercer la plénitude de leurs facultés et se libérer non seulement des pouvoirs mortifères de l'abstraction, mais des espoirs fallacieux et des incertitudes croissantes qui semblent inhérents à notre univers économique.

Alors, quels conseils faut-il donner aux jeunes? Si vous vous sentez une inclination naturelle pour la recherche universitaire, si vous avez un besoin urgent de lire les livres les plus difficiles et que vous vous croyez capables d'y consacrer trois ans de votre existence, alors inscrivez-vous à l'université. En fait, abordez vos études universitaires dans un esprit artisanal, en vous plongeant à fond dans l'univers des humanités ou des sciences naturelles. Mais si ce n'est pas le cas, si la perspective de passer trois ans de plus assis dans une salle de classe vous donne des boutons, j'ai une bonne nouvelle pour vous: rien ne vous oblige à simuler le moindre intérêt pour la vie d'étudiant dans le simple but de gagner décemment votre vie à la sortie. Et si vous souhaitez quand même aller à l'université, apprenez un métier pendant les vacances. Vous aurez des chances de vous sentir mieux dans votre peau, et éventuellement aussi d'être mieux payé, si vous poursuivez une carrière d'artisan indépendant plutôt qu'enfermé dans un bureau à cloisons (un «poste de travail modulaire», comme on dit élégamment), à manipuler des fragments d'information ou à jouer les «créatifs» de faible envergure. Certes, pour suivre ces conseils, peut-être faut-il posséder une veine un peu rebelle, car cela suppose de rejeter la voie toute tracée d'un avenir professionnel conçu comme obligatoire et inévitable.

3

Prendre les choses en main

Prenons l'exemple d'une personne à qui l'on explique que sa voiture est trop vieille pour être réparée. Notez bien que ce n'est pas un mécanicien qui lui tient ces propos, mais un «conseiller à la clientèle» en col blanc chez le concessionnaire. Voilà donc que s'interpose entre l'automobiliste et son problème une couche de bureaucratie qui rend impossible toute conversation sur le fond de l'affaire. Car notre homme serait tout à fait ravi d'avoir accès à l'atelier et de se laisser instruire par un mécanicien, mais on ne le lui permet pas. Le conseiller à la clientèle, pour sa part, ne possède aucune expertise mécanique, il se contente de communiquer l'opinion d'une institution, et le client, un esprit énergique et indépendant, n'est pas certain de faire confiance à cette institution (ne chercherait-on pas simplement à lui vendre un nouveau véhicule?). Il déteste ce sentiment de dépendance qui s'empare de lui, d'autant plus qu'il y perçoit le fruit de son ignorance. Sur quoi il décide de rentrer chez lui et de démonter les couvre-soupapes de son moteur pour s'enquérir lui-même de ce qui ne va pas. Peut-être n'a-t-il pas la moindre idée de ce qu'il est en train de faire, mais il est convaincu que, quelle que soit la nature du problème, il devrait bien trouver le moyen de l'identifier tout seul. Ou peut-être pas – peut-être qu'il n'arrivera jamais à remonter ses trains de soupapes. Mais il est bien décidé À tenter sa chance. Il se peut que sa fougue soit aussi l'expression d'un certain *esprit d'investigation* associé à un désir de *prendre les choses en main*. Tel est l'orgueilleux fondement du sentiment d'indépendance (*self-reliance*).

Ce type d'amour-propre entre souvent en tension avec l'intérêt objectif d'un individu, du moins si celui-ci est interprété dans un sens étroit. Un économiste vous invitera certainement à considérer les « coûts d'opportunité » qu'implique la tentative de réparer votre voiture tout seul. « Le temps, c'est de l'argent. » Cette devise est généralement associée à une méfiance à l'égard des expressions de fierté mal placée, perçue comme une incapacité à apprécier froidement la situation réelle. (Thomas Hobbes considérait l'orgueil ou la fierté – *pride* – comme une forme de fausse conscience.) La notion de « coûts d'opportunité » repose sur l'hypothèse d'une totale homogénéité de l'expérience humaine : une fois qu'elles sont réduites à une quantité abstraite de temps et de valeur monétaire, toutes nos activités sont censées être commensurables ou interchangeables. Mais contre l'impérialisme expansionniste de la science économique, il convient d'insister sur notre perception primordiale de l'hétérogénéité concrète de l'expérience humaine : les pommes que nous cultivons ou que nous mangeons ne sont pas un simple « équivalent » des oranges. Du point de vue de l'économiste, l'amour-propre entêté exprime un déficit de rationalité calculatrice, une incapacité à se situer à un niveau d'abstraction adéquat. La science économique ne reconnaît qu'une série limitée de vertus, et sans doute pas les plus admirables. La fougue insistante de notre automobiliste est une affirmation de son sentiment de dignité personnelle et, par conséquent, sa tentative de réparer tout seul sa voiture n'est pas simplement une activité qui consomme une certaine quantité de temps : elle est une autre expérience du temps, une autre expérience de son véhicule et de ses propres capacités.

Les individus porteurs de ce type d'état d'esprit nourrissent généralement une conception élastique des frontières de leur domaine propre. Ils tendent à considérer chaque objet matériel dont ils font usage comme appartenant au royaume de ce qu'ils possèdent. Quand ils se retrouvent dans un espace public où le lien entre leur volonté et leur environnement est brisé, ils ressentent une certaine frustration, un sentiment d'impuissance et de mutilation. Qu'on pense seulement à la colère qui s'empare de celui qui agite ses mains à l'aveuglette sous le robinet des toilettes publiques sans que le moindre filet d'eau réponde à cette vaine danse propitiatoire. « Pourquoi diable n'ont-ils pas installé une *poignée*? » s'interroge notre homme furieux. De quelles puissances invisibles dépend le déclenchement du jet d'eau?

Certes, il est aussi des gens qui sont incapables de manœuvrer correctement une poignée de robinet. Mais en partant de l'hypothèse radicale de l'incompétence généralisée des usagers, le robinet automatique à détecteur infrarouge ne se contente pas de répondre à cette éventualité, il l'établit comme un fait accompli, comme la norme du comportement humain. Ce faisant, il promeut une espèce d'infantilisation qui offense l'esprit indépendant.

Afin de ne pas perdre contenance, l'usager en colère a deux options. Il peut dissimuler sa rage, succombant à la division entre sentiment intérieur et comportement extérieur qui est la marque des vaincus et corrode lentement l'estime de soi. Il peut au contraire faire un effort pour réévaluer sa propre réaction et la percevoir comme irraisonnable[41]. Dans les deux cas, il est amené à mettre en œuvre un certain travail émotionnel. La nuée indistincte de prescriptions implicites engendrées par notre culture

---

41. Et il faut bien admettre que notre homme vit une sorte d'illusion. La poignée d'un robinet traditionnel flatte l'usager en lui laissant croire qu'il a quelque chose à voir avec l'apparition du filet d'eau, alors qu'en réalité celle-ci dépend surtout de toute une infrastructure de canalisations et de plomberie à laquelle il ne pense guère. Le vrai changement historique, c'est le moment où l'usager n'a plus besoin d'aller lui-même puiser un seau d'eau à la rivière. Au fond, la disparition de la poignée de robinet ne fait que mettre en lumière de façon plus crue sa dépendance à l'égard d'autrui, et c'est sans doute là la source de son malaise.

matérielle tend à favoriser une interprétation de cette condition de relative irresponsabilité manuelle comme un état de choses *plus rationnel*. Plus rationnel, parce que plus libre.

Car il semble bien que la culture de la consommation soit intimement liée à une certaine idéologie de la liberté. Ce qu'on nous offre, c'est au fond la promesse de nous libérer de tous les fardeaux physiques et mentaux qui encombrent nos relations avec ce que nous possédons et d'ouvrir ainsi la voie à la réalisation de nos véritables aspirations. Le problème, c'est que cette libération apparente élimine les occasions de faire l'expérience directe de notre responsabilité à l'égard de notre environnement matériel. Or, je crois que la séduction de cette idéologie libérationniste stimulée par la publicité est aussi liée au fait qu'elle exprime une vérité partielle. En tout cas, elle met en lumière le paradoxe de notre expérience de l'agir humain (*agency*) : savoir prendre les choses en main signifie aussi être pris en main par les choses.

Portrait de la motocyclette en monture rétive

Les premières motos n'étaient pas faciles à apprivoiser. Rien que pour les faire démarrer, il fallait déployer tout un rituel. En premier lieu, il vous fallait ramener la manette de gaz à la petite ouverture (en général, il n'y avait pas de ressort pour la ramener automatiquement au ralenti), choisir la position appropriée pour le démarreur en fonction de la température ambiante et retarder manuellement le point d'allumage de plusieurs degrés. Après quoi, il fallait s'employer à actionner le *kick-starter* avec une certaine appréhension, en se préparant à recevoir un énième coup sur un tibia déjà endolori. Car le problème, avec les *kick-starters*, c'est le « retour de *kick-starter* ». C'est particulièrement vrai si vous ne retardez pas suffisamment le point d'allumage, parce qu'à ce moment-là le moteur fait un *backfire* et c'est votre tibia qui trinque quand le levier remonte brutalement. Quel est donc le secret d'un bon démarrage ? Maintenez votre engin en équilibre sur sa béquille, le pied gauche bien planté sur le sol, et faites peser progressi-

vement tout le poids de votre corps sur le levier du *kick*
pour faire tourner le moteur lentement en passant par le
temps de détente puis le temps d'échappement, en jugeant
du niveau de compression par le volume d'air qui sort de
la soupape d'échappement. Lorsque le piston arrive en
position d'admission, vous êtes prêt à enfoncer le *kick* et à
démarrer. Mais avant de le faire, vérifiez qu'aucune repré-
sentante du beau sexe ne soit présente pour contempler
votre tentative, pas plus que vos pires ennemis, parce que
vous risquez fort d'avoir à leur faire montre d'une dépense
d'énergie aussi spectaculaire qu'impotente.

Avant de démarrer, la tradition veut généralement
que vous allumiez une cigarette et que vous la laissiez suspendue à vos lèvres à un angle qui suggère une coquette
nonchalance. Tant que vous y êtes, faites une prière pour
la bonne marche du processus d'atomisation du carburant.
Après tout, si vous n'étiez pas foncièrement optimiste, vous
ne seriez pas motocycliste.

Au bout d'une dizaine de vigoureux coups de jarret, le
front baigné de transpiration, il est possible que vous puis-
siez enfin prendre votre envol. La première récompense de
vos efforts sera la sensation du vent qui fouette votre visage
enfiévré. Mieux encore, le plaisir brutal de l'accélération
vous éloignera du piteux spectacle que vous venez d'offrir.
Ce qui ne veut pas dire que tous vos soucis se soient dis-
sipés. D'abord, il vous faudra ajuster manuellement le point
d'allumage en fonction du poids et de la vitesse. Ensuite,
il faudra que votre moteur soit convenablement lubrifié.

Petit traité de lubrification : de la pompe manuelle à la loupiote du crétin

Dans son ouvrage *Motor Cycling*, publié en 1937, Phil Irving
nous informe que, « à l'origine », les fabricants de motos
« se contentaient de fournir une pompe manuelle opérée
par le conducteur et qui permettait de verser une petite
quantité d'huile dans le réservoir ». Et il ajoute :

> Il faut bien admettre que, tant que la vitesse de ces engins
> restait relativement peu élevée et que l'aluminium n'avait

pas remplacé la fonte dans la fabrication des pistons, ce système marchait beaucoup mieux qu'on aurait pu s'y attendre.
[...] Une autre raison de son succès était que le conducteur
pouvait calibrer l'alimentation en huile de son moteur à sa
guise, en fonction de l'usage qu'il souhaitait en faire. C'est
certainement là un avantage pour un système de lubrification. [...] Mais le point faible du système manuel, c'est
qu'il dépendait entièrement de la mémoire de l'usager et
que, par conséquent, le motocycliste oublieux voyait souvent
sa négligence sanctionnée par des factures de réparation
assez salées, tandis que son homologue trop prudent utilisait deux fois plus d'huile que ce dont il avait besoin à seule
fin d'éviter cette mésaventure[42].

Les premières motos n'étaient pas très pratiques. Ou
plutôt, elles étaient sans doute légèrement plus pratiques
que les chevaux (enfin, je suppose), mais pas de beaucoup.
Contrairement aux engins actuels, elles faisaient fond sur
les qualités morales et intellectuelles du conducteur ; en
lui laissant la liberté de calibrer « à sa guise » la quantité
d'huile nécessaire, elles mettaient en jeu sa négligence
ou son excès de prudence. Être motocycliste, c'était alors
accepter de sortir de soi-même et s'engager dans une relation conflictuelle, tantôt hostile, tantôt amoureuse, avec
un objet matériel qui n'était pas une simple extension de
votre volonté, un peu comme une monture rétive. Il vous
fallait au contraire adapter votre volonté et votre jugement à l'existence têtue d'une série de facteurs physiques
contraignants. Les vieilles motos ne flattaient pas l'ego du
conducteur, elles l'éduquaient.

Tous les parents savent que les nourrissons sont
convaincus que l'univers tourne autour d'eux et que tous
leurs besoins devraient être gratifiés instantanément. Je
suis convaincu que, au stade initial de la technologie automobile, maîtriser une moto contribuait à faire de vous
un adulte, de la même façon qu'apprivoiser les animaux
de ferme qui habitaient sans doute la même grange que

---

42. Phil IRVING, « How Engines Are Lubricated : The Development of Various
    Popular Systems », *Motor Cycling*, 3 mars 1937, p. 562.

votre engin à deux roues. Les coups de *kick* dans les tibias, c'est comme les coups de sabot de mule, ça vous forme un homme.

Cela ne veut pas dire que je prône le retour à la technologie du début du XXe siècle. Il faut bien le reconnaître, ces vieilles motos sont une prise de tête infernale. Ce qui m'intéresse, c'est plutôt d'examiner la signification morale de la culture matérielle et de suggérer qu'il existe sur le versant de la consommation des forces analogues à celles que nous avons vu agir sur le versant de la production. Dans les deux cas, ce que l'on constate, c'est une élimination progressive des occasions d'exercer le type de jugement que les premiers motocyclistes devaient mettre en œuvre pour maîtriser leur engin. L'exigence de ce type de capacité de jugement est une caractéristique de l'excellence humaine (au sens aristotélicien du terme). Elle est une vertu intellectuelle qui a besoin d'être cultivée avec assiduité, ce qui suppose un autre type d'attitude que le détachement contemplatif. Elle exige que l'usager se mette en jeu, qu'il manifeste une forme d'*intérêt* qui ne peut être suscité que par un engagement corporel, une confrontation avec une réalité qui peut faire mal, comme un retour de *kick*. Le corollaire d'un tel engagement est le développement de ce qu'on pourrait appeler une vertu « infra-éthique » : l'usager assume sa responsabilité face à la réalité extérieure ainsi que sa disposition à se laisser éduquer par elle. Sa volonté se soumet dès lors à un processus simultané de domestication et de concentration à travers lequel l'individu cesse de ressembler à un bébé en colère qui ne connaît que son désir. C'est de cette façon que l'éducation technique semble pouvoir contribuer à l'éducation morale tant des consommateurs que des producteurs.

Cette pédagogie morale implicite à la culture matérielle a diverses incarnations. Prenez cette publicité pour un modèle de Mercedes haut de gamme parue le 17 juin 2007 dans le *New York Times*. Il s'agirait selon la réclame d'un véhicule « complètement intuitif ». C'est peut-être vrai ou faux, mais en tout cas, le sens du mot « intuitif » tel qu'il est ici employé est de création plutôt récente. Dans l'esprit des concepteurs d'équipement électronique qui en font ici usage, il s'agit de quelque chose d'assez différent de ce que le même terme pourrait éventuellement signifier en rapport avec, disons, un moteur de « Coccinelle » Volkswagen de 1963.

Avec l'introduction de l'équipement électronique, les réalités de base de la physique opèrent à une échelle tellement différente qu'elles échappent à l'expérience immédiate de l'usager. L'« interface » informatique ajoute une couche d'abstraction supplémentaire en dissimulant la logique d'origine humaine du programme qui régit le logiciel. Or la logique, tout comme la physique, est une réalité têtue et résistante. L'interface, pour sa part, est censée être « intuitive », ce qui signifie qu'elle prétend garantir le minimum de friction psychique entre l'intention de l'usager et sa réalisation. Or, c'est justement ce type de résistance qui aiguise la conscience de la réalité en tant que facteur indépendant. Mais quand les outils informatiques fonctionnent, la dépendance de l'usager (par rapport aux programmeurs qui se sont efforcés d'anticiper tous ses besoins en construisant leur interface) reste totalement imperceptible, et plus rien ne peut venir déranger son autisme. L'empire grandissant de l'électronique agit comme un *masque* qui escamote le domaine de la mécanique.

Pour mesurer la distance sidérale qui nous sépare des temps héroïques de la lubrification manuelle des motocyclettes, il suffit de savoir que certains des modèles actuels de Mercedes ne disposent même pas d'une jauge à huile. Il n'est guère de meilleure illustration de l'évolution de notre rapport aux machines. Quand le niveau d'huile est trop bas, c'est désormais une instruction tout à fait générique qui apparaît sur l'écran du tableau de bord : « Arrêt service ». Le problème de la lubrification a été reformulé par l'univers sans aspérités de l'outillage électronique. De ce point de vue, il cesse d'avoir un sens concret pour l'usager et n'est plus un objet de préoccupation active que pour le technicien *ad hoc*. Ce qui, dans un sens, augmente certainement la liberté et l'indépendance du conducteur de Mercedes, lequel n'a plus besoin de farfouiller dans son moteur armé d'une jauge et de chiffons graisseux.

Mais dans un autre sens, le conducteur est en fait devenu plus dépendant. Il a en quelque sorte « délocalisé » le souci de prêter attention à son niveau d'huile, et le prix qu'il paye pour ce souci en moins, c'est qu'il est désormais prisonnier d'une relation plus intime et plus exhaustive, on pourrait presque dire plus maternelle, avec... avec quoi au juste ? Pas avec le technicien de service chez le concessionnaire, du moins pas directement, en raison des couches de bureaucratie qui s'interposent entre eux. La véritable dépendance s'exerce à l'égard d'entités collectives abstraites auxquelles nous n'attribuons une personnalité qu'au sens juridique du terme : le concessionnaire qui emploie le technicien ; Daimler AG (Stuttgart, République fédérale d'Allemagne), qui gère le plan d'entretien et assure la garantie constructeur ; et, en dernière instance, les actionnaires de Mercedes, individus anonymes et sans lien entre eux, dont l'existence collective minimise le risque financier lié à la lubrification insuffisante de votre moteur. Voilà donc que votre niveau d'huile est investi par une série d'intérêts collectivisés et absentéistes sans que personne, toutefois, en assume vraiment la responsabilité. Si c'est bien là un des phénomènes que nous inscrivons dans la rubrique « mondialisation », nous constatons que les tentacules de cet étrange animal se déploient jusque dans des domaines que vous pouviez considérer comme strictement réservés, comme la quantité d'huile dans votre carter.

Il fut un temps où, outre la jauge d'huile, l'automobiliste disposait d'une interface assez primaire mais conceptuellement similaire au système sophistiqué des nouvelles Mercedes. En anglais, elle était désignée de façon humoristique comme *idiot light*, la loupiote du crétin. Vous pouvez être certain que le manuel du propriétaire de Mercedes ne parle pas d'*idiot system* au moment de décrire l'interface informatique du véhicule : le jugement négatif implicite dont ce terme était jadis porteur n'est plus de mise aujourd'hui. En vertu d'une logique culturelle parfaitement insondable, ce qui hier était une preuve d'idiotie devient aujourd'hui désirable.

Il faut bien comprendre qu'en réalité il n'y a eu aucune innovation technologique qui éliminerait la nécessité d'être attentif à la consommation d'huile et aux fuites éventuelles de votre moteur. Au bout d'un certain nombre de kilomètres, votre consommation d'huile continuera à augmenter, des fuites se présenteront, et un niveau de lubrification insuffisant entraînera de sérieux problèmes mécaniques. Les nouveaux modèles de Mercedes n'ont rien de magique, même si l'absence de jauge d'huile peut encourager cette superstition. Les faits élémentaires de la physique n'ont pas changé ; ce qui a changé c'est la conscience que nous en avons et la nature fondamentale de notre culture matérielle[43].

Responsabilité active ou autonomie ?

Les mains pleines de cambouis, l'engagement corporel à l'égard de la machine sont autant d'expressions d'une forme d'agir humain (*agency*). Et pourtant, c'est le déclin de ce type d'engagement, tel qu'il est encouragé par le progrès technologique, qui explique l'accroissement de notre *autonomie*. Faut-il y voir un paradoxe ? Si nous n'avons plus à fourrager dans les entrailles de nos machines, nous sommes désormais libres de nous contenter d'en faire

---

43. Si Mercedes encourage la superstition, General Motors, de son côté, offre carrément un système théologique complet, et ce, depuis l'introduction en 1997 du système OnStar, d'abord sur certains modèles de Cadillac, puis sur presque tous ses véhicules à partir de 2004. Grâce à un système de diagnostic de bord intégré, GM effectue une vérification mensuelle automatique de votre voiture et vous envoie un courrier électronique avec les résultats. Outre l'indication des problèmes éventuels, ce courrier vous informe sur la pression de vos pneus et vous signale le nombre de kilomètres restants avant votre prochaine vidange. Mais il y a mieux : ce système de diagnostic est désormais aussi relié au GPS et à votre téléphone portable. Les employés du centre de contrôle de OnStar sont ainsi capables de déterminer la position de votre véhicule par rapport au poste de police le plus proche. Si l'ordinateur de bord indique que les coussins gonflables (*airbags*) ont été activés, OnStar entre en communication téléphonique avec le conducteur. Si les passagers ont besoin d'aide, ou bien en l'absence de réponse, OnStar informe les secours d'urgence sur le possible accident et l'emplacement du véhicule. Vous n'avez plus besoin de prendre soin de votre voiture, c'est votre voiture qui prend soin de vous.

l'usage qui nous agrée. Il semble donc qu'il existe une tension entre un certain type d'agir humain et un certain type d'autonomie. Voilà qui mérite réflexion. Ma moto dispose d'un démarreur électrique, d'un allumeur à avance centrifuge, d'une pompe à huile automatique, et je préfère passer mon temps à la conduire qu'à bricoler dessus. Je suis donc parfaitement prêt à admettre que ces innovations sont tout à fait positives, au cas où le lecteur aurait un doute là-dessus.

Mais je souhaite aussi souligner qu'il existe toute une idéologie du choix, de la liberté et de l'autonomie qui, si l'on y regarde de plus près, n'est pas tant l'expression de l'épanouissement d'un Moi enfin émancipé des contraintes matérielles qu'une nouvelle contrainte qui nous est imposée. En témoignent les slogans préférés de la publicité, où il n'est plus question que de Choix et de Liberté, d'un Monde sans Frontières, des Possibilités infinies qui nous sont offertes, et autres mots d'ordre existentialistes exaltants qui définissent l'identité du consommateur. Leur invocation constante finit en fait par ressembler à un système disciplinaire. Comme si l'épanouissement et la liberté personnels ne pouvaient s'exprimer que par l'achat de nouveaux gadgets, jamais par la préservation de ce qu'on possède déjà.

S'interroger sur le sens du travail manuel, c'est en fait s'interroger sur la nature de l'être humain. Pour comprendre ce qu'est une manière d'être spécifiquement humaine, il faut comprendre l'interaction manuelle entre l'homme et le monde. Ce qui revient à poser les fondements d'une nouvelle anthropologie, susceptible d'éclairer notre expérience de l'agir humain. Son objectif serait d'analyser l'attrait du travail manuel sans tomber dans la nostalgie ou l'idéalisation romantique, mais en étant simplement capable de reconnaître les mérites des pratiques qui consistent à construire, à réparer et à entretenir les objets matériels en tant que facteurs d'épanouissement humain.

Pour percer à jour les illusions de l'idéologie de la liberté, il suffit de penser à la musique. On ne peut pas être musicien sans apprendre à jouer d'un instrument spécifique et se soumettre à la discipline des frettes ou du clavier. La puissance d'expression du musicien repose sur une obéissance préalable ; sa créativité dépend d'une constante et stricte observance. Observance de quoi ? Il s'agit parfois des enseignements d'un maître, mais ce n'est pas toujours nécessaire puisqu'il existe des musiciens auto-didactes. Ce à quoi obéit en fait le musicien, ce sont les caractéristiques mécaniques de son instrument, lesquelles répondent à leur tour à certaines nécessités naturelles de la musique qui peuvent être exprimées en termes mathé-matiques. Ainsi, par exemple, diviser par deux la longueur d'une corde soumise à une tension constante augmente la note d'une octave. Ces faits élémentaires ne dépendent pas de la volonté humaine, et il est impossible de les altérer. Il me semble que l'exemple du musicien met en lumière la caractéristique fondamentale de l'agir humain, à savoir le fait qu'il ne se déploie qu'à l'intérieur de limites concrètes qui ne dépendent pas de nous[44].

Ces limites ne sont pas nécessairement physiques. Pre-nons l'exemple de l'expérience de l'apprentissage d'une langue étrangère, décrite de façon admirable par Iris Murdoch :

> Si je fais l'apprentissage d'une langue, le russe par exemple, je me trouve confrontée à l'autorité d'une structure qui commande mon respect. C'est une tâche difficile, avec un objectif à long terme et qui ne sera peut-être jamais entiè-

---

44. Il est d'autres critères auxquels le musicien doit obéir. Il interprète une com-position préexistante ou bien il improvise dans le cadre de formes mélodiques données. Dans ce cas, il ne s'agit pas de contraintes d'ordre naturel mais plutôt d'ordre culturel, comme celles qu'imposent la gamme mixolydienne ou l'interprétation d'un raga du soir. À un autre niveau, il y a aussi la question du genre musical : qu'il s'agisse de hard-bop, de jazz cool de la côte Ouest, de musique hindoustani ou carnatique, ou d'un style quelconque de fusion, il n'y a pas invention *ex nihilo*. Bien entendu, du point de vue historique, les formes culturelles sont le fruit de l'exercice du libre arbitre de leurs créateurs : la gamme mixolydienne a bien dû être inventée par quelqu'un. Mais du point de vue du musicien contemporain x ou y, ces formes sont vécues comme un horizon de possibilités d'ores et déjà établies. Et, de fait, les formes culturelles contingentes se présentent généralement à la majorité d'entre nous, qui ne sommes pas des génies, comme des formes nécessaires.

rement atteint. Or, mon travail est comme la révélation progressive de quelque chose qui existe indépendamment de moi. L'attention est récompensée par la connaissance d'une réalité. L'amour de la langue russe me détourne loin de moi-même au profit de quelque chose d'autre, quelque chose dont il n'est pas au pouvoir de ma conscience d'annexer, d'absorber, de dénier ou d'exorciser la réalité[45].

Dans toute discipline un peu ardue, qu'il s'agisse du jardinage, de l'ingénierie structurale ou de l'apprentissage du russe, l'individu doit se plier aux exigences d'objets qui ont leur propre façon d'être non négociable. Ce caractère « intraitable » n'est guère compatible avec l'ontologie du consumérisme, qui semble reposer sur une tout autre conception de la réalité. Le philosophe Albert Borgmann propose une distinction qui éclaire bien cette différence : celle entre réalité contraignante et réalité disponible, qui correspond à la distinction entre les « choses » et les « appareils ». Dans le premier cas, le sens émerge des qualités inhérentes des objets, dans le second, il répond à la labilité de nos besoins psychiques.

Albert Borgmann évoque la musique, qui illustre à ses yeux le « déclin de la réalité contraignante et [de] la prééminence de la réalité disponible ». La pratique d'un instrument de musique a fortement décliné, en lieu de quoi les gens préfèrent écouter leur chaîne hi-fi ou leur iPod. Un instrument est « difficile à maîtriser et se caractérise par des limites expressives intrinsèques », tandis qu'une chaîne hi-fi n'exige aucun effort de notre part et met instantanément à notre disposition tous les genres de musique possibles, ce qui nous gratifie certainement d'un certain type d'autonomie musicale.

La chaîne hi-fi en tant qu'appareil se différencie nettement de l'instrument de musique en tant que chose. Une « chose », au sens où je souhaite utiliser ce terme, possède un caractère accessible et intelligible, et mobilise l'engagement

---

45. Iris MURDOCH, *La Souveraineté du bien*, Éditions de l'Éclat, Paris, 1994, p. 108-109.

actif et compétent de l'être humain. La chose est liée à la pratique, l'appareil à la consommation. Les choses sont les éléments constitutifs de la réalité contraignante, les appareils offrent une réalité disponible[46].

Un exemple d'«engagement actif et compétent de l'être humain» est une famille rassemblée autour d'un de ses membres guitariste et chantant des chansons. Il s'agit là d'une illustration de ce que Borgmann appelle une «pratique focale», à savoir «un investissement ferme, régulier et généralement collectif autour d'un objet focal» (en l'occurrence une guitare). De tels objets «unifient notre univers et projettent du sens de façon tout à fait différente des effets de diversion et de distraction engendrés par les marchandises[47]».

Les catégories définies par Borgmann nous aident à saisir que la tension entre agir humain et autonomie peut se manifester dans la signification même des choses, ou plutôt de notre relation aux choses.

Nostalgie précuisinée

Je suppose que la plupart des gens sont plus ou moins conscients de la différence entre engagement actif et consommation distraite. Et, de fait, cette conscience est utilisée comme un argument de vente supplémentaire par les publicitaires, qui connaissent fort bien notre aspiration à une forme d'authenticité perdue dans nos rapports avec les choses. Ils savent que nombre de consommateurs ont la nostalgie des pratiques focales suscitées par certains objets, ceux qui «unifient notre univers et projettent du sens».

C'est ainsi qu'une publicité pour la Yamaha Warrior parue dans le numéro de juillet 2007 du mensuel *Motor Cyclist* affiche la légende suivante: «La vie est ce que vous saurez en faire. Commencez à la faire vôtre.» La photo montre un motocycliste dans son garage, pro-

---

46. Albert Borgmann, *Power Failure: Christianity in the Culture of Technology*, Brazos Press, Grand Rapids, Mich., 2003, p. 31.
47. *Ibid.*, p. 22.

fondément absorbé par l'entretien de son véhicule. On voit des pièces détachées de motos sur les étagères qui surplombent son vénérable établi et un assortiment de boîtes à outils rébarbatives, toutes peintes d'une classique couleur rouge vif et visiblement utilisées à bon escient. Notre mécanicien amateur ne sourit pas devant l'objectif; il est complètement captivé par sa tâche. En petits caractères, une deuxième légende développe la première : « La Yamaha Warrior 1670 cc à moteur à injection. C'est nous qui l'avons fabriquée. C'est vous qui la faites vôtre. » En caractères encore plus petits, on peut lire : « Vous n'avez qu'une vie – autant ne pas la gâcher. Alors, si vous achetez la AMA Prostar Hot Rod Cruiser Class Champion Warrior, procurez-vous aussi les nombreux accessoires Star Custom, vous ne regretterez pas le résultat : impressionnant *et* très personnalisé. »

On apprend donc (mais en toutes petites lettres) qu'en définitive notre ami bricoleur est simplement en train de fixer un accessoire quelconque sur son engin. Ce qui rappelle un peu ces voitures jouets sur lesquelles tout ce que l'enfant a à faire, c'est d'appliquer des décalcomanies sur la carrosserie. La culture des motocyclistes conserve encore un vague souvenir de la nature nettement plus exigeante des premières générations de motos, et c'est sans doute cette nostalgie que la publicité de Yamaha cherche à évoquer. De même, dans les années 1950, quand la pâtisserie à domicile commença à être remplacée par le mélange pâtissier standardisé, la multinationale de l'agroalimentaire General Mills inventa la marque Betty Crocker, qui proposait des mélanges incomplets. La cuisinière devait ajouter elle-même tel ou tel ingrédient, et son amour-propre s'en trouvait ainsi satisfait. La Yamaha Warrior, avec ses accessoires en options, c'est un peu la Betty Crocker du motocyclisme, précuisinée dans le four à micro-ondes du consumérisme.

Ce faisant, Yamaha ne fait guère que marcher dans les traces de l'industrie automobile. Depuis quelques années, les fabricants se sont rendu compte du volume de profits qui pouvaient être accumulés dans le secteur des services après-vente et ont donc décidé de le coloniser, en quelque sorte. C'est comme ça qu'aujourd'hui si vous allez chez un concessionnaire Toyota pour jeter un coup d'œil à une Scion (leur modèle meilleur marché, visant une clientèle jeune), on vous donnera une brochure pleine de photos de modèles extravagants de Scion personnalisées, accompagnées de portraits de leurs créateurs, généralement affublés d'un masque de soudure et de l'inévitable camisole[48]. Toute l'affaire consiste à vous vendre une ligne d'accessoires qui peuvent être combinés de tellement de façons différentes que Toyota vous garantit que votre véhicule reflétera « votre personnalité unique ». Notez qu'on passe ici de la notion d'activité (le type avec son masque de soudure) à celle de Personnalité, de Moi expressif dont l'autonomie se réalise à travers la gamme d'Options qui s'offre à lui – ou plutôt qui est identique à cette gamme d'Options. Mais choisir, ce n'est pas créer, même si le marketing de ce genre de produits ne manque pas d'invoquer la « créativité » à tout bout de champ.

Le décentrement du faire

Qu'ils soient de droite ou de gauche, les experts en critique culturelle mentionnent souvent le « problème de la technologie ». En général, ce type de discours déplore notre obsession du contrôle, comme si le problème était la tendance à la réification généralisée exercée par un sujet ivre de pouvoir et débouchant sur le triomphe de la « rationalité instrumentale ». Et si l'instrumentalité était en fait *inhérente* à notre être, si nous étions en réalité gouvernés par une orientation pragmatique innée, si l'usage des

---

48. Un de mes amis a acheté une Scion. Au départ, il voulait simplement une nouvelle voiture, et il ne réalisait pas que pénétrer chez un concessionnaire Toyota était aussi périlleux que mettre les pieds dans une librairie de l'Église de Scientologie. Une bonne partie du marketing de la Scion consiste à créer une atmosphère de culte religieux autour de ce véhicule. Quelques semaines après son acquisition, mon ami se rendit compte qu'il était « étiqueté ». À plusieurs reprises, alors qu'il s'apprêtait à récupérer sa voiture sur son poste de stationnement, il découvrit une carte postale sur son pare-brise. Il s'agissait d'invitations à des réunions censément spontanées destinées à célébrer le « style de vie Scion » avec d'autres conducteurs iconoclastes. Au bout d'un certain temps, l'impression d'être espionné commença à lui faire sérieusement peur.

outils était un aspect fondamental de la manière dont les êtres humains habitent le monde ? Le philosophe antique Anaxagore écrivait que « c'est parce qu'il a des mains que l'homme est le plus intelligent des animaux[49] ». Le premier Heidegger considérait l'« être à portée de main », la « maniabilité » (*Zuhandenheit*) comme étant pour nous le mode originaire d'apparition des choses dans le monde : « Le mode prochain de l'usage n'est pas ce connaître qui ne fait plus qu'accueillir l'étant, mais la préoccupation qui manie, qui se sert de... – et qui d'ailleurs possède sa "connaissance" propre[50]. »

Si ces penseurs sont dans le vrai, alors le sens du « problème de la technologie » est pratiquement à l'opposé de ce que l'on avance généralement : ce qui fait problème, ce n'est pas la « rationalité instrumentale », mais le fait que nous vivons dans un monde qui, justement, *ne sollicite pas* l'instrumentalité incarnée qui est consubstantielle à notre être. Nous avons trop peu d'occasions de vraiment *faire* quoi que ce soit parce que notre environnement est trop souvent prédéterminé à distance.

C'est justement cette expérience d'une vie vécue par télécommande qui exaspère l'esprit indépendant et qui offense l'orgueil qu'il puise dans ce sentiment d'indépendance (*self-reliance*). Mais il se peut que ce type de réaction soit de moins en moins fréquent. La personnalité moderne est en train d'être réorganisée à partir des prémisses de la consommation passive, et ce, dès le plus jeune âge. La dernière tendance en vogue dans les centres commerciaux, ce sont les magasins de jouets Build-a-Bear, où les enfants sont censés fabriquer leur propre ours en peluche. J'ai visité une de ces boutiques, et ce qui se passe en fait, c'est que le bambin choisit le look et les vêtements de son nounours sur l'écran d'un ordinateur, après quoi la peluche est fabriquée pour lui. Il existe désormais quelque chose *en avant* de notre être, quelque chose qui prend soin de notre monde avec une sorte de sollicitude inquiétante. Le résultat, c'est la préemption de toute capacité d'agir

---

49. Anaxagore, cité par Aristote, *Les Parties des animaux*, 686a.
50. Martin Heidegger, *Être et Temps*, trad. Emmanuel Martineau, § 15, p. 67.

incarnée (*embodied agency*), capacité qui est pourtant dans notre nature[51].

Les enfants soumis à ce type d'expérience seront mieux adaptés aux modalités émergentes du travail et de la consommation. Ils seront moins enclins à souffrir de l'anxiété éprouvée par l'usager des toilettes que j'ai décrit au début de ce chapitre. Ils ne trouveront nullement étrange l'absence de jauge dans les nouveaux modèles de Mercedes.

Mais quelle est cette entité qui anticipe désormais toute notre activité ? Il s'agit d'un phénomène amorphe et difficile à nommer, mais qui a quelque chose à voir avec la notion de *public*. Il semble bien que le type d'activité qui donne forme aux objets soit de plus en plus l'affaire d'une sorte d'esprit collectif et que, du point de vue de l'individu, tout a déjà eu lieu ailleurs, loin de lui. Au moment de sélectionner les caractéristiques de votre ours en peluche, ou bien les différentes versions de votre Yamaha Warrior ou de votre Toyota Scion, vous n'avez plus le choix qu'entre des options prédéterminées. Chacune de ces options est présentée comme éminemment désirable en vertu d'une évaluation qui a déjà été effectuée par des personnes non identifiées, sans quoi elle ne serait pas exhibée comme une option dans le catalogue, justement. Ce qui veut dire que le consommateur est non seulement exproprié de toute capacité de production, mais aussi de sa capacité de jugement. (Au moment de planifier la personnalisation d'un véhicule, le fabricant doit harmoniser critères esthétiques et exigences fonctionnelles, sans oublier les préoccupations de sécurité – il ne faudrait pas que son engin prenne feu, par exemple.) La décision finale est laissée au

---

51. Bien entendu, ici, l'usage conventionnel est de recevoir un ours en peluche comme cadeau, pas de le fabriquer soi-même. De fait, un ours en peluche est un objet préexistant censé susciter notre affection, pas un *work in progress*. Ce qui est le plus inquiétant chez Build-a-Bear, c'est la façon dont cette innovation reflète les promesses de l'ingénierie génétique, qui en viendra peut-être elle aussi un jour à proposer un menu d'options aux parents. Il serait intéressant de savoir si les enfants éprouvent le même attachement pour leur nounours «optimisé» que pour une peluche normale, et si le même degré de générosité et de tolérance s'attache à un ours conçu en fait comme une projection du Moi.

consommateur, mais c'est une décision qui se joue sur un terrain totalement balisé et ne mobilise plus qu'une vague préférence personnelle. Et comme le champ des options engendrées par les forces du marché se présente comme une forme d'inconscient collectif, la soi-disant liberté du consommateur peut parfaitement être interprétée comme la simple intériorisation de la tyrannie de la majorité.

L'idéal mercantile du Choix effectué par un Moi autonome agit comme une espèce de drogue qui permet d'avaler la pilule du déclin de l'agir humain incarné, ou bien qui tue dans l'œuf le développement de cette capacité d'agir en fournissant au sujet des sources de satisfaction aisément accessibles. Dans le cadre de l'idéologie consumériste, la croissante dépendance *factuelle* de l'individu s'accompagne d'invocations de plus en plus stridentes de sa liberté *théorique*. Le paradoxe, c'est que cette idéologie nourrit notre narcissisme mais trahit notre amour-propre.

Mais considérons encore une fois la publicité de la Yamaha Warrior. N'exprime-t-elle pas quelque chose de contradictoire, qui nous suggère discrètement dans quelle direction nous orienter? Toute l'efficacité de cette annonce repose sur l'existence d'une profonde insatisfaction et reconnaît sans ambiguïté notre identité profonde de manipulateurs d'outils. Les publicitaires ont fréquemment recours à l'image stéréotypée de l'individu engagé dans une pratique focale, complètement absorbé par son travail[52]. Et pourtant, ce que le produit ou le service vanté par la publicité nous propose le plus souvent, c'est de nous libérer des contraintes de cette pratique focale, comme dans le cas des accessoires pour véhicules personnalisés.

---

52. Un de mes clients est l'assistant d'une photographe professionnelle. Il lui a parlé de mon atelier, qu'elle est donc venue visiter. Elle a aussitôt été séduite et m'a demandé de lui laisser utiliser l'espace de mon atelier pour des séances de photos. Un jour, elle est venue accompagnée d'un mannequin qui était censé jouer le rôle d'un mécanicien. Je mis à sa disposition une série d'outils et installai sur le pont une splendide Ducati 750GT de 1973. Le mannequin se saisit des outils et commença à scruter intensément la moto pendant que la photographe le mitraillait. Je lui demandai à quoi serviraient ces clichés, à quoi elle me répondit qu'il s'agissait de «photos de catalogue» qu'elle espérait pouvoir vendre un jour à telle ou telle entreprise. Bref, l'ambiance de travail de mon atelier était simplement un truc de marketing générique.

Mais ce que l'image nous présente, c'est le portrait d'un savoir-faire issu d'un long apprentissage, le genre de compétence qui permet à l'individu de s'épanouir pleinement à la tâche. Car les spécialistes du marketing partagent bien l'intuition que ce n'est pas le produit mais la pratique qui est vraiment séduisante.

4

L'éducation d'un mécano

Un bon tailleur de diamants n'a pas les mêmes qualités qu'un bon dresseur de chiens. Le premier se caractérise par sa minutie, le second par son autorité. Différents types de travail attirent différents types de personnalité, et c'est une chance de trouver une profession qui corresponde à votre tempérament. On parle souvent de « diversité » et de « multiculturalisme » dans le système éducatif américain, mais on ne s'y préoccupe pas beaucoup de faire une place au type de diversité qui reflète les différentes qualités des individus, à savoir la diversité des dispositions. Ce qui nous préoccupe avant tout, ce sont d'une part les variables démographiques, de l'autre la division de la population en différentes classes cognitives. Dans les deux cas, cette approche réduit la gamme des qualités humaines à un ensemble de catégories très limitées, susceptibles d'être cataloguées sur un formulaire bureaucratique ou reflétées par une série de tests standardisés. Ce type de simplification sert plusieurs objectifs institutionnels. En nous pliant à ces objectifs, nous en venons à percevoir notre propre personnalité à la lumière de critères d'évaluation prédéfinis, oubliant que les buts de l'institution ne sont pas nécessairement les nôtres. Si tel ou tel établissement prestigieux ouvre formellement une porte d'entrée à telle ou telle carrière, nous ne pouvons pas *ne pas* l'emprunter. Mais quand une personne examine les différentes options professionnelles qui s'offrent à elle, et qu'elle se demande si ces options sont compatibles avec une vie digne d'être vécue, la question pertinente qu'elle doit se poser n'est peut-être pas celle de son quotient intellectuel, mais celle de savoir si son tempérament la porte plus à la minutie ou bien à l'autorité naturelle, par exemple. Et si cette jeune personne veut trouver un travail compatible avec son bien-être, sans doute fera-t-elle mieux de ne pas se précipiter aveuglément vers les passages obligés que définit l'institution.

Ces passages obligés sont aussi trop souvent de véri-tables camisoles de force. En témoigne l'usage des psycho-tropes pour contrôler les jeunes garçons, pour les « aider à se concentrer », comme le suggèrent les infirmiers sco-laires, et remédier à leur inclination naturelle à l'action. Tout cela, bien entendu, sert aussi les intérêts de l'institu-tion – et je sais de quoi je parle, j'ai moi-même enseigné un temps dans un *high school* et j'aurais bien aimé disposer d'un atomiseur de Ritalin dans ma salle de cours, juste pour maintenir un minimum d'ordre. Il n'y a pas tellement d'individus qui soient naturellement enclins à rester sage-ment assis en classe pendant seize ans de scolarité, avant de passer éventuellement plusieurs décennies sagement assis dans un bureau. Depuis que les cours de technologie ont été démantelés, c'est pourtant devenu la norme pour tout le monde, alors même que nous nous gargarisons du terme « diversité ».

S'il est exact que différents types humains sont attirés par différents types de travail, l'inverse est également vrai : le métier forme l'homme. J'ai déjà abordé les aspects cognitifs du travail de mécanicien. Ce que je souhaite faire maintenant, c'est offrir un portrait plus complet du méca-nicien lui-même, et décrire la relation entre sa manière de penser et sa manière de sentir. Quels sont donc les vices et les vertus spécifiques de ce métier? Il me semble que l'idée de « disposition » est utile pour penser les effets que ce type de tâche a eus sur moi et sur d'autres mécaniciens de ma connaissance. Ou bien faut-il croire que ce sont plutôt les individus dotés de telle ou telle disposition préalable qui sont spontanément attirés par la mécanique? Quoi qu'il en soit, le terme « disposition » reflète quelque chose d'important que je souhaite ici explorer: l'imbrication réciproque de certaines qualités intellectuelles et de certaines qualités morales, telle qu'elle se manifeste à travers l'exécution d'une tâche.

L'apprenti apprenti

Une de mes premières expériences de travail extérieures à la commune où je vivais fut un atelier de réparation de Porsche à Emeryville, en Californie[53]. À cette époque, Emeryville, située entre Berkeley et Oakland, à l'est de la baie de San Francisco, était un mélange de zone industrielle et de quartiers résidentiels afro-américains. Ma mère venait d'y acheter une maison et j'habitais avec elle. Je passais souvent devant l'atelier et j'admirais les Porsche 911 stationnées dans la cour adjacente, derrière une clôture de fil de fer barbelé. Un jour, je me décidai à entrer et à demander s'il y avait du travail pour moi. Le patron, appelons-le Lance (ce n'est pas son vrai nom), m'interrogea sur mes compétences. Je lui racontai mes antécédents d'apprenti électricien, à quoi s'ajoutaient quelques notions de menuiserie. Une femme de notre communauté avait une formation de mécanicienne et m'avait enseigné à faire un réglage de moteur basique. Bref, je n'avais pas grand-chose à offrir.

Pour tester mes compétences, Lance me demanda de construire un meuble de rangement pour son bureau. Il me montra ce qu'il avait en tête: il s'agissait d'installer à l'extrémité de sa table de travail, et sur toute sa longueur, une structure à deux niveaux, avec une rangée de casiers verticaux plus larges à l'étage inférieur et plus étroits à

---

53. Sur le fait que je vivais dans une commune, *cf.* note 3, chapitre 1.

l'étage supérieur. Ça n'avait strictement rien à voir avec les Porsche, mais je décidai de relever le défi et me mis au travail dans la cave de la maison de ma mère. Mon matériau était du contreplaqué de bois de rose, et je proposai à Lance plusieurs échantillons offrant différentes finitions pour qu'il choisisse laquelle était le plus à son goût. Je passai environ une semaine sur ce meuble et ne facturai à Lance que le coût des matériaux, soit cinquante-six dollars exactement. Je me rappelle bien le montant parce que j'étais un peu embarrassé par cette somme, qui me paraissait alors particulièrement élevée. Fallait-il que je fasse aussi payer à mon client le pot de teinture, vu qu'il m'en restait encore une bonne quantité? Je décidai de facturer le pot entier, non sans éprouver un frisson d'audace. Ce n'était plus les petits boulots de la communauté, c'était une véritable *business*, et ce reste de teinture constituait mon profit. Une telle pusillanimité peut paraître risible *a posteriori*, mais je ressentis alors cette décision comme une forme d'affirmation de ma personnalité. J'étais tout excité par l'idée de ne plus être un communiste, mais un capitaliste, un véritable entrepreneur; tout d'un coup, l'égoïsme n'était plus un vice, mais une vertu.

Lance parut tout à fait satisfait de mon meuble. Je fus donc embauché. On m'attribua un casier et j'héritai de plusieurs bleus de travail beaucoup trop grands pour moi et portant le nom d'un autre employé. Et puis je reçus mon premier ordre de mission. Je suppose que je m'attendais à ce qu'on me confie une tâche à connotation plus ou moins érotique, comme peloter un turbocompresseur ou lécher des pneus Pirelli P7 (combien d'ados de quinze ans partageaient les mêmes fantaisies fétichistes que moi en 1981?), parce que je me souviens bien de l'immense déception que je ressentis quand on me fit monter à l'étage supérieur pour m'y assigner un évier débordant de vaisselle sale. Lance vivait au-dessus de son atelier et sa piaule était une véritable porcherie. Dégoûté, je passai plusieurs jours à la nettoyer, dans un état de stupeur sans remède[54].

---

54. Dans son livre sur les véhicules à traction animale, Kinney raconte l'histoire d'Ezra Stratton, qui commença ses sept ans d'apprentissage en 1824 chez un

Mais mon tour est bientôt venu de rejoindre le rez-de-chaussée, plus près des objets de ma convoitise. Cela faisait des années que j'admirais les Porsche rien que pour leurs formes, leur sonorité, et sur la base d'une vague mystique de la vitesse. Mais je ne connaissais pas grand-chose des détails de leur structure (sauf les pneus). On m'assigna au poste de nettoyage, qui n'était pas sans ressemblance avec l'évier du premier étage. Sauf que maintenant, au lieu d'employer l'eau du robinet, j'utilisais un produit de dégraissage délivré par une pompe et une brosse métallique, avec pour ordre exprès de ne jamais brosser la surface d'un joint pour ne pas l'endommager. Le poste de nettoyage était situé dans une zone obscure entre l'atelier lui-même, bien éclairé et équipé de haut-parleurs qui diffusaient les succès de la station KOIT-FM, et la cour extérieure. Il s'agissait d'un rectangle de béton crasseux d'environ trois mètres sur six, couvert de pièces en attente de nettoyage. J'éprouvais au départ une certaine dissonance cognitive à les manipuler : il s'agissait bien de pièces de Porsche, avec toutes les qualités mystiques que je leur attribuais, mais elles étaient couvertes de toute la gangue de saleté accumulée sur les routes. Vues sous cet angle, elles n'avaient pas du tout l'air d'être « hautement performantes », elles paraissaient au contraire tout à fait banales et même un peu minables. Je ne manipulais pas des *spoilers* en « queue de baleine » portant l'élégante inscription Turbo Carrera en chrome ; non, je manipulais des supports de différentiel et des fusées de suspension, soit des éléments fonctionnels invisibles et totalement dépourvus de glamour.

---

fabricant de chariots du Connecticut. À son grand déplaisir, Stratton découvrit que « sa première demi-journée de travail consistait à réparer le mur de pierre qui entourait le champ d'un hectare de son maître ». « À cette époque, les ateliers d'artisans n'étaient le plus souvent qu'une extension de la maison du maître, et la frontière entre foyer et lieu de travail était pour le moins floue. » À l'heure du déjeuner, Ezra remarqua « la lueur de satisfaction dans les yeux d'un autre jeune apprenti de dix-sept ans assis à la table commune, [et] il en devina presque aussitôt la cause ». Comme il devait le mentionner plus tard dans son autobiographie, « c'en était fini pour lui de s'occuper des vaches, des cochons ou de couper le bois [...] son année d'initiation et de travaux domestiques était enfin arrivée à son terme » (Thomas A. KINNEY, *The Carriage Trade, op. cit.*, p. 42).

De temps à autre, Lance me demandait de peindre au *spray* en noir les pièces nettoyées, après quoi il les réinstallait sur leur véhicule et prenait une photo de ces pièces censément « flambant neuves ». Il était clair qu'en quittant le territoire protégé de la communauté pour pénétrer dans l'univers du commerce j'allais avoir besoin d'une période d'adaptation psychologique.

En ce qui concerne la nature de notre relation, ni Lance ni moi ne savions bien sur quel pied danser. Le jour où il m'a proposé de l'accompagner pour tester une 911 dont il venait de réparer les freins, j'ai pris cette invitation comme une offre d'amitié. Je n'étais jamais monté dans une Porsche. Nous étions censés traverser la ville et aller récupérer des pièces d'embrayage sur la 4ᵉ Rue à Berkeley. Une fois installé dans le siège du passager, j'ai entendu pour la première fois de l'intérieur de la carrosserie la sonorité si caractéristique de l'échappement du six cylindres *boxer*, âpre grondement maintenant réduit à un borborygme. J'ai baissé la vitre pour mieux écouter cette douce musique. Nous avons quitté l'atelier en trombe. Lance semblait tout d'un coup être parfaitement dans son élément. Toujours accélérant à fond, passé la troisième, nous roulions en direction du carrefour de l'avenue San Pablo, une artère très fréquentée. Nous étions déjà à moins de cent mètres de l'intersection et Lance ne faisait pas mine de vouloir ralentir. Avait-il vraiment l'intention de brûler le feu ? J'avais peine à le croire, et mon pied droit tâtonnait dans le vide, cherchant involontairement une pédale. À quinze mètres du passage piéton, Lance a actionné les freins. Le véhicule a stoppé instantanément, bien ferme sur ses quatre roues, comme si une main de géant l'avait plaqué brutalement sur ce morceau d'asphalte. Jamais je n'avais imaginé l'existence de freins aussi puissants.

De Powell Street, nous sommes entrés sur l'autoroute Interstate 80. C'était la fin de l'après-midi et il y avait beaucoup de circulation. Lance s'en donnait à cœur joie, slalomant entre les voies, doublant au centimètre près. Au début j'étais vraiment choqué qu'il se permette ces manœuvres acrobatiques avec la voiture d'un client, mais comme il semblait avoir une confiance absolue, et apparemment justifiée, en ses talents de conducteur, j'ai commencé peu à peu à me détendre. C'était la première fois que j'accompagnais un conducteur ayant une expérience de la compétition, et j'étais passablement excité. (L'atelier de Lance avait fait concourir une Porsche 930 et une Porsche 356 à Laguna Seca, un circuit de compétition de Monterey.)

Lance employait deux autres mécaniciens, un Mexicain et un Blanc. Un jour, ce dernier était sous le pont en train de travailler sur des freins, et Lance lui a demandé de m'apprendre un truc. Le type a choisi de me montrer comment graisser un roulement à billes : vous vous étalez une bonne couche de graisse dans la paume de la main et vous faites glisser le roulement dessus en appuyant bien. La graisse s'infiltre alors entre les billes. Vous continuez comme ça sur toute la circonférence et, une fois que vous avez fini, vous procédez de la même façon du côté opposé. C'est un travail important : un roulement à billes mal graissé tendra à s'user plus rapidement et à surchauffer, et finira soit par gripper soit par casser, ce qui peut provoquer un accident. Mais à part ça, je n'ai pas appris grand-chose de plus et on a continué à me confier des tâches mineures. Lance n'éprouvait guère d'intérêt à me servir de mentor. Pourtant, avec ou sans mentor, mon éducation de mécanicien ne pouvait plus attendre, vu que mon propre véhicule, une Volkswagen Coccinelle de 1963, exigeait de constantes attentions.

La théorie du lacet

Mes tentatives solitaires d'intervention mécanique étaient une source de frustration constante. Tantôt c'était une vis ou un boulon rouillé qui cassait net (j'étais plutôt surpris quand j'arrivais à les dévisser sans problème), tantôt c'était le circuit électrique qui me jouait des tours. Fallait-il l'attribuer au piètre état du réseau grouillant de câbles à l'allure vaguement organique qui serpentait derrière mon tableau de bord ? D'après mes lectures, les problèmes de

«régularité du moteur» (toussotements, trous à l'accélération, soubresauts) pouvaient être dus soit à des problèmes
de carburateur, soit à des problèmes d'allumage. Cela
semblait aussi souvent dépendre du climat. Ma Coccinelle
était rétive à tous mes efforts pour la maîtriser, comme si
elle obéissait à un malin génie plutôt qu'à des principes
rationnels.

Entre-temps, j'étais retourné vivre avec mon père après
six ans au sein de la commune et un an de cohabitation
avec ma mère. Il était chercheur en physique et, de temps
à autre, il émettait telle ou telle considération scientifique
tandis que j'étais assis par terre, impuissant, devant mon
véhicule en panne. Ces fragments de sagesse m'étaient
rarement d'une quelconque utilité. Un jour, alors que je
rentrais à la maison désespéré, couvert de cambouis et
puant l'essence, papa me contempla du fond de son fau-
teuil et déclara à brûle-pourpoint: «Est-ce que tu savais
qu'il est possible de dénouer un lacet de chaussure rien
qu'en tirant sur un seul de ses bouts, même si c'est un
double nœud?» Qu'étais-je censé faire de cette information?. Elle semblait provenir d'un univers complètement
différent de celui dans lequel je me débattais.

En repensant à cette histoire de lacet hypothétique,
je me dis que c'est peut-être vrai, au fond, qu'on peut le
dénouer par un seul bout. Ou peut-être pas. Ça dépend. Si
le lacet est rêche et spongieux, et si le nœud est bien serré,
ça sera beaucoup plus dur que si le nœud est un peu lâche
et que le lacet est fait d'une matière lisse et incompressible,
genre ruban de soie. Il se peut aussi que le lacet casse avant
d'être complètement défait. Ce dont parlait mon père,
c'était un lacet *mathématique*, un lacet idéal, mais cette idéalisation semblait avoir remplacé l'objet concret dans son
esprit obnubilé par je ne sais quel problème théorique.
Je n'étais qu'un adolescent, et je n'avais pas bien saisi ce
processus de substitution. Mais je commençai à me rendre
compte que les habitudes mentales de mon père, formé à
la physique et aux mathématiques, n'étaient guère adaptées à la réalité que je devais affronter comme propriétaire
d'une vieille Volkswagen.

Et pourtant, en tant que scientifique, il avait l'air de savoir ce qu'il faisait. N'y avait-il pas là une contradiction ? Ne faisions-nous pas tous deux face à la même réalité physique ? La divergence entre ses propos et mon expérience sema les germes d'une réflexion philosophique qui n'arriverait à maturité que vingt ans plus tard. L'effet immédiat de cette dissonance cognitive fut de nourrir chez moi un certain fatalisme. Un jour, mon ami John, qui était lui-même aux prises avec les caprices des V8 des grosses cylindrées américaines, me posa une question sur la « conception » de la Coccinelle. Ma journée avait sans doute été particulièrement déprimante, parce que je lui répondis sur un ton sarcastique : « Conception ? Quelle conception ? Je ne crois pas que qui que ce soit ait réfléchi à la *conception* de la Coccinelle. » Ma voiture semblait être un fait brut de l'univers, insensible à ma volonté et à mes efforts d'en déchiffrer le sens. Le poète grec Solon exprime bien ce sentiment quand il explique que le Destin est plus puissant que n'importe quel savoir technique : il « rend tous les efforts fondamentalement incertains, aussi sérieux et logiques qu'ils soient[55] ». Le sentiment d'être soumis au destin dissipe toute illusion de maîtrise. Cela peut favoriser un certain apprentissage de l'humilité mais, dans mon cas, cette humilité avait un revers plutôt piquant. En même temps que je m'adaptais peu à peu à une sorte de *modus vivendi* avec ma Coccinelle, je tendais à considérer cette perspective fataliste fraîchement acquise comme un démenti cinglant aux prétentions de maîtrise intellectuelle un peu trop commodes de mon père. De telle sorte que mon sentiment d'impuissance avait aussi un côté curieusement gratifiant : j'avais l'agréable impression qu'il reposait sur un niveau de conscience plus aigu que celui de mon géniteur.

Pour revenir à quelque chose que j'ai déjà mentionné antérieurement, la science moderne adopte un idéal supra-mondain de connaissance de la nature. Elle la fait

---

55. Telle est la leçon du poème de Solon d'après Werner Jaeger, cité *in* David ROOCHNIK, *Of Art and Wisdom: Plato's Understanding of Techne*, Penn State Press, University Park, 1996, p. 29.

reposer sur des constructions mentales plus facilement manipulables que la réalité matérielle et, en particulier, sur des entités réductibles à une représentation mathématique[56]. C'est par le biais de telles représentations que nous devenons maîtres de la nature. Et pourtant, le type de raisonnement qui s'appuie sur des idéalisations comme les surfaces sans friction ou le vide absolu nous condamne parfois à l'impuissance (de même que les conseils de mon père ne m'étaient d'aucune utilité), parce qu'il néglige trop les spécificités d'une situation. Mais, dans la mesure où ces idéalisations jouissent de tout le crédit et l'autorité de la science, leur démenti par la pratique risque de nous amener à ne plus percevoir autour de nous que les ténèbres de l'irrationalité («Conception? Quelle conception?»), voire à prendre un certain plaisir à cette obscurité. Cette tendance réactionnaire est une conséquence naturelle des prétentions de la raison moderne. Elle a un côté adolescent; il y a entre le modernisme et l'antimodernisme une parenté secrète, à l'image de ma propre relation avec la science de mon père.

Dans ces circonstances, j'éprouvais à l'égard de ma Coccinelle un curieux mélange de haine et d'amour. Elle était la source de ma mobilité et de mon indépendance, sans parler du pur plaisir de la conduire. Il s'agissait donc d'une histoire à la fois passionnée et dysfonctionnelle, le genre de relation à laquelle il est difficile de s'arracher. Je n'avais guère d'autre option que de poursuivre cette

---

56. Le philosophe allemand Friedrich Jacobi (1743-1819) caractérisait ainsi la doctrine centrale de la révolution kantienne: «Nous ne pouvons saisir un objet que dans la mesure où nous pouvons le laisser se présenter à nous dans notre pensée, à savoir le produire ou le créer dans notre entendement» (cité par David LACHTERMAN, *The Ethics of Geometry: A Genealogy of Modernity*, Routledge, New York, 1989, p. 9). Il ne s'agissait pourtant que de parachever une révolution antérieure. À partir de Galilée et de Copernic, «la décision fut prise de se défaire de la subordination habituelle de l'esprit envers l'"objet" (donné préalablement) de l'investigation en faisant dépendre l'intelligibilité de ce dernier de ce que l'investigateur y a projeté à l'avance en conformité avec le concept pertinent de cet objet» (*ibid.*, p. 11). Les procédés de la physique récemment mathématisée furent bientôt perçus comme le modèle de la pensée moderne en général. Cela est très clair chez Gassendi, par exemple, qui expliquait que «tout ce que nous savons, nous le savons grâce aux mathématiques» (*ibid.*, p. VIII).

liaison fatale. C'est là un dilemme qui a continué à marquer mon existence, qu'il s'agisse de ferrailler sous le capot d'une voiture ou de contempler incrédule une moto qui ne veut pas se plier à ma volonté. Ce que j'ai appris au long de ces années, c'est que le travail de mécanicien a un côté hasardeux et insaisissable qui le distingue fortement des mathématiques, même pour un expert chevronné.

Aristote peut ici nous être utile. Le Stagirite étend en effet le concept d'art, ou *technè*, pour y inclure les cas où nos efforts sont loin d'être totalement infaillibles. Ce faisant, il nous indique une voie moyenne entre le fatalisme impuissant et son opposé, le fantasme de la maîtrise complète, mettant en lumière le véritable caractère de l'agir humain.

Il est certains arts qui peuvent atteindre leur objet de façon complètement fiable : c'est le cas de la construction, par exemple. Si un bâtiment s'effondre, on peut juger *a posteriori* que celui qui l'a construit ne savait pas ce qu'il faisait. Mais il est d'autres disciplines qu'Aristote appelle « stochastiques ». Un exemple en est la médecine. La maîtrise d'un art stochastique est compatible avec un échec éventuel dans la poursuite de son objet (la santé, en l'occurrence). Comme l'écrit Aristote, « il n'appartient pas à la médecine d'engendrer la santé, mais seulement de la promouvoir autant que possible[57] ». Les activités d'entretien et de réparation, qu'il s'agisse de véhicules ou de corps humains, sont très différentes des activités de fabrication ou de construction à partir de zéro. Le mécanicien et le médecin, même chevronnés, sont confrontés chaque jour à la possibilité de l'échec, ce qui n'est pas le cas du constructeur. Car médecins et mécaniciens *ne sont pas les créateurs* des objets sur lesquels ils interviennent et, par conséquent, ils ne peuvent jamais en acquérir une connaissance absolue ou exhaustive. L'expérience de l'échec modère l'illusion de la maîtrise ; dans leur travail quotidien, médecins et mécaniciens doivent appréhender le monde comme une entité qui ne dépend pas d'eux, et ils connaissent fort bien la différence entre le moi et le

---

57. ARISTOTE, *Rhétorique*, 1355b12.

non-moi. Être un «réparateur», c'est peut-être aussi une forme de cure contre le narcissisme.

Tout comme la construction de bâtiments, les mathématiques sont une discipline *constructiviste*; tous les éléments en sont pleinement accessibles au regard et susceptibles d'être soumis à des manipulations délibérées. Dans un certain sens, la représentation mathématique du monde semble faire de celui-ci le fruit de notre propre création. Quand les lacets de vos chaussures sont remplacés par des abstractions mathématiques, il en résulte un certain autisme et un rapport sceptique à la réalité : le monde ne devient intéressant et intelligible que si vous pouvez le reproduire sous une forme idéale, en tant que projection de votre esprit. En revanche, quand il s'agit de diagnostiquer et de réparer des objets créés par quelqu'un d'autre (ce quelqu'un d'autre pouvant être la firme Volkswagen, Dieu ou la sélection naturelle), vous faites forcément face à une série d'énigmes et devez rester constamment ouvert aux signes et aux symptômes qui vous permettront de les déchiffrer. Cette ouverture est incompatible avec l'autisme mentionné ci-dessus. Pour la préserver, nous devons combattre notre tendance à émettre des jugements à l'emporte-pièce. Ce qui est plus facile à dire qu'à faire[58].

Dans la mesure où les arts stochastiques interviennent sur des entités qui sont variables, complexes et qui n'ont pas été créées par nous – et par conséquent ne sont pas entièrement connaissables –, ils exigent un certain type

---

58. Un jour, je suis allé voir un spectacle du Cirque du Soleil avec mon père. Alors que nous étions en train de nous installer, il aperçut les flambeaux qui brûlaient au-dessus de nous et me dit : «Ah, tiens, une flamme de sodium.» En effet, quand le sodium brûle, il émet une lumière jaune, ce que mon père aimait à expliquer en termes de physique quantique. Or, en réalité, il ne s'agissait pas de flambeaux, mais de rubans jaunes animés par un ventilateur et éclairés par des projecteurs pour créer l'illusion artistique de vraies flammes. Je le signalai à mon père et il en fut profondément perturbé. Un peu gêné pour lui, je suggérai que ses lunettes l'avaient sans doute trahi, mais son honnêteté intellectuelle lui interdisait de se saisir d'une telle échappatoire. «Non, me répondit-il, je vois bien maintenant que ce sont des rubans, mais ce sont pourtant des flammes que j'étais convaincu de voir il y a un instant.» Frappé par le trouble qu'il ressentait et la sincérité avec laquelle il reconnaissait son erreur, je n'en fus que plus impressionné encore par son amour de la vérité. Mais je sentais bien que les habitudes intellectuelles de sa formation scientifique étaient venues entraver sa perception.

de disposition de la part de leurs pratiquants. Ce type de disposition est de nature à la fois morale et cognitive. Pour l'exercer correctement, il vous faut être attentif, comme dans une conversation, et non pas simplement affirmatif, comme dans une démonstration[59]. Il me semble que les arts mécaniques ont une signification toute particulière pour notre époque, parce que la vertu qu'ils cultivent n'est pas la créativité, mais une qualité plus modeste, l'attention. Les objets n'ont pas seulement besoin d'être créés, ils ont besoin d'être entretenus et réparés.

* * *

---

59. On retrouve l'équivalent de cette distinction entre attitude attentive et attitude affirmative dans l'agriculture, avec l'opposition entre les méthodes «organiques» (traditionnelles) et les méthodes industrielles. L'agriculture industrielle a un caractère «affirmatif» et «démonstratif» au sens où elle impose son projet à la terre et poursuit son objet par des moyens méthodiques. La récolte qu'elle obtient est la conclusion d'un syllogisme écologique radicalement simplifié. La terre est une espèce de grille abstraite sur laquelle est projetée l'intention du cultivateur, une intention qui n'est guère conditionnée par les particularités du sol, parce que ce dernier est traité comme un facteur fondamentalement docile et passif. L'agriculture traditionnelle, en revanche, prend en compte la nature du sol comme une réalité autonome. Elle revêt ainsi le caractère hasardeux et élusif d'un art stochastique, et d'ailleurs elle est souvent confrontée à l'échec. Elle est soumise à des contraintes qui échappent à la volonté du cultivateur, et ce dernier doit humblement adapter son intention à ces contraintes. C'était particulièrement vrai à l'époque de la traction animale, mais cela le reste encore pour une bonne part avec l'agriculture organique contemporaine. Comme l'écrivait Adam Smith, «celui qui laboure la terre avec un attelage de chevaux ou de bœufs travaille avec des instruments dont la santé, la force et le tempérament sont très différents, selon les diverses circonstances. La nature des matériaux sur lesquels il travaille n'est pas moins sujette à varier que celle des instruments dont il se sert, et les uns et les autres veulent être maniés avec beaucoup de jugement et de prudence» (*La Richesse des nations*, trad. fr. G. Garnier, Paris, 1881, livre I, chapitre X, IIᵉ partie). Qu'on se souvienne aussi de la description par George Sturt de la grande variabilité du travail sur les roues de chariot. L'agriculture traditionnelle a le caractère opportuniste d'une conversation ; elle progresse par le biais d'une dialectique entre les objectifs du cultivateur et ce que la nature permet. Pour une description dense et détaillée de la différence entre agriculture industrielle et agriculture organique, *cf.* Michael Pollan, *The Omnivore's Dilemma : A Natural History of Four Meals*, Penguin, 2006. Dans ses divers ouvrages, le poète et fermier organique Wendell Berry montre comment les pratiques agricoles engendrent un autre type d'écologie rurale, à savoir un réseau spécifique de relations humaines qui peut être enrichi ou appauvri.

Pendant les brèves périodes où ma Coccinelle roulait, je commençai à prendre goût au dérapage contrôlé. Avec une voiture où le moteur est à l'arrière, c'est une manœuvre facile à exécuter, spécialement si elle est dotée d'une suspension « indépendante ». Vous entrez rapidement dans le virage, levez le pied de l'accélérateur pour déplacer le centre de gravité vers l'avant de la voiture, l'arrière chasse vers l'extérieur du virage, vous appuyez à nouveau sur l'accélérateur pour permettre aux roues de continuer à patiner pendant que vous accompagnez la glissade du volant, et vous vous retrouvez en train d'avancer de côté. Avec un peu de pratique, cet exercice de haute voltige peut être parfaitement maîtrisé, et c'est très amusant. J'aimais bien me livrer à ces facéties dans les rues de la ville, sur le chemin du Berkeley High School, à l'heure d'entrer en classe. Ou alors je pratiquais ce sport sur le stationnement de l'hôtel Claremont, après la pluie. Il y avait assez d'espace pour que je puisse manœuvrer en prenant soin d'avoir les Jaguar et les Mercedes des clients de l'hôtel à l'intérieur de ma courbe ; enfin, la plupart d'entre elles. Ça valait mieux comme ça, parce que quand on perd le contrôle de ce type de dérapage, le risque est toujours du côté extérieur de la courbe. De temps à autre, je croisais le regard d'une brave bourgeoise abasourdie qui, ses clés de voiture à la main, contemplait avec incrédulité les acrobaties automobiles de cet adolescent squelettique et chevelu, le visage éclairé par un sourire démoniaque.

* * *

Toujours dans le même esprit casse-cou, j'installai sur ma Volkswagen un arceau de sécurité, des amortisseurs à gaz et des pneus un peu plus décents. Mais, en 1983, alors que j'avais dix-sept ans, un de mes cylindres commença à avoir des problèmes de compression. Mon moteur était un quatre cylindres à plat de 1 200 cm^3 qui était censé posséder initialement une puissance de quarante chevaux, pas vraiment de quoi se vanter. Sa décrépitude risquait de faire sombrer mes aspirations de pilote de compétition dans le ridicule (en supposant que je n'y étais pas déjà plongé jusqu'au cou). Il fallait que je fasse quelque chose. Je passai la fin de l'été dans l'attente d'une musique toute particulière : le vrombissement triomphant du moteur d'un minibus Volkswagen du début des années 1960, un modèle « exclusivement réservé à la compétition » et « interdit de circulation sur les routes principales de l'État de Californie ». L'engin appartenait à Charles Martin, l'ex d'une de mes anciennes colocataires. Quand j'entendis enfin cette sonorité tant désirée, je me précipitai à la rencontre de Chas pour prendre enfin livraison de mon nouveau moteur.

Le mentor

Chas avait une formation de mécanicien. À l'époque, il travaillait au département des pièces détachées de Donsco, le plus ancien concessionnaire de Volkswagen de compétition de la baie de San Francisco, à Belmont. Il construisait aussi des moteurs de compétition pour les clients de Donsco et participait aux rallyes de sa boîte. Dans une autre vie, Chas avait été bouddhiste, végétarien et guitariste classique. Depuis, il était devenu un maniaque des armes à feu et un misanthrope de génie. Il continuait à avoir les cheveux longs, mais les portait généralement en un chignon dissimulé par sa casquette de tweed.

Les passages de roues arrière de son minibus orange étaient découpés pour accueillir d'énormes pneus toutterrain. L'intérieur était une véritable caverne d'Ali Baba, pleine de superbes spécimens d'armes à feu américaines, d'outils de mécano professionnel et de pièces détachées de Volkswagen. L'espace ténébreux qui s'étendait derrière le poste de conduite dégageait une odeur âcre de solvant chimique B-12 Chemtool, avec un arrière-goût plus subtil qui est la marque habituelle des ateliers de mécanique – un arôme hybride composé de divers distillats de pétrole oxydés par la combustion, densifiés par la crasse de la route et parvenus à maturité sur un tas de chiffons huileux. Chas gardait aussi dans son bus une grosse bonbonne de dioxyde de carbone qui servait à activer une clé à choc pneumatique indispensable pour démonter le différentiel en cas de course dans le désert. Le minibus était pratiquement son unique foyer et, à l'époque, les téléphones portables étaient quelque chose qu'on ne voyait que dans les films. Pour le joindre en dehors de ses heures de travail à Donsco, il fallait appeler le restaurant Lyons de San Mateo, où Chas occupait régulièrement le même tabouret au bout du comptoir.

À dix-sept ans, je me sentais en rupture avec l'orthodoxie gauchiste un peu étouffante de Berkeley. Depuis quelque temps, je portais fièrement des bottes de l'armée et lisais *Soldier of Fortune*, le magazine culte des aspirants Rambo. Mais Chas, c'était autre chose, le premier authentique réactionnaire que j'aie fréquenté. Il arborait un humour profondément cynique qui avait un effet tranquillisant sur mes pulsions colériques d'adolescent. Et c'est lui qui m'initia à un nouvel horizon de positivité ouvert par mon rejet de tout ce qui était respectable : les plaisirs du *métal*.

Parce que, bien sûr, le bois, c'est super. Mais à mes yeux, à l'époque, le bois, c'était bon pour les hippies. Et à Berkeley, sous divers avatars, les hippies étaient les maîtres du monde. Le noble menuisier, avec ses rabots, ses belles planches d'érable et son atelier de Walden Pond[60], incarnait un idéal pseudo-aristocratique que je rejetais radicalement. En revanche, un écrou Nylock de 10,9 ne peut vraiment être apprécié qu'après une initiation tout à fait étrangère à la mystique de la contre-culture officielle. Il reflète une mentalité radicalement utilitaire forgée à la chaleur des sports de compétition motorisés, où tous les matériaux sont exploités à la limite extrême de leur résistance. Auparavant, j'avais toujours considéré la possible rupture d'une pièce métallique comme quelque chose de purement hypothétique, comme une préoccupation abstraite propre aux ingénieurs. Mais pour Chas, il s'agissait d'une réalité de tous les jours. Deux boulons qui à

---

60. Célèbre étang du Massachusetts sur les rives duquel vécut l'écrivain et chantre de la nature Henry David Thoreau (cf. *Walden, ou la vie dans les bois* [1854], Gallimard, Paris, 1990) (N.d.T.).

mes yeux pouvaient passer pour parfaitement identiques incarnaient pour lui la différence entre la gloire et la catastrophe. Les vis et les écrous portent généralement des marques ésotériques qui indiquent leur provenance et leur grade. Vu que le meilleur acier du monde est l'acier américain (enfin, du moins était-ce encore le cas en 1983), la mentalité du fan de compétition auto et moto est souvent marquée par un certain chauvinisme qui ne repose pas sur une forme d'animosité raciale, mais sur des considérations comme la limite d'élasticité d'un métal et sa résistance à la torsion ou au cisaillement. (Les individus les plus cosmopolites tendent à ignorer ce genre de préoccupation.)

Pour les authentiques fans de mécanique, la qualité d'un écrou n'a pas seulement une signification utilitaire, elle est aussi imprégnée d'une certaine charge esthétique. La raison en est sans doute que l'objectif final servi par telle ou telle pièce n'est pas vraiment utilitaire, mais plutôt d'ordre spirituel : l'aspiration à la vitesse. Loin d'être strictement pragmatique, c'est là le genre d'aspiration qui mène à la ruine tous ceux qui répondent au noble appel de la compétition.

Il est toujours possible de quadrupler la puissance d'un moteur de Volkswagen, voire de la quintupler ou sextupler. Il suffit pour cela d'accepter l'éventualité qu'il ne dure que le temps d'une seule course et d'y investir des quantités astronomiques de temps et d'argent. C'est ce que me rappela Chas la première fois que je discutai avec lui de la situation de mon moteur. Au-dessus du comptoir des pièces détachées, le gérant de Donsco avait fait griffonner la devise qui suit : « La vitesse coûte cher. Vous voulez dépenser du combien à l'heure ? » La stratégie assez peu commerçante des vendeurs de Donsco témoignait elle aussi de ce paradoxe. Normalement, un bon vendeur est quelqu'un qui s'insinue dans vos aspirations, les fait jouer en sa faveur et vous amène imperceptiblement à prendre une décision d'achat qui va vous coûter cher. En revanche, dans un *speed shop* traditionnel, le mécanicien adopte une attitude beaucoup plus ambivalente dans laquelle le désir de vendre est contrebalancé par un professionnalisme un peu hautain. Si ce que vous voulez, ce sont des accessoires chromés « prêts à poser », susceptibles d'assouvir vos fantasmes de puissance, vous ferez mieux de vous rendre dans un grand magasin de pièces détachées, qui sera plus à même de satisfaire votre narcissisme et vous offrira en prime un autocollant publicitaire à mettre sur votre pare-brise. Mais si vous souhaitez une intervention plus profonde, comme la nitruration des portées de votre vilebrequin, vous avez fait le bon choix : démontez entièrement votre moteur et apportez-nous le vilebrequin. Cette attitude olympienne peut avoir un effet très puissant sur le client, car elle suggère l'existence d'un club de privilégiés (ceux qui ont fait l'expérience de tenir un vilebrequin nu entre leurs mains) dont il pourrait aspirer un jour à être membre. Par conséquent, l'attitude un peu arrogante du vendeur de *speed shop* est peut-être en fait une forme supérieure de marketing qui trahit l'existence d'une subtile hiérarchie entre les êtres humains. Pour avoir accès à cet univers, votre chéquier ne sert à rien, il vous faut *mériter* votre entrée. Et il n'y a pas d'autocollant en prime.

Chas était un brave type, et il ne souhaitait pas porter la responsabilité de me laisser m'engager sur cette pente dangereuse. Il essaya donc de me prévenir contre la mentalité des fans de la vitesse, mais son propre style de vie était un démenti permanent à la sobriété à laquelle il m'exhortait. Il y a une grande différence entre l'instinct pervers qui vous pousse à vouloir augmenter de façon extravagante la puissance de votre Coccinelle et la simple attraction pour les véhicules qui sont conçus dès le départ pour aller plus vite. Or, ces deux conceptions de la vitesse séduisent deux types de personnalité bien distincts. Chas était un parfait excentrique du premier type et, tout d'un coup, je me sentais moins seul dans l'univers.

Nous commençâmes par flirter brièvement avec l'option « bombe à retardement », à savoir la possibilité de bricoler un moteur de 150 chevaux qui durerait au maximum 30 000 kilomètres avant d'exploser, sans parler du fait qu'il me coûterait les yeux de la tête. La jugeant passablement irréaliste, nous finîmes par nous rabattre sur l'idée d'un moteur plus « tranquille », doté d'une durée de vie d'environ 150 000 kilomètres, mais tout de même susceptible d'allumer une lueur de volupté dans les yeux de Chas, qui me promit un résultat particulièrement « décoiffant ». Je me préparai donc à engager les frais nécessaires pour monter à 80 chevaux. D'abord les accessoires : un vilebrequin doté d'une course de 69 millimètres ; des pistons forgés pour un alésage de 87 millimètres ; un carburateur italien double corps doté du tempérament capricieux et sensuel d'une cantatrice d'opéra ; un échappement complet ; un distributeur d'allumage à avance centrifuge allemand ; un radiateur de refroidissement d'huile ; un filtre *full-flow* ; un volant moteur allégé et un embrayage renforcé. Ensuite, le délicat travail de montage de Chas. Soit une facture de 800 dollars pour les pièces détachées et 800 dollars pour la main-d'œuvre. Je dus emprunter cette somme à mon grand-père.

Chas accepta de me laisser l'« aider » à monter le moteur. Concrètement, cela voulait dire que mon rôle se réduisait à une alternance de contemplation impuissante et d'interventions inopportunes, tandis que Chas s'efforçait pour sa part de m'enseigner quelques bribes de mécanique. Sous sa supervision, j'installai les collecteurs d'admission sur les entrées des têtes de cylindre. Ma première tâche fut de polir à la lime demi-ronde les joints de métal qui permettent d'ajuster ces deux composantes afin d'obtenir une coïncidence parfaite. Après quoi, je me servis des joints ainsi travaillés pour calibrer avec précision la taille du rebord des collecteurs. Pour ce faire, je passai à la teinture bleue ledit rebord et traçai avec la pointe d'un cutter la circonférence du joint sur sa surface (la teinture bleue sert à rendre ce tracé plus visible par contraste). Il ne me restait plus qu'à meuler les collecteurs avec une meule pneumatique tournant à 25 000 tours/min et à assembler ensuite les différentes parties. L'objectif était de faire s'ajuster parfaitement la forme des deux tubulures à leur point de jonction pour éliminer toutes les irrégularités susceptibles de créer des turbulences et de faire obstacle au passage fluide des gaz. Il fallait que ce moteur puisse respirer.

La mécanique comme diagnostic médico-légal
Ce type d'adaptation n'est qu'une des composantes de l'opération qui consiste à « gonfler » un moteur : par le biais d'un minutieux travail de calibrage et d'intervention manuelle, on peut arriver à un niveau de précision bien supérieur à celui qu'est censée offrir la simple installation de pièces détachées préfabriquées – comme pour le collecteur d'admission –, surtout quand on sait qu'il n'y a pas toujours compatibilité intégrale entre les produits de différents fabricants. Si vous voulez bricoler un moteur pour augmenter sa puissance, il vous faudra combiner des pièces de différentes marques, et donc vous transformer en ingénieur pour pouvoir modifier ces composantes de façon adéquate. La seule personne capable de faire tenir le tout ensemble et de le faire fonctionner, c'est vous. (Et, de fait, il est assez fréquent que ce type de moteurs gonflés fonctionnent finalement moins bien que les moteurs standard.)

Le « gonflage » d'un moteur est un processus extrêmement long et laborieux, et il est difficile de dire où finit l'assemblage précautionneux et où commence le « gonflage », vu que ce travail de reconstruction implique toute une série d'opérations de calibrage et d'évaluation. L'usure de chaque pièce doit être déterminée avec précision afin de pouvoir calculer si elle a un niveau de tolérance standard. Cela implique non seulement une mesure rigoureuse, mais une inspection visuelle : les compétences d'un mécanicien reconstructeur ne sont pas sans présenter quelques similitudes avec celles d'un médecin légiste. Après un passage dans un récipient rempli de solvant, une bonne dose d'huile de coude et un bain d'eau chaude savonneuse, les entrailles de mon moteur étaient impeccables. Chas commença alors à chercher à repérer le moindre signe d'usure ou de décoloration, symptômes de surchauffe et donc d'une mauvaise lubrification ou de quelque autre phénomène de frottement excessif. Effectivement, les lobes de came présentaient un certain degré d'usure ; restait à savoir pourquoi au juste.

Pour définir ce pourquoi, il faut pouvoir reconnaître des formes régulières et récurrentes d'usure, et c'est la connaissance de ces régularités qui discipline la perception d'un mécanicien ; ses qualités d'attention s'orientent dans une direction spécifique. Il ne se contente pas d'examiner passivement les données, il anticipe certains symptômes. Pour vérifier son hypothèse de départ, Chas examina si l'on pouvait constater une usure de l'extrémité des queues de soupapes, phénomène qui peut affecter les lobes de came par le biais des culbuteurs, des tiges de culbuteurs et des poussoirs. Effectivement, quelques queues de soupapes étaient légèrement émoussées à leur extrémité. Au moment de nettoyer les parties du moteur, j'avais eu une de ces soupapes entre les mains et l'avais examinée d'un œil naïf, sans percevoir son usure. Maintenant, je la voyais bien. Depuis lors, il m'est arrivé un nombre incalculable de fois qu'un mécanicien plus expérimenté me montre du doigt quelque chose que j'avais littéralement sous le nez, mais que j'étais incapable de voir. C'est là une expérience tout à fait perturbante : les données visuelles brutes sont les mêmes avant et après l'intervention de mon collègue, mais en l'absence d'un cadre d'interprétation adéquat, les symptômes pertinents restent invisibles. Pourtant, une fois qu'on me les a signalés, il me semble impossible que je n'aie pas su les voir par moi-même.

Je rencontrai de nouveau cette bizarrerie de perception vingt ans plus tard pendant une classe de dessin, et les parallèles entre le regard du mécanicien et celui du dessinateur méritent une petite digression. Il se trouve que Tommy, mon prof de dessin, était aussi mon compagnon de travail dans l'atelier de motos. Un jour, il apporta un squelette en classe et nous demanda de le dessiner. Le résultat final de mes efforts artistiques avait plus à voir avec la vitrine d'Halloween dans une pharmacie qu'avec un véritable macchabée. Depuis mon enfance, j'avais pu contempler quantité de représentations de squelettes, mais malgré tous mes efforts pour les invoquer, ce à quoi je parvins était une idée de squelette plutôt que la chose elle-même. Il n'y a rien de plus difficile que d'essayer de reproduire l'effet que produit un rayon de lumière sur votre rétine avec un crayon. Cela suppose apparemment une certaine capacité à court-circuiter votre mode normal de perception, qui semble obéir à des concepts prédéterminés plutôt qu'aux données du réel. Car, d'une certaine façon, notre *idée* d'un objet préconstitue cet objet pour nous avant même que nous soyons affectés par une quelconque expérience sensible.

Ayant recours à une sorte de thérapie de choc empiriste, Tommy installa le squelette en position couchée, les pieds devant, avec le pelvis pratiquement au premier plan. Sous cet angle tout à fait inhabituel, la plupart de ses caractéristiques familières s'en trouvaient déformées ou étaient carrément invisibles. Pour autant, ces caractéristiques étaient encore présentes dans mon esprit, et dans la mesure où elles contrastaient désormais de façon si marquante avec le spectacle que j'avais sous les yeux, l'interférence de ces images avec mes efforts pour dépeindre la réalité se présentant dans mon champ de vision en était d'autant plus manifeste. Pour arriver à dessiner le squelette dans cette position peu orthodoxe, je devais me livrer à un va-et-vient permanent : il me fallait d'abord exercer une vigilance critique contre l'image du squelette d'Halloween présente dans mon esprit, puis me concentrer sur les données visuelles effectives. Mais cette dernière activité ressemblait à l'exploration hasardeuse d'un épais maquis perceptif, sans aucun signe de progrès satisfaisant. Dans cet enchevêtrement de structures osseuses, il était fort difficile de distinguer des lignes et des plans, et il n'était pas plus évident de déterminer les fonctions de chaque partie, comme c'est le cas dans un squelette vu en position debout ou dans la charpente d'un toit avant que la couverture soit installée. Le problème ne résidait pas tant dans une surabondance d'informations, mais dans le fait que tout ce que je percevais visuellement était ambigu, déstructuré, impossible à codifier. L'effort pour le représenter était littéralement épuisant et semblait exiger non seulement une certaine dose d'énergie mentale, mais quelque chose de plus fondamental. Iris Murdoch écrit que, si une œuvre d'art réussie

nous paraît souvent mystérieuse, c'est parce qu'elle résiste
aux montages faciles du fantasme ; les formes relevant d'un
art médiocre ne contiennent en revanche rien de mystérieux, car elles correspondent aux repères reconnaissables
et familiers de notre propre rêve éveillé. En nous montrant
à quel point le monde change d'aspect quand on le regarde
objectivement, l'art authentique nous montre combien il est
difficile d'être objectif[61].

Poursuivant son hypothèse sur l'usure des lobes
de came, Chas prit un des ressorts de soupapes et me
demanda de l'aider à le coincer dans un étau avec un
vieux pèse-personne complètement noirci par la rouille.
S'armant d'un pied à coulisse vernier pour mesurer la
compression du ressort, il me fit resserrer l'étau jusqu'à
ce que la lecture du vernier corresponde à la mesure de
la soupape au repos moins la longueur de son ouverture
maximale. Mais la balance indiquait une valeur supérieure à la normale. Je me rappelle très distinctement
le claquement de langue émis par Chas pour exprimer
sa satisfaction : « Ouaip, c'est exactement ce que je pensais. » Pour obtenir un plus grand nombre de rotations
par minute, l'ancien propriétaire du moteur, un fanatique
de la mécanique de compétition, avait installé des ressorts plus raides sur ses soupapes, d'où un excès de frottement sur les lobes de came. En vingt ans, mon moteur
avait subi je ne sais combien d'interventions de ce type.
Un nombre indéfini d'acquéreurs lui avaient prodigué
leurs attentions, et son état présent était la sédimentation
matérielle de leurs aspirations successives. En matière de
reconstruction de moteur, le diagnostic d'un mécanicien
chevronné ressemble à celui d'un médecin légiste ou d'un
archéologue.

Les Volkswagen – la « voiture du peuple » – ont particulièrement tendance à passer de main en main comme
des putains bon marché, et il est assez rare de tomber
sur un exemplaire qui n'ait pas été tripatouillé par une

61. Iris MURDOCH, *La Souveraineté du bien*, Éditions de l'Éclat, Paris, 1994,
   p. 105-106.

cohorte de propriétaires successifs, et ce, généralement avec plus d'improvisation que de finesse. La réhabilitation d'un moteur de Volkswagen peut révéler différents types de scénarios. Elle peut évoquer un récit d'innocence et de maladresse juvénile, et trahir l'émotion que mon prédécesseur a probablement ressentie au moment d'ouvrir son colis de chez JC Whitney – une célèbre chaîne de vente de pièces détachées auto et moto – et de caresser ses nouveaux ressorts de soupape « haute performance », avant de faire tourner son moteur bricolé à fond sans jamais se préoccuper des problèmes de lubrification. Elle peut aussi mettre en scène une histoire tout à fait sordide, comme lorsque vous finissez par réaliser que l'ancien propriétaire avait pour habitude de ne *jamais* changer l'huile.

La reconstruction d'un moteur exige donc beaucoup plus d'implication humaine que son simple assemblage sur une chaîne de montage. Il s'agit bien d'une activité de type artisanal. Mais qu'est-ce que cela signifie au juste ? Nous avons vu que la perception d'un mécanicien n'est pas une pure observation. Il s'agit d'un processus actif, intimement lié à sa connaissance des causes profondes et des problèmes récurrents. En outre, ce type de connaissance et de perception est lié à une troisième dimension, qu'on peut décrire comme une forme d'engagement éthique. Car cette recherche des symptômes et des causes n'est possible que si le mécanicien se sent *personnellement concerné* par l'état de son moteur.

Un savoir personnalisé

Nous avons l'habitude de penser la vertu intellectuelle et la vertu morale comme deux choses très différentes mais, à mon avis, cette distinction est erronée. L'implication mutuelle de l'éthique et de la connaissance est bien appréhendée par Robert Pirsig dans ce qui reste à mon sens un des passages les plus réussis (et les plus drôles) de son *Traité du zen et de l'entretien des motocyclettes*. Le moteur de la moto du narrateur a calé à grande vitesse, une expérience déconcertante qui entraîne le blocage automatique de la roue arrière. Souhaitant s'éviter un douloureux casse-tête mécanique, notre homme préfère amener son engin chez un réparateur.

Cet atelier était bien différent de ceux que j'avais connus. Les mécaniciens – d'habitude, ils ont tous l'air de vétérans chevronnés – ressemblaient à des enfants. La radio gueulait. Ils parlaient, ils blaguaient. Ils ne me prêtaient pas la moindre attention. Quand l'un d'entre eux se décida à venir à moi, il entendit tout de suite le claquement des pistons : — Ah ! les poussoirs ! fit-il[62].

Au bout de trois révisions successives et d'une série de diagnostics bâclés et aléatoires accompagnés d'une bonne dose de mauvaise foi, le narrateur peut enfin récupérer sa moto :

Le bruit était là. Ils n'avaient pas touché aux poussoirs !
Un des gamins, s'approchant avec une espèce de clé à molette, l'ajusta de travers et cabossa la tête chromée de la culasse.
— J'espère que nous en avons encore une au magasin, dit-il sans émotion.
Je l'espérais bien aussi. Il alla chercher un marteau et un ciseau, entreprit de la démonter. Le ciseau passa à travers la culasse et je me rendis compte qu'il tapait sur la tête du culbuteur. Il s'y reprit à deux fois. Au deuxième coup, le marteau passa à côté du ciseau et il fit sauter le collecteur d'échappement[63].

Finalement, il reprend la route, mais il se rend compte que les réparateurs ont négligé de revisser complètement le moteur dans sa caisse ; ce dernier est suspendu à une seule vis.

Quelques semaines plus tard, j'ai compris l'origine de tous ces serrages ; c'était une petite tige à 25 cents, dans

62. Robert Pirsig, *Traité du zen et de l'entretien des motocyclettes*, Seuil, Paris, 1978, p. 37 (traduction légèrement modifiée).
63. *Ibid.*, p. 37-38.

le système de circulation d'huile, qui s'était tordue et qui,
à grande vitesse, empêchait l'huile d'atteindre la culasse.

[...] Pourquoi ces gens-là ont-ils bousillé ma machine ?

[...] Ils faisaient leur travail machinalement. Ils n'y mettaient rien d'eux-mêmes.

[...] Il faut aussi tenir compte de leur attitude. Pas facile
à décrire. Joviale, amicale, décontractée – mais irresponsable. On dirait des badauds : comme s'ils se trouvaient là
par hasard. Ils ne s'identifient absolument pas à leur travail.
Pas question d'affirmer : je suis un mécanicien[64].

« Ils n'y mettaient rien d'eux-mêmes. » Il y a là un
paradoxe. D'un côté, pour être un bon mécanicien, il
faut savoir s'engager personnellement : *je* suis un mécanicien. De l'autre, être un bon mécanicien signifie avoir
une conscience aiguë du fait que votre tâche n'a rien à
voir avec les idiosyncrasies de votre personnalité, qu'elle a
quelque chose d'universel. Le récit de Pirsig nous expose
un fait de base : une petite tige tordue bloque la circulation de l'huile, entraînant une surchauffe excessive et le
calage du moteur. Telle est la Vérité, et elle est la même
pour tout le monde. Mais l'identification de cette vérité
requiert une certaine disposition de l'individu, une certaine capacité d'attention accompagnée d'un sentiment
de responsabilité envers la moto. Le réparateur doit intégrer le bon fonctionnement du véhicule, en faire un objet
de préoccupation intense. La vérité ne se révèle pas à de
simples spectateurs oisifs.

Le mécanicien de Pirsig est un idiot, au sens originel
du terme. On peut même dire qu'il illustre parfaitement
la vérité de l'idiotie, à savoir qu'elle est une forme d'incompétence tout à la fois éthique et cognitive. Le mot
grec *idios* signifie « privé », et un *idiotes* est une personne
privée, quelqu'un qui agit en dehors de son rôle public –
son rôle de mécanicien, par exemple. Le mécanicien de
Pirsig est un idiot, parce qu'il n'arrive pas à comprendre
les exigences de son rôle public, qui suppose une relation
de préoccupation active à l'égard d'autrui et des engins

---

64. *Ibid.*, p. 38-39.

qu'il répare. Il ne se sent pas impliqué. Ce n'est pas son problème. Parce qu'il est idiot.

Ce sens originel est encore perceptible dans les mots «idiomatique» et «idiosyncratique», qui évoquent également une espèce d'enfermement autarcique. Par exemple, si un étranger égaré lui demande un renseignement, l'idiot répondra de façon idiomatique au lieu de faire référence à un système de coordonnées géographiques communes. Ce qui lui fait défaut, c'est la capacité d'ouverture et d'attention qui s'efforce de placer les choses dans un contexte commun, comme quand le mécanicien de Pirsig «entendit tout de suite le claquement des pistons: – Ah! les poussoirs!» En fin de compte, l'idiot est une espèce de solipsiste[65].

L'expertise perceptuelle du constructeur de moteur est active au sens où ce dernier sait d'avance ce qu'il cherche à déterminer. Mais le verdict de l'idiot, de son côté, repose sur une illusion de savoir prématurée. Si tant l'expert que l'idiot savent d'avance ce qu'ils cherchent, quelle est la différence entre eux? Comment la disposition du premier peut-elle se traduire en expertise alors que le diagnostic précipité du second l'amène à massacrer une tête de culbuteur à coups de ciseau?

Percer le voile de la conscience égoïste

Les psychologues cognitifs appellent «métacognition» l'activité qui consiste à prendre du recul et à réfléchir sur votre façon de penser. C'est ce que vous faites quand vous faites une pause dans votre recherche d'une solution et que vous vous demandez si votre compréhension du *problème* lui-même est la bonne. Contrairement à ce que pensent généralement ces psychologues (ou du moins à ce que suggère l'autodéfinition de leur discipline), une telle compétence cognitive s'enracine dans une compétence morale. Elle ne

---

65. Si nous pouvons être surpris d'apprendre que l'étymologie du mot «idiot» renvoie à l'idée de sphère privée et de repli sur soi, c'est sans doute parce que notre façon de penser s'inscrit à l'intérieur d'un horizon défini par la philosophie moderne, en commençant par Descartes. C'est Descartes qui, le premier, a insisté sur le caractère radicalement privé de la rationalité, creusant ainsi un fossé entre raison et éthique.

peut pas être reflétée par les tests de quotient intellectuel du psychométricien, ni par la vision réductrice de l'intelligence comme « capacité de traitement de l'information », comme si les données de l'expérience nous étaient simplement *données*, justement, à la façon dont elles sont transmises à un ordinateur. Dans le monde réel, les problèmes ne se présentent jamais à nous sans être marqués par quelque ambiguïté. Le claquement des pistons peut effectivement ressembler au bruit de poussoirs desserrés et, par conséquent, un bon mécanicien doit constamment garder à l'esprit la possibilité d'être dans l'erreur. Il s'agit là d'une vertu éthique.

Iris Murdoch écrit que, pour bien réagir au monde, il faut d'abord le percevoir clairement, et que cet effort requiert une certaine forme d'effacement du moi. « Tout ce qui peut modifier [la conscience] dans un sens désintéressé, objectif et réaliste doit avoir rapport à la vertu[66]. » « La vertu est l'effort pour traverser le voile de la conscience égocentrique et pour retrouver le monde tel qu'il est réellement[67]. » Cet effort n'est jamais complètement couronné de succès, parce que nos propres préoccupations interfèrent constamment avec lui. Mais sortir de soi-même est la tâche de l'artiste, et aussi celle du mécanicien. Quand ils exercent correctement leurs talents, tous deux ont recours aux pouvoirs de leur imagination, non pour « fuir le monde » mais pour « le retrouver, et c'est ce qui nous exalte, étant donné la distance séparant une appréhension du réel de l'engourdissement de notre conscience quotidienne[68] ». C'est bien la même exaltation que ressent un mécanicien quand il trouve la cause sous-jacente de tel ou tel problème. Il semble bien qu'il existe quelque chose de commun entre ma représentation idiote du squelette d'Halloween et le diagnostic bâclé du mécanicien idiot de Pirsig. De même qu'il y a quelque chose de commun entre le squelette dessiné par Tommy et la façon dont Chas réussit à déterminer la cause de l'usure des lobes de came.

66. Iris MURDOCH, *La Souveraineté du bien, op. cit.*, p. 103.
67. *Ibid.*, p. 113.
68. *Ibid.*, p. 110.

Toute discipline qui met l'individu aux prises avec une réalité ayant sa propre autonomie et sa propre autorité exige une certaine dose d'honnêteté et d'humilité. Il me semble que c'est particulièrement vrai des arts stochastiques dont la fonction est de réparer des objets que nous n'avons pas fabriqués nous-mêmes, comme la médecine et la mécanique. De façon analogue, dans les arts fondés sur la représentation, l'artiste assume une certaine responsabilité à l'égard d'une réalité autonome. Si nous échouons à répondre de façon adéquate à l'autorité de ce type de réalité, nous sommes des idiots. Mais si nous réussissons à le faire, nous éprouvons le plaisir qui accompagne l'acquisition d'une perception plus aiguë et la sensation que nos actions sont de plus en plus justes ou adaptées à leur fin au fur et à mesure que nous les rendons conformes à cette perception à travers un va-et-vient répété entre le voir et le faire. L'action améliore notre vision des choses dans la mesure où elle nous rend vivement conscients du moindre défaut de notre perception.

L'idiotie en tant qu'idéal
Moins nous avons d'occasions d'exercer notre jugement, plus la vertu cognitive et morale de l'attention aura tendance à s'atrophier. Le travail robotique et inattentif encouragé et institutionnalisé par le taylorisme – de la chaîne de montage à l'atelier d'assemblage de composants électroniques tel qu'il existe aujourd'hui dans le tiers monde – tend à faire de nous tous des idiots dans le genre de ceux décrits par Pirsig. Il est donc pertinent de se demander si la dégradation du travail n'entraîne pas non seulement un abrutissement intellectuel, mais aussi un certain déficit de compétence morale. Souvenons-nous des propos de Robert Hoxie à l'époque de l'introduction de la chaîne de montage.

Les spécialistes du management scientifique eux-mêmes se plaignent amèrement du matériau misérable et indiscipliné dans les rangs duquel ils doivent recruter leurs travailleurs, en comparaison avec l'efficacité et l'honorabilité des artisans qui peuplaient le marché du travail il y a vingt ans[69].

Nous avons tous un jour ou l'autre eu affaire à un fournisseur de service qui se comportait comme un automate incapable de faire autre chose que d'appliquer à la lettre un mode d'emploi abstrait. Nous avons aussi bien souvent entendu les employeurs se plaindre de la difficulté de trouver des salariés consciencieux. Y aurait-il un lien entre ces deux problèmes ? Il semble bien que nous soyons confrontés à un cercle vicieux dans lequel la dégradation du travail a un effet pédagogique néfaste, transformant les travailleurs en matériau complètement inadapté à quoi que ce soit d'autre que l'univers surdéterminé du travail irresponsable.

Ce type de réflexion devrait informer nos choix de consommateurs. D'un point de vue strictement économique, on peut toujours discuter de la question de savoir s'il vaut vraiment la peine de faire reconstruire votre moteur par un réparateur du coin ou s'il est préférable d'en acheter un déjà remanié dans un grand magasin de pièces détachées, qui importe généralement les moteurs du Mexique, où ils sont réusinés en masse. Or, ces ateliers de réusinage ignorent les subtilités qui mobilisent l'attention d'un bon mécanicien (raison pour laquelle leurs moteurs viennent généralement avec une garantie de seulement 20 000 kilomètres, maximum 60 000). Mais si l'on se place du point de vue de la conscience civique, il vaut la peine de prendre en considération le contenu du travail impliqué par chacune de ces deux options : d'un côté, une attention disciplinée, enrichie par la capacité de jugement et l'engagement éthique du mécanicien ; de l'autre, le je-m'en-foutisme systématique. Il s'agit en outre d'une décision intrinsèquement politique, car elle pose la question de savoir *qui profitera* de votre choix : l'ordre international du capital absentéiste ou un individu porteur d'un savoir personnel ? Au vu des incursions de plus en plus audacieuses du capital sur le territoire psychique du travail, cela veut

69. Robert Franklin Hoxie, *Scientific Management and Labor*, *op. cit.*, p. 134.

dire que nos choix de consommateurs sont autant de prises de position dans un conflit brutal, que nous en soyons conscients ou non. On peut comprendre ce phénomène par analogie avec nos préférences alimentaires : s'adresser à un réparateur artisanal correspondrait en gros à l'achat de nos denrées auprès d'un agriculteur local plutôt que d'une multinationale agroalimentaire. Il s'agit d'une pratique qui fait d'ores et déjà partie du répertoire culturel du consommateur bohème et qui exprime tout à la fois une certaine autostylisation de son identité dissidente et une véritable préoccupation civique. Si les usagers prodiguaient à l'entretien de leur automobile le même type d'attention que nombre de gens accordent aujourd'hui aux conséquences de leurs choix alimentaires, cela aiderait à soutenir des niches d'emploi doté de sens.

Bien entendu, tous les mécaniciens n'ont pas le même type de conscience contre-culturelle que Chas. Mais du simple fait qu'ils sont disposés à réparer des objets matériels, ils représentent collectivement un défi à notre société du tout-jetable. Quant au style cognitif des bons mécaniciens, il offre un contrepoids à la culture du narcissisme.

5

L'éducation d'un mécano (suite) : d'amateur à professionnel

Si j'insiste sur l'échec moral et cognitif illustré par les mécaniciens idiots de Pirsig, c'est que j'en ai moi-même fait trop souvent l'expérience. Aujourd'hui encore, il m'arrive de commettre des actes d'idiotie sur des motocyclettes. Mais moins qu'auparavant, je crois. Comment le travail sur les véhicules de mes clients contribue-t-il au juste à l'« effacement du moi » décrit par Iris Murdoch ? Pour répondre de façon adéquate aux exigences de la réalité, il faut pouvoir la percevoir clairement, et pour cela il vous faut sortir de vous-même. L'idée que vous allez devoir expliquer en détail le montant de sa facture à un client est fort utile de ce point de vue.

Mais, au fait, comment au juste ai-je fini par devenir réparateur de motocyclettes ? Un jour, Chas s'est engagé dans l'armée. De mon côté, je me suis inscrit à l'université de Californie à Santa Barbara et, en quatrième année, je fus introduit à la philosophie. Ce fut une véritable illumination. Mais en même temps, armé de mon diplôme de physique, je n'arrivais pas à trouver un emploi correspondant

à ma formation. Je continuai donc à la fois à travailler en
tant qu'électricien (comme je l'avais fait tout au long de mes
études) et à être attiré par la philosophie. Cette attraction
était suffisamment forte pour que je me mette à fréquenter
un cours du soir de grec ancien et que je finisse par m'inscrire à l'université de Chicago. Mes études à Chicago furent
interrompues quelque temps par une période de travail de
bureau que je décrirai ultérieurement, mais finalement
je réussis à obtenir un doctorat en histoire de la pensée
politique. Après quoi je fus embauché pour un an par un
département de recherche de l'université, le Comité pour
la pensée sociale, installé au deuxième étage de Foster Hall.

Le bureau voisin du mien était occupé par le romancier sud-africain et futur prix Nobel de littérature
J. M. Coetzee ; de l'autre côté travaillait le spécialiste de
l'Antiquité David Grene, qui semblait lui-même être un
Ancien immortel (il était nonagénaire). C'était là une
excellente compagnie, même si j'étais un peu intimidé. Par
conséquent, et sans d'ailleurs vraiment arriver à y croire,
j'étais immensément reconnaissant d'avoir obtenu ce poste.
J'étais censé profiter de cette année pour transformer ma
thèse en véritable livre et commencer à chercher un poste
d'enseignant. Mais je désespérais d'être capable de plier
mon travail aux exigences standard d'un ouvrage académique. En outre, les perspectives du marché du travail
dans le champ universitaire étaient plutôt déprimantes.
J'envoyai mon CV à divers établissements en prenant bien
soin d'expliquer dans quel contexte intellectuel s'inscrivait
mon travail mais, pour toute réponse, je reçus une série de
formulaires-cartes postales où l'on me demandait de remplir un certain nombre de cases concernant mon appartenance raciale, mon identité de genre et mon orientation
sexuelle. C'était la première fois que j'avais un aperçu de
ce qui se passait dans le monde universitaire hors du cercle
sophistiqué de mes amis et professeurs de Chicago. J'eus
bientôt l'impression qu'il s'agissait d'une industrie fondamentalement hostile à la pensée. Un jour, j'assistai à une
conférence intitulée « Après la beauté », dont les prémisses
intellectuelles étaient une espèce de variation esthétique

sur la « mort de Dieu », le supposé désenchantement du monde, etc. Intervenant depuis la salle, je me permis d'exprimer ma perception du monde nullement désenchantée et de signaler par exemple qu'il fallait prendre en compte la beauté de certains corps humains, les corps juvéniles en particulier. Je suppose que j'avais mis les pieds dans le plat, parce que mon intervention fut accueillie par des réactions indignées de la part des harpies les plus âgées.

Bref, pour un certain nombre de raisons, je n'arrivais pas à cultiver une aspiration sincère à devenir professeur. Si j'avais fait preuve d'un minimum de responsabilité, j'aurais sans doute dû m'employer aussitôt à définir quels seraient mes moyens d'existence une fois terminée l'année universitaire. Mais ma réaction tenait plus de la dénégation : je décidai de me réfugier dans un atelier improvisé que j'avais installé au sous-sol d'un immeuble de Hyde Park, et je passai mon temps à démonter entièrement une Honda CB360 de 1975 pour la transformer en véhicule rétro de type « café racer ». La pure matérialité de cette expérience et la limpidité de ses exigences techniques étaient un véritable baume pour mon âme en proie à la panique du chômage. Cet hiver-là, tous les matins, je me présentais à la porte de mon atelier armé d'un marteau et d'un gros tournevis, et procédais à la première tâche de la journée : détruire la couche de glace qui bloquait la porte d'accès au sous-sol. Car dès le début de l'hiver, une spectaculaire falaise de glace s'était formée sur toute la surface de la sortie de secours de l'immeuble. Cette espèce de cascade gelée fondait partiellement pendant la journée, mais elle se reformait pendant la nuit et l'entrée ne pouvait plus être libérée qu'à coups de burin et de marteau. À l'intérieur, je gardais une bassine de solvant sous les escaliers ; c'était mon aire de nettoyage des pièces détachées. C'était aussi le réfrigérateur. J'avais un accord tacite avec Dwayne, le concierge : je faisais semblant de ne pas compter le nombre exact de bières que je stockais sous l'escalier et il faisait semblant de ne pas voir le récipient ouvert de solvant hautement inflammable posé à côté des bières. Une deuxième porte donnait sur l'atelier proprement dit, que j'avais doté de tout le confort possible en me branchant sur l'armoire électrique de l'immeuble, qui était dépourvue de compteur. J'avais donc de la lumière et de l'énergie gratis. Grâce au généreux soutien de la fondation John M. Olin, qui était convaincue qu'elle finançait la rédaction d'un livre sur Plutarque, j'avais pu me procurer un compresseur grâce auquel j'alimentais une série d'outils pneumatiques : une fraiseuse, une clé à impact et une meuleuse à disque. Le chauffage n'était pas un problème, grâce à la présence du conduit de cheminée de la chaudière de l'immeuble. La chaudière elle-même était dans une autre pièce du sous-sol, ce qui était idéal, car non seulement je m'épargnais le bruit, mais je pouvais me livrer sans crainte à des activités de soudure et de meulage, vu que les seules vapeurs explosives en suspension dans l'atelier étaient celles que je produisais moi-même. Je n'avais pas trop de mal à maintenir les flammes et les étincelles à distance de produits inflammables mais parfaitement visibles : le spray de nettoyage de contacts électriques, le produit de nettoyage de carburateur, le dégraissant moteur, les huiles de coupe (une pour les métaux ferreux, une pour l'aluminium), la graisse molybdène, la graisse lithium, l'essence, le dégrippant, le bidon d'oxygène, le bidon d'acétylène, etc. Bref, un véritable petit cauchemar écologique mijotant clandestinement sous le domicile de braves universitaires qui ne se doutaient de rien.

Je n'avais pas vraiment planifié cette entreprise. Au départ, je voulais simplement réparer un carburateur, mais la chose avait peu à peu échappé à mon contrôle. Je continuai à démonter des parties de la moto jusqu'à ce qu'il n'en reste plus qu'un squelette nu, et tous les chèques de ma bourse finissaient à la quincaillerie. J'avais l'impression d'avoir repris le fil de mon éducation adolescente de mécano là où elle s'était interrompue, et mes études de grec ancien semblaient désormais appartenir à une vie onirique parallèle.

Mis au défi par un démarreur qui semblait en parfait état (son bobinage avait l'impédance spécifiée et le rotor tournait librement sur ses coussinets) mais qui se refusait à fonctionner, je commençai à interroger çà et là les employés des concessionnaires Honda. Personne n'avait de solution à mon problème, mais un jour, un agent de service me conseilla d'appeler Fred Cousins, de l'atelier Triple « O » Service : « S'il n'y a qu'une seule personne au monde pour te venir en aide, eh bien, cette personne, c'est Fred. »

Fred l'antiquaire

J'appelai donc Fred, et il m'invita à venir visiter son atelier de Goose Island. Goose Island est une île de la rivière Chicago, à l'ouest du quartier du Loop. Il s'agit d'une friche industrielle désolée où règne un calme étrange. J'allais apprendre plus tard de la bouche d'un fournisseur d'outillage de Fred qui desservait la zone depuis plus de vingt ans que le bâtiment jouxtant l'atelier de Fred était une usine de recyclage de déchets agroalimentaires où les protéines animales étaient transformées en colle. D'après lui, la mafia locale s'en servait aussi régulièrement pour se débarrasser des cadavres de ses victimes. Une grosse voiture venait se garer sur l'aire de chargement et les ouvriers étaient priés d'aller se faire voir ailleurs le temps d'une longue pause.

Suivant les indications de Fred, je me dirigeai vers la porte nue d'un hangar anonyme. L'individu qui m'ouvrit me jeta un regard hostile et quelque peu sceptique. C'était Fred. Quand il vit le démarreur, son expression s'adoucit aussitôt. Nous montâmes au premier étage, que son atelier occupait entièrement, et pénétrâmes dans un espace qui avait été séparé du reste du hangar. Il y avait deux ponts, et sur chacun d'entre eux une Ducati était suspendue à la hauteur du regard. La moitié supérieure d'une des parois de l'atelier était entièrement occupée par une baie vitrée et tout autour des ponts, baignés dans la lumière oblique d'une fin d'après-midi hivernal, je pouvais contempler plusieurs rangs serrés d'Aermacchi, de MV Augusta, de Benelli et d'autres marques italiennes dont je n'avais jamais entendu parler, ainsi que quelques Honda des années 1960 et 1970.

Fred m'indiqua un banc libre pour y déposer le démarreur. Il testa l'impédance pour vérifier l'absence de court-circuit ou de coupure du bobinage, comme je l'avais fait auparavant. Il fit tourner l'axe du rotor sur ses roulements, tout comme moi. Il brancha l'appareil sur une batterie. On constatait une faible réaction, mais l'engin ne tournait pas. Il se saisit alors de l'axe et le fit osciller latéralement. « Trop de jeu. » Il suggéra alors que le problème était l'usure du coussinet sur lequel s'appuyait l'extrémité de l'axe dans le boîtier du démarreur. Quand on applique un courant électrique aux inducteurs, cela engendre non seulement un mouvement de rotation, mais aussi au début un mouvement latéral. S'il y a trop de jeu (quelques dixièmes de millimètres), le rotor se bloque contre le carter du démarreur. Fred partit à la recherche d'un moteur de Honda. Quand il en eut trouvé un possédant le même coussinet, il eut recours à un extracteur pour les sortir tous deux, le mien et le sien. Après quoi il installa avec précaution le coussinet le moins usé sur mon démarreur. Cette fois-ci, ça tournait. Après quoi Fred me délivra un bref et docte exposé sur les caractéristiques métallurgiques spécifiques de ces coussinets de démarreur de Honda datant des années 1970. Son érudition était imbattable.

Au cours du semestre suivant, je ne fis que de brèves apparitions au siège du Comité pour la pensée sociale et passai le plus clair de temps à m'imbiber de connaissances mécaniques dans l'atelier de Goose Island. L'univers tout entier de Fred me semblait trop beau pour être vrai, et il m'offrait à la fois un style de vie enviable et de nouvelles idées sur comment gagner ma vie. Mais, au printemps suivant, je reçus un coup de fil d'un de mes anciens profs vivant désormais à Washington et qui me demandait si j'étais intéressé à travailler comme directeur d'un *think tank* de la capitale, avec salaire plus que substantiel à la clé. Bien sûr que j'étais intéressé. Je passai l'entretien d'embauche et obtins le poste. Pourtant, je ne tardai pas à découvrir que ce nouveau travail était loin de me satisfaire. Les prétentions intellectuelles de mon office étaient plus formelles que substantielles. Il s'agissait en fait de donner un vernis de scientificité à des arguments tout à fait profanes qui reflétaient divers intérêts idéologiques et matériels. Ainsi, par exemple, à propos du réchauffement planétaire, je devais m'arranger pour mettre en scène des thèses compatibles avec les positions des compagnies pétrolières qui finançaient la fondation. Par comparaison, la vie de Fred semblait plus libre que la mienne.

Plus « libérale » en tout cas, si l'on prend en considération un des usages traditionnels de ce terme, qui exprimait jadis la distinction entre les « arts libéraux » et les « arts serviles ». Les premiers étaient censés être le privilège des hommes libres, tandis que les seconds étaient identifiés aux arts mécaniques. C'était grâce à mes diplômes en « arts libéraux » que j'avais obtenu mon poste à la fondation et, pourtant, le côté mercenaire de mon travail avait quelque chose de profondément « illibéral ». Concocter des arguments tarifés à la demande n'était guère digne d'un homme libre, et je commençai à ressentir le port de ma cravate comme la marque de ma servitude. Contemplée depuis mon bureau du quartier des consultants à Washington, l'existence d'artisan indépendant que menait Fred m'offrait au contraire une image de liberté que je ressassais avec nostalgie.

Shockoe Moto

Au bout de cinq mois comme directeur du *think tank*, j'avais fait suffisamment d'économies pour pouvoir m'acheter les outils dont j'avais besoin et je présentai ma démission. Au départ, mes projets étaient modestes, et je pensais travailler depuis mon garage. Mais je fis bientôt la connaissance de Tommy, qui avait entendu parler d'un local vacant à louer pour pas cher. Nous décidâmes de nous associer ; ma part de loyer était de cent dollars par mois.

Pendant mes trois premières années de mécano professionnel, mon atelier fonctionna donc dans cet entrepôt en briques de Shockoe Bottom, un quartier décrépit du centre de Richmond, près de la gare. Nos affaires connurent des hauts et des bas. Installé sur le site d'un futur stade de base-ball, l'édifice fuyait de partout et aucune compagnie ne voulait se risquer à l'assurer. Un jour, après avoir observé les bidons d'essence, le solvant contenu dans la cuve à nettoyer les pièces détachées et, surtout, les circuits électriques de fortune qui pendouillaient çà et là, je décidai qu'il était temps de déménager. De fait, quelque temps plus tard, mon ancien atelier finit par succomber à un incendie. Mais c'est pourtant là que se déroula l'épisode que je souhaite maintenant raconter et qui tourne autour d'une Honda Magna.

L'entrepôt de Shockoe Bottom abritait toute une économie souterraine, invisible depuis la rue. Outre mon atelier, connu sous le nom de Shockoe Moto par les clients qui savaient à quelle vitre opaque frapper, il y avait une petite entreprise de menuiserie – deux artisans en tout et pour tout – et deux autres réparateurs de motocyclettes. Garnet, un vieux mécano taciturne, spécialiste des Harley et des motos britanniques, maniait ses clés Whitworth dans une obscurité caverneuse. Mon propre atelier était beaucoup plus lumineux et je le partageais avec Tommy le peintre, spécialiste du nu artistique et des directions branlantes. Dans d'autres parties du bâtiment, on trouvait les personnages suivants : un spécialiste de la « récupération architecturale » (un ferrailleur, en fait) auquel la rumeur attribuait aussi un autre petit commerce moins avouable ; un entrepreneur en construction doté d'un accent sudiste impénétrable et d'une gigantesque seringue à morphine destinée à soulager ses atroces douleurs lombaires ; une collègue lesbienne du précédent, spécialisée dans la rénovation de vieilles ruines et la réhabilitation de maisons de crack ; l'ivrogne de l'immeuble, oscillant de manière imprévisible entre l'adorable et l'insupportable, engagé dans un interminable projet de restauration d'une vénérable Oldsmobile Toronado ; un canard noir surnommé BD (pour *black duck*) et spécialisé dans les morsures aux chevilles ; et les deux « gérants » de l'édifice, l'« Irakien » et son frère, ce dernier toujours vêtu d'une chemise de soie. Sans compter une série de litières pour chats et une cohorte changeante d'individus de provenance douteuse, en « situation de transit », qui vivaient à l'étage, se gelant en hiver et étouffant de chaleur en été. Parmi eux, une jeune modèle sado-maso très sexy et un livreur de pizzas qui finit par commettre un meurtre en situation de légitime défense et disparut de la circulation, ne laissant derrière lui qu'un exemplaire du Coran et une pile de magazines porno. Bref, j'étais passé du Comité pour la pensée sociale à la Cour des miracles.

Le côté un peu louche de tout ce petit monde me réjouissait totalement, et je me sentais beaucoup mieux dans cet environnement que dans l'ambiance feutrée des milieux professionnels et universitaires que j'avais fréquentés jusqu'alors. À Shockoe Bottom, personne n'était vraiment complètement en règle, c'était le moins qu'on puisse dire, et cela correspondait tout à fait à l'idée que je me faisais de ma place dans l'univers. Pour aller au travail, il n'y avait pas besoin de se déguiser, ni au propre, ni au figuré. Et puis l'entrepôt abritait plusieurs décennies de détritus. On n'arrêtait pas de découvrir de vieilles babioles sympas dans des pièces dont on ne soupçonnait même pas l'existence. Cet environnement physique chaotique semblait plus adapté à l'esprit d'investigation que l'ambiance stérile de mon bureau de Washington. Tout ce capharnaüm était une invitation permanente à l'expérimentation.

Un jour, j'étais en train de nettoyer un roulement à billes dans une bassine de solvant. L'étape suivante consistait à le sécher à l'air comprimé. Vingt ans plus tôt, quand je travaillais chez Porsche à Emeryville, on m'avait expliqué qu'il ne fallait jamais laisser un roulement à billes se mettre à tourner au moment de le sécher. Mais on ne m'avait pas dit pourquoi. Tommy était à trois mètres de moi. « Ne le laisse pas tourner », me dit-il. Mais lui non plus ne savait pas pourquoi. En revanche, nous savions très bien tous les deux ce qui allait se passer ensuite. Je commençai à diriger l'air comprimé de façon tangentielle à la circonférence de la bague, et le roulement entra soudain en rotation avec un bruit de turbine. Tommy s'approcha : « Génial ! » Garnet passait juste dans le couloir ; il entra. « Hé, Garnet, t'as déjà fait tourner un roulement à billes à l'air comprimé ? » Le vieil homme sourit sans rien dire. J'augmentai la pression de l'air et maintins le pistolet pointé sur le roulement pour un bon moment. La sonorité se fit de plus en plus aiguë, au point de ressembler à la vibration d'une fraise de dentiste. Tommy et moi étions aux anges. Nous nous tournâmes vers Garnet, mais celui-ci avait disparu. Tout d'un coup, le roulement devint incroyablement plus léger et j'entendis un fracas infernal, type rafale de mitraillette, au niveau des poutres du plafond. L'appareil s'était désintégré et je n'avais plus entre les mains que les bagues vides. Tommy et moi l'avions échappé belle, et nous décidâmes de commencer à prendre au sérieux les silences inscrutables de Garnet.

L'art de la facture

Je possède un cahier dans lequel j'enregistre les entrées de motos, les travaux accomplis et les leçons apprises à l'occasion. Parfois, j'y dessine des croquis pour mieux appréhender tel ou tel problème mécanique. Quand je répare un embrayage, par exemple, je mesure diverses cotes de tolérance et j'en fais une liste jouxtant les limites d'usure indiquées par le manuel, si la moto sur laquelle je travaille dispose d'un manuel. J'enregistre également le temps passé sur chaque véhicule et les sommes dépensées en pièces détachées. Le cahier me sert de brouillon pour la facture finale adressée au client. Il ne s'agit que d'une ébauche, parce que je dois évaluer à chaque fois jusqu'à quel niveau de détail je dois descendre et jusqu'à quel point il convient de lui raconter toute la vérité.

Sur le côté gauche de la page, j'inscris la durée réelle de l'intervention sur un véhicule. En dessous de chaque chiffre, j'inscris le nombre d'heures que j'entends vraiment facturer. Exemple :

5,5 R & R train avant, réparation de la fourche.
Facturation : 2 h 30.

Ce qui signifie que j'ai passé environ cinq heures et demie à démonter et remonter le train avant d'une moto, à démonter et nettoyer les parties de la fourche, à les inspecter sous toutes les coutures pour déceler la moindre trace d'usure ou de choc, à installer de nouveaux joints de fourche et rondelles d'étanchéité (il s'agit de rondelles en cuivre ou en aluminium qui servent à sceller hermétiquement les trous des vis ; les fourches contiennent de l'huile), et à remettre tout cet appareillage en place. Mais, en général, je facture un nombre d'heures inférieur au temps réel passé sur un véhicule. C'était particulièrement vrai au tout début de mon activité, quand je préférais travestir la vérité, parce que la durée réelle de mes interventions paraissait peu crédible. Si j'étais alors beaucoup plus lent, c'était en partie à cause de mon inexpérience et en partie parce que je tendais à me laisser totalement absorber par les détails et à oublier le temps. C'est aussi lié à la niche que j'occupe sur le marché : je suis un des rares mécanos qui soient prêts à travailler sur n'importe quelle marque, alors, quand je tombe sur un modèle peu fréquent, ce qui arrive assez souvent, je dois passer un certain temps à me familiariser avec lui. Les concessionnaires refusent parfois de travailler sur des motos anciennes, parce qu'elles ont tendance à entraîner tout un tas de complications et à exiger une bonne dose d'improvisation. Dans certains cas, les fabricants ont disparu de la circulation et la recherche de pièces détachées devient une épopée sans fin. Il ne s'agit plus dès lors de simples réparations, mais de véritables projets de reconstruction, et les gérants d'atelier ne souhaitent généralement pas casser le rythme de travail de leurs mécanos. Car les mécaniciens de marques travaillent très vite et, en tant qu'indépendant, je me sens dans l'obligation d'être à la hauteur des normes d'efficacité qu'ils établissent, au moins en apparence. C'est pourquoi je mens et je raconte aux clients qu'un travail m'a pris dix heures alors que j'y ai peut-être passé vingt heures. Pour compenser, je facture quarante dollars de l'heure, mais le taux réel est généralement plus proche de vingt dollars. Je n'ai aujourd'hui guère moins l'impression d'être un amateur qu'à mes débuts, mais grâce à ces petits stratagèmes, j'espère pouvoir passer pour un professionnel qui sait ce qu'il fait et qui établit ses factures en conséquence[70].

---

70. Le salaire d'un mécanicien moto est en général nettement inférieur à celui d'un mécanicien auto. La logique économique de ce type de rémunération est pour le moins complexe, et elle est d'autant plus opaque qu'il s'agit là d'un thème assez délicat sur le plan subjectif. J'ai demandé à plusieurs réparateurs indépendants plus chevronnés que moi qui facturent jusqu'à 60, 70 ou même

Cette divergence entre ce que suggère mon cahier de notes et ce que dit ma facture définit l'espace où s'élabore l'éthique de la réparation de motocyclettes. Quand vous travaillez sur des motos anciennes, en particulier, il arrive souvent que, pour résoudre un problème déjà existant, vous soyez amené à en créer un nouveau. Un exemple : pour démonter le support d'aiguille du flotteur en laiton sur un carburateur Bing (celui des BMW), la méthode recommandée est d'utiliser un taraud que vous vissez dans le support ; après quoi vous pouvez serrer une pince étau sur le taraud et extraire le support de son logement. Un jour où j'effectuais cette opération, le taraud cassa à l'intérieur du support. Que faire ? Vous pouvez envisager de percer le taraud, mais comme il est abîmé, il est impossible de bien placer le foret pour le percer au centre. Comment facturer le temps passé à résoudre un problème que vous avez vous-même créé ? Il n'y a pas de réponse évidente à ce genre de question. D'un côté, on a un sentiment de culpabilité ou de responsabilité angoissant ; de l'autre, une option plus rassurante : invoquer le Destin. Mais même si vous adoptez cette dernière attitude, reste à savoir au compte de qui doit être facturée la malchance : le vôtre, ou celui du client ? Et il faut bien trouver une réponse au moment de passer la note.

Certains mécanos, tel l'idiot de Pirsig, semblent faire preuve d'un véritable déficit d'attention à l'égard des véhicules qu'ils sont censés réparer. J'ai observé plus haut que cet échec moral coïncidait avec l'erreur cognitive qui consiste à émettre un diagnostic immédiat et prématuré au lieu d'examiner l'engin avec soin. J'ai aussi suggéré que le problème était lié à une certaine incapacité de sortir de soi-même. Je souhaiterais maintenant me pencher sur un autre type de problème, mon type de problème. Je veux parler d'un certain type de comportement obsessionnel à l'égard d'une moto qui peut aussi parfois exprimer une

---

80 dollars de l'heure (sur des marchés urbains du Nord ou de la côte Ouest, où les prix sont plus élevés en général) quel pourcentage de leur temps passé dans l'atelier ils considéraient comme «rémunérable». Je ne suis jamais arrivé à avoir une réponse claire.

forme d'égocentrisme. Ce qui veut dire qu'à l'occasion ma facture tend à augmenter simplement parce que je cède à une forme de perfectionnisme compulsif. Il y a donc une tension entre ma préoccupation à l'égard de tel ou tel véhicule et le contrat de confiance qui me lie à son propriétaire. L'échange économique qui a lieu entre nous introduit une dimension supplémentaire, une sorte de métaconnaissance qui complique considérablement la tâche de déterminer les besoins proprement mécaniques de la motocyclette.

Honda Magna et métaphysique

Un jour, j'ai reçu un appel du propriétaire d'une Honda Magna V45 de 1983. Ce n'est pas vraiment un modèle de moto qui m'inspire beaucoup et, par ailleurs, l'engin n'était pas sorti du garage pendant deux ans. Ce genre d'appel est assez fréquent à partir du moment où les gens savent que vous êtes spécialiste des vieilles motos, surtout si vous êtes disposé à aller la chercher chez le client. Invariablement, à un moment ou un autre de la conversation, ce dernier vous affirmera qu'« elle marchait très bien la dernière fois que je m'en suis servi ». Au bout de quelques années d'expérience et d'une bonne dose de cogitation, j'ai fini par me convaincre du caractère parfaitement illusoire de ces affirmations : il est clair que les divers problèmes mécaniques des véhicules concernés ne peuvent pas avoir surgi par génération spontanée alors qu'ils reposaient tranquillement dans un garage. Et si la moto de mon client « marchait très bien », il n'y avait alors aucune raison de la laisser au rebut pendant deux ans.

Mais on était en plein hiver et les affaires tournaient plutôt lentement. Au départ, comme je continuais à nourrir des réserves, je fis de mon mieux pour terroriser le propriétaire de la moto : « En supposant qu'elle ait tous les problèmes habituels chez les bécanes stationnées pendant trop longtemps, sa remise en route va vous coûter dans les mille dollars. Il va falloir réviser les carburateurs, installer de nouveaux joints de fourche, une nouvelle batterie, de nouveaux pneus, probablement de nouveaux conduits hydrauliques, et Dieu sait quoi encore ; alors mille dollars, c'est le minimum. » Le moteur était un des premiers moteurs V45 de Honda, qui présentent généralement des problèmes d'usure excessive au niveau de la distribution. « Vous avez fait réajuster vos soupapes régulièrement ? » Mon client n'avait pas le moindre souvenir d'avoir jamais fait réviser ses soupapes. « Il vaut peut-être mieux carrément laisser tomber. »

Tout ce petit discours était une sorte d'attaque préventive visant à ajuster à la baisse les expectatives du client. C'était une manière un peu brutale de lui faire comprendre le caractère irrationnel de son attachement à une vieille moto décrépite. Avec l'expérience, je suis devenu de plus en plus impitoyable quand il s'agit de transmettre ce genre de message. Mais en même temps, mon attitude a quelque chose de très contradictoire, vu que la bonne marche de mes affaires dépend justement de ce type d'attachement irrationnel. Parce que, si le propriétaire de la Magna suivait effectivement mes conseils, je n'avais plus de boulot.

Ayant vaguement conscience de ce dilemme, j'avais choisi d'imiter Fred, qui répondait à ses clients au téléphone par un vigoureux « À vot'service » déclamé d'une voix aiguë. J'aimais bien le côté très générique de cette forme de salutation, que je recyclai aussitôt dans mon propre atelier. Service de qui ou de quoi, au juste ? Entre autres choses, de la santé psychique des clients qui tendent à éprouver un attachement irrationnel envers les vieilles motos. Or, un thérapeute doit savoir faire preuve d'une bonne dose de franc-parler, et même d'une certaine brutalité. Supposons qu'un nouveau client vienne visiter mon atelier. Le type s'attend plus ou moins à une espèce de fraternisation gratifiante autour des jouissances esthétiques qu'est censée susciter une moto « classique » ou de collection. Au lieu de quoi il se fait traiter comme un pauvre névrosé malmené par un psy arrogant dans un *reality show*. Ce n'est pas la peine qu'il se la joue, le mécano se chargera de lui faire comprendre qu'une moto « classique », c'est simplement une vieille bécane pourrie.

Plus j'arrive ainsi à intimider le client – et plus il s'attend à ce que le montant de sa facture soit salée –, plus j'ai de marge de manœuvre dans mon intervention sur son véhicule. Quand vous travaillez sur des motos qui ne valent pas la somme nécessaire pour les réparer, la tension mentionnée précédemment entre le contrat de confiance qui vous lie au client et la responsabilité métaphysique qui vous engage à l'égard de la motocyclette elle-même est particulièrement aiguë. *A posteriori*, je me rends bien compte que c'est cette même tension qu'exprime la devise de Donsco (« La vitesse coûte cher. Vous voulez dépenser du combien à l'heure ? »). Même chose pour mes discours dissuasifs aux clients : ce que je leur demande, au fond, c'est de laisser leur rationalité économique à la porte de l'atelier ou bien de rentrer chez eux, parce que je ne peux pas servir deux maîtres à la fois. Sauf que, bien entendu, aucun client ne peut se permettre de négliger complètement l'aspect économique de la chose. Malgré mon désir de limiter ma responsabilité aux besoins mécaniques du véhicule, je sais bien que je suis également responsable à l'égard d'un individu doté d'un budget limité.

Mettons que vous découvriez des symptômes manifestes de fuite d'huile : la moitié inférieure de votre moteur et de votre châssis est couverte d'une épaisse croûte de crasse graisseuse solidifiée. Il est parfois facile d'y remédier (fuite du carter ou d'une canalisation d'huile externe), mais il se peut aussi que l'on doive procéder à un démontage intégral du moteur (si la fuite vient de certains joints d'huile). Dans ce dernier cas, mieux vaut laisser tomber et reléguer la moto souffrante au statut de réservoir de pièces détachées. Mais pour trancher, il faut d'abord savoir d'où vient exactement la fuite. Le problème, c'est qu'une fois qu'elle commence à fuir, l'huile de moteur a tendance à se disperser un peu partout sous l'effet de la vitesse et du vent. Par conséquent, pour déterminer l'origine exacte de la fuite, vous devez d'abord procéder à un nettoyage et à un séchage minutieux du véhicule tout entier, et nettoyer une moto n'est pas une tâche facile. Il faut commencer par décaper la couche d'impuretés au tournevis, ce qui n'est pas très agréable, et voir tomber du pont des morceaux entiers de substance graisseuse couleur de merde. Après quoi, c'est le tour de l'astiquage au chiffon, beaucoup de chiffon, à l'aide de diverses substances caustiques.

Une fois que la bécane est propre comme un sou neuf, il m'arrive de pulvériser du talc pour les pieds qu'utilisent les sportifs sur toutes les zones suspectes. (Comme cette poudre est blanche et adhère aux surfaces, elle rend les fuites d'huile plus faciles à repérer.) Mais avant de pouvoir trouver une fuite d'huile, il faut faire tourner le moteur. Ce qui veut dire que vous risquez de passer pas mal de temps à démonter et nettoyer les carburateurs, à trier les câbles plus ou moins abîmés, et Dieu sait quoi encore, avant de procéder à l'allumage et d'être capable de déterminer si la fuite éventuelle est sérieuse. Or, si vous l'aviez su dès le départ, vous en auriez par là même conclu que l'engin ne valait pas la peine qu'on y investisse tant de temps. Par conséquent, avant de commencer à ressusciter une vieille moto, il faut réfléchir minutieusement et logiquement à la séquence précise d'investigations et d'opérations qui vous permettra de déceler les problèmes les plus sérieux le plus tôt possible.

La Magna de mon client était dans un état pitoyable. Pour arranger le tout, avec ses enjoliveurs en plastique et son look années 1980 un peu pépère, elle n'avait vraiment rien côté glamour. Des millions d'exemplaires de ce modèle ringard peuplaient sans doute les dépotoirs de ferraille du monde entier, et il semblait passablement irrationnel que je m'apprête à consacrer un temps précieux – et à gaspiller l'argent de mon client – à essayer d'en tirer quelque chose. Mais j'avais besoin de ce boulot. Je la hissai sur le pont et oubliai rapidement ces vulgaires considérations coût-bénéfice. L'atelier était vide et silencieux, et, à chaque exhalaison, ma respiration formait un panache de buée éphémère dans cet environnement glacial. J'appuyai sur un levier rouge, déclenchant le bruit de succion assourdissant de l'air comprimé, et la Magna s'éleva jusqu'à la hauteur de mon regard.

J'avais lu que ce modèle avait souvent des problèmes de soupapes, et je décidai donc de commencer par les examiner. Le problème, c'est que, avec la forme très ajustée du châssis de la Magna, essayer de dégager le capot des soupapes de la partie arrière des cylindres est à peu près aussi facile que de faire sortir une maquette de voilier d'une bouteille. Cela semble même carrément impossible. Si vous persistez dans votre effort, c'est seulement parce que vous savez qu'il a bien fallu installer ces soupapes au départ et que donc, en théorie, la séquence de manipulations qu'implique cette installation devrait être réversible. Pourtant, au bout d'un certain moment, je commençai à douter de ce raisonnement logique inattaquable et à caresser l'idée de découper le châssis et de le ressouder ultérieurement. J'étais tellement obnubilé par mon problème que toute mon entreprise commença à prendre un tour passablement délirant.

Tout d'un coup, je sentis une odeur de brûlé : mon pantalon était en feu. À force de m'escrimer à grand renfort de gesticulations sur le capot de soupapes, je m'étais trop rapproché de la chaufferette à gaz. En attendant, ce foutu capot n'avait pas bougé d'un millimètre. Plusieurs heures avaient passé et j'avais pratiquement épuisé tout mon répertoire de jurons, qu'il s'agisse de variations sur le thème « putain de bordel de merde » ou d'invectives xénophobes contre les pauvres Japonais. J'approchais de ce moment familier où, après avoir traversé toutes les étapes de la démence et du désespoir, le mécanicien accède à une espèce de calme irréel. J'en étais désormais réduit à répéter comme un zombi une série de manipulations du capot de soupapes dont j'avais pourtant reconnu depuis longtemps le caractère parfaitement futile quand, tout d'un coup, l'une de ces pièces récalcitrantes se dégagea de sa prison et se retrouva au creux de ma main.

C'est là une expérience courante et de fait, bien souvent, dans l'espoir de gagner du temps dans ce type de processus de démontage et remontage, j'essaie de m'auto-hypnotiser pour arriver dès le départ à susciter en moi un état de résignation de type zen. Ça ne marche jamais, en tout cas pas pour votre serviteur. Alors, comme on dit, j'ai adopté ma propre procédure opérationnelle. J'appelle ça la « procédure PBM » (putain de bordel de merde).

Les cames et les culbuteurs ne paraissaient pas présenter de problème. Ils étaient même en parfait état. Toutes les soupapes du cylindre numéro 2 étaient trop serrées, je les ai donc ajustées à la cote de 0,005 po (0,13 mm). Quand j'eus enfin remis en place les capots de soupapes, je venais de passer sept heures sur cette moto (j'ai presque honte de l'admettre), sans avoir pratiquement progressé d'un millimètre dans mes efforts pour la remettre en marche. Les soupapes trop serrées n'auraient nullement empêché le moteur de tourner suffisamment bien pour que je puisse formuler un diagnostic pertinent. À quarante dollars de l'heure, mon tarif habituel, cela faisait déjà deux cent quatre-vingts dollars, donc, pas question que je facture les sept heures au client. En tout cas, je savais qu'au niveau temps et argent ma marge de manœuvre était maintenant considérablement réduite. Avec le recul, je me rendais compte que j'aurais mieux fait de laisser les soupapes tranquilles et de me concentrer sur des problèmes plus sérieux.

Comme le carburateur, par exemple. Pour le remettre en état, il me fallut faire trois voyages de l'autre côté de la rivière pour aller fouiller dans l'entrepôt de pièces détachées de deuxième main de Bob Eubanks, à la recherche d'une tringle de commande, d'un ressort manquant et d'un corps de carburateur. Mais c'est sur le problème de la commande hydraulique de l'embrayage que je souhaite concentrer mon récit, dans la mesure où il illustre bien la tension susmentionnée entre la responsabilité métaphysique d'un mécano à l'égard d'un véhicule et sa responsabilité financière à l'égard du client.

L'embrayage était bloqué. J'essayai de purger le système, mais je n'arrivais pas à faire sortir tout l'air des canalisations. L'air étant un élément compressible, sa présence dans le système hydraulique empêche la transmission, à travers les canalisations, de la pression qui est nécessaire pour activer les puissants ressorts qui emprisonnent l'embrayage. J'entrepris donc de refaire le maître cylindre, ce qui signifie en réalité le démonter, le nettoyer minutieusement au solvant et à l'air comprimé, enlever le vernis en le polissant prudemment avec du Scotch-Brite gris, installer un nouveau piston et un nouveau joint, et remplacer une partie des rondelles d'étanchéité.

Mais il n'y avait rien à faire, le système ne se vidangeait pas. Je décidai alors de démonter également le cylindre secondaire. La cavité qui abrite le cylindre secondaire dans le carter du moteur était remplie d'une substance visqueuse assez répugnante. Je me rendis compte que le joint à l'extrémité du cylindre secondaire était fortement détérioré et, à ma grande satisfaction, trouvai enfin le coupable : le fluide fuyait du cylindre secondaire. Une fois la cavité entièrement nettoyée, je remarquai qu'un joint d'huile du carter moteur, juste derrière le cylindre secondaire, avait l'air passablement abîmé. J'en conclus que la substance émulsifiée que j'avais nettoyée était en fait un mélange de liquide d'embrayage et d'huile de moteur ; peut-être que c'était cette fuite d'huile de moteur qui avait corrodé le joint du cylindre secondaire. Peut-être qu'il existait différents types de caoutchouc, chacun ne résistant qu'à un certain type de liquide. Je n'avais en tout cas jamais entendu parler de ce problème. De toute façon, il fallait remplacer le joint d'huile. Il avait la forme d'un beigne, comme c'est généralement le cas, et la taille d'une pièce de vingt-cinq cents. La circonférence intérieure était dotée d'une petite lèvre qui racle l'huile sur la tige à mesure que celle-ci glisse à travers le joint, ce qui se produit quand vous actionnez l'embrayage.

Mais c'est là qu'il fallait faire très attention. Est-ce que le joint tenait en place uniquement grâce à un ajustement serré dans son logement du bloc moteur ou bien est-ce qu'il y avait une gorge interne, se terminant par un collet façonné à l'intérieur de la paroi du carter ? J'avais beau pointer ma lampe torche sous tous les angles, je n'arrivais pas à trancher. Dans le premier cas, le joint pouvait être retiré de l'extérieur à l'aide de pinces spéciales ou d'un tournevis manié avec prudence. Dans le second cas, il n'y avait pas moyen de le remplacer autrement que de l'intérieur du moteur. Pour essayer d'en savoir plus, je pouvais éventuellement travailler le joint avec un tournevis, mais je risquais ainsi de l'abîmer encore plus.

Je disposais d'un catalogue de pièces détachées sur microfiches pour la Magna. J'insérai donc la fiche correspondante dans un ancien lecteur de fiches de bibliothèque qui se trouvait sur mon établi et éteignis le plafonnier fluorescent. Je suspendis ma respiration pour ne pas couvrir de buée l'écran du lecteur. Le graphique ne répondait pas à mon interrogation. C'était l'impasse, le genre de situation qui vous laisse paralysé.

J'allumai une cigarette et laissai la fumée former peu à peu un écran entre mon regard et la Magna. Je devins sensible au léger bourdonnement des néons et me rendis compte de l'heure : la nuit était déjà avancée. Je traversai l'immeuble plongé dans l'obscurité jusqu'aux toilettes : l'eau avait gelé dans la cuvette. Il me vint à l'esprit que la décision la plus rationnelle sur le plan économique était peut-être de laisser complètement tomber mes hypothèses sur le joint d'huile endommagé. Une fois le cylindre secondaire remis à neuf, l'embrayage fonctionnait parfaitement pour l'instant. Même si j'avais raison quant à l'effet négatif de la fuite d'huile sur le joint du cylindre secondaire, qu'est-ce que cela changeait ? Le problème mettrait un certain temps à se présenter de nouveau, et qui sait même si mon client serait alors encore propriétaire de la Magna. Si je ne suis même pas sûr que ce sera demain son problème, pourquoi devrais-je en faire aujourd'hui *mon* problème ?

Mais tandis que je pénétrais de nouveau dans le flot de lumière de l'atelier, ce n'était plus au propriétaire que je pensais, mais au véhicule lui-même. Je ne pouvais tout simplement pas chasser ce joint d'huile de mon esprit. Une nouvelle obsession était en train de s'installer, et je ne faisais guère d'effort pour y résister. Je commençai à attaquer le joint au tournevis, le regard concentré comme un laser. Au début, je me dis que j'étais simplement en train d'explorer le problème, mais le joint commençait à céder sous les coups et, au bout d'un moment, j'abandonnai toute prétention de simple diagnostic. J'allais faire sortir ce petit salopard de son trou.

Il y a au principe de cette attitude une mécanique perverse que je vais essayer de déchiffrer. Mon joint d'huile était la clé d'une véritable boîte de Pandore : je me sentais obligé d'aller au fond des choses, d'effectuer une exploration et une remise en ordre absolument exhaustives. Mais ce perfectionnisme compulsif n'est pas vraiment compatible avec l'univers des préoccupations humaines où tout ce qui importe, c'est que la motocyclette fonctionne. Car si un individu possède une moto, c'est d'abord pour la conduire, et cette fonction élémentaire risque d'entrer en concurrence avec d'autres objectifs éventuels de son propriétaire. Cette vision plus globale et plus pragmatique de la motocyclette se caractérise par l'importance de la dimension économique. C'est en elle que s'enracine le contrat de confiance entre le mécanicien et son client. La curiosité excessive est une caractéristique du fornicateur, expliquait saint Augustin. Dans ce cas particulier, la victime de ma fornication spirituelle était mon client, et plus spécifiquement son porte-monnaie.

D'après un théologien contemporain, « le désir qu'exprime la curiosité est un désir autarcique, limité par l'objet qu'il aspire à connaître isolément : le savoir que la curiosité cherche à acquérir tend à se présenter comme la seule possession digne d'acquisition[71] ». Le problème, avec ce type d'obsession, c'est qu'une compréhension adéquate de l'activité du mécanicien nous enseigne que celle-ci, plutôt que de refléter une curiosité théorique, a un caractère essentiellement *pratique.* C'est pourquoi elle doit être disciplinée par un souci attentif et circonspect (au sens étymologique du terme) des besoins d'autrui, par une espèce de conscience fiduciaire. D'après Amy Gilbert, la sagesse pratique implique « une appréciation exhaustive des dimensions morales caractéristiques d'une situation donnée. C'est notre conscience de ces dimensions qui nous permet d'y réagir de façon adéquate[72] ». Par conséquent,

---

71. Paul J. Griffiths, « The Vice of Curiosity », *Pro Ecclesia*, XV / 1, 2006, p. 47-63.
72. Amy Gilbert, « Vigilance and Virtue : In Search of Practical Wisdom », *Culture*, automne 2008, p. 8.

pour atteindre la sagesse pratique, il nous faut dépasser non seulement l'autisme de l'idiot, mais aussi le champ de vision limité de l'homme curieux complètement absorbé par sa tâche. Car si ce dernier dirige effectivement son attention hors de lui-même, il ne perçoit toutefois plus rien d'autre que son objectif. Bien souvent, les travaux de recherche universitaires manifestent ce type de curiosité dénuée de circonspection; de fait, ma propre thèse de doctorat obéissait à une logique assez semblable à celle de mon intervention sur le joint d'huile de la Honda Magna. Sauf que, dans le cas de la Magna, je devais rendre des comptes à mon client.

Les métaphysiciens ont en général une vision assez négative de l'échange économique. D'après eux, l'échange est le domaine de l'accord superficiel et du jugement conventionnel, sans égard pour les qualités intrinsèques de l'objet ou de la situation. Mais quand ils sont le résultat d'une délibération, les accords et les conventions de type contractuel offrent un contrepoids utile à la subjectivité – ils sont une preuve que vous n'êtes pas complètement fou, ou du moins un élément de validation assez solide de cette hypothèse. Certains individus ont plus besoin que d'autres d'être rassurés par ce genre de preuve, et être rémunéré pour un travail qui vous plaît est une forme de confirmation particulièrement efficace. Bref, si votre rapport au monde se caractérise par un sentiment d'arbitraire et de subjectivisme excessifs, et par la sensation que vos actions manquent de justification, ce type d'activité économique est une excellente thérapie.

Pour en revenir à mon joint d'huile, comme de bien entendu, il se trouve qu'il ne pouvait être remplacé que de l'intérieur du moteur. Soit un boulot monstrueux. J'en fus donc réduit à démonter la sortie d'arbre de transmission (la Magna est à transmission directe) et le bras oscillant pour parvenir à mes fins. Mais, tout comme le plaisir du fornicateur, la satisfaction d'avoir atteint mon but était accompagnée d'une bouffée de mauvaise conscience. Pour atténuer mon sentiment de culpabilité, je fis baisser ma facture de 2 200 à 1 500 dollars. Ce faisant, je reconnaissais implicitement que ma vigilance professionnelle laissait beaucoup à désirer : j'étais encore loin de pouvoir passer pour une personne lucide dotée d'un champ de vision ample et capable de percevoir la situation dans toutes ses dimensions. Ce sont là des qualités qui ne sont susceptibles d'être acquises que progressivement, au gré des circonstances. Et c'est la présence d'autrui au sein d'un univers commun qui rend cette acquisition tout à la fois possible et nécessaire.

6

Les contradictions
du travail de bureau

La popularité de bandes dessinées comme Dilbert ou de feuilletons comme *The Office*, et de tant d'autres productions culturelles populaires tournant autour du même thème, atteste du profond sentiment d'absurdité qui s'attache au travail de bureau dans la vie sociale des Américains. Or, si un certain sens de l'absurde est une excellente chose dans le domaine de la comédie, il n'en est pas nécessairement de même dans celui de la vie quotidienne. En général, un tel état d'esprit trahit le fait qu'en dessous de la ligne de flottaison du discours officiel prolifèrent toutes sortes de contradictions qui, si elles venaient au jour, mettraient l'institution en crise. De quel type de contradictions s'agit-il ? Pour commencer, notons que, si nous avons pris l'habitude de considérer le monde de l'entreprise comme un univers amoral uniquement régi par la recherche du profit, la réalité est en fait sensiblement différente : il est impossible de comprendre le travail de bureau sans prendre en compte le fait qu'il est aussi le vecteur d'une forme d'éducation morale. Les entreprises sont de véritables ingénieurs des âmes humaines et promeuvent un idéal spécifique de la vie bonne.

Ce phénomène repose lui-même sur une contradiction plus fondamentale. Les entreprises souhaitent généralement projeter l'image d'institutions axées sur l'efficacité de leurs performances et l'obtention de résultats concrets. Mais quand aucune véritable production matérielle n'est en jeu, quels sont les critères objectifs de la performance ? Quelle est la fonction réelle d'un directeur ? Il est encouragé à porter son attention sur l'état d'esprit de ses salariés et devient ainsi une espèce de thérapeute.

Il s'agit là d'une relation tout à fait différente de celle qui existe entre un mécanicien-ajusteur et son contremaître. L'ajusteur accomplit son travail et laisse son supérieur hiérarchique juger du résultat. Supposons que ce dernier tire son micromètre de sa poche et entreprenne de vérifier si la pièce fabriquée est aux normes. Si ce n'est pas le cas, le contremaître communique son irritation à son subordonné en lui jetant un regard mauvais ou en le traitant de tous les noms. Il se peut que l'ajusteur n'ait pas bien lu le graphique, ou bien qu'il n'ait pas positionné correctement la pièce dans la machine-outil, ou encore qu'il ait dévié du tracé au moment de la découpe ; ou peut-être qu'il ne sait tout simplement pas utiliser son propre micromètre. Quoi qu'il en soit, la pièce défectueuse est maintenant posée sur un banc entre les deux hommes, et il est probable qu'elle constitue le point focal de leur conversation. Mais, au cours des trente dernières années, l'économie américaine est largement passée de la production de biens matériels (qui s'est déplacée sous d'autres cieux) à la projection de marques, c'est-à-dire à la création de certains états d'esprit dans le cerveau du consommateur, avec une évolution parallèle de la mentalité des travailleurs. Le processus devient plus important que le produit et son optimisation passe par des techniques de gestion qui ont des effets subjectifs beaucoup plus profonds que la colère d'un contremaître. En outre, si les nouvelles exigences auxquelles doivent se soumettre les salariés sont invariablement justifiées par leur contribution au bilan de l'entreprise, il est en fait assez difficile de calculer cette contribution ; l'enchaînement des causes et des effets devient passablement opaque, ce qui tend à transformer l'environnement de travail en arène d'évaluation morale. Comme l'écrit James Poulos, le travail de bureau contemporain suscite « des formes de respect et de motivation réciproques [qui ont atteint] des niveaux inédits de mise en scène de l'intimité sociale[73] ». Les spécialistes du recrutement et de la formation en sont parfaitement conscients ; en 2005, le *Journal of Organizational Behavior* a consacré un dossier entier au débat sur l'« intelligence émotionnelle », qui est de plus en plus en vogue dans l'univers de la gestion. C'est désormais la personnalité tout entière qui est en jeu, et pas simplement une gamme étroite de compétences.

À en juger par la littérature managériale, ce sont les exigences adressées aux cadres dirigeants eux-mêmes qui vont le plus loin dans ce sens. Ainsi, dans un de ces ouvrages, *Teambuilding That Gets Results* – titre qu'on pourrait traduire par « Comment construire un travail en équipe vraiment efficace » –, on trouve l'encadré suivant : « Est-ce que votre réaction à telle ou telle situation a plus à voir avec votre ego qu'avec une appréciation "correcte" ? Réfléchissez bien à vos véritables motivations. Si c'est votre ego qui se manifeste, mettez-le de côté...[74] » Il suffit de réviser les titres les plus populaires de la littérature managériale dans les rayons des grandes chaînes de librairies pour se rendre compte que ces ouvrages sont une sous-catégorie du genre « développement personnel » (*self-help*), soit « un abîme de confusion inquisitoriale, d'autoresponsabilisation et d'introspection motivationnelle[75] ». Le directeur y est constamment invité à manifester sa profonde sollicitude personnelle à l'égard de ses subordonnés (*to care*) et à leur faire miroiter la possibilité d'une expérience de *transformation personnelle*. Il

---

73. James POULOS, « Some Enchanted Bureaucracy », *Society*, mai-juin 2008, p. 295.

74. Linda Eve DIAMOND et Harriet DIAMOND, *Teambuilding That Gets Results : Essential Plans and Activities for Creating Effective Teams*, Sourcebooks, Naperville, Ill., 2007, p. 108.

75. Je dois cette formule parfaite à Jonathan Imber, qui l'utilisait dans un autre contexte.

n'est plus un patron, mais un mélange de thérapeute et de gourou.

De nos jours, le travail de bureau requiert un type de subjectivité adaptée au travail en équipe et reposant sur des habitudes de flexibilité partagée plutôt que sur la force du caractère individuel. Je tenterai ici d'esquisser une analyse comparative du bureau et de l'atelier, du personnel en col blanc et de l'équipe en bleu de travail. Ce qui est en jeu dans cette comparaison, c'est la question de la *responsabilité individuelle* et son lien avec la présence ou l'absence de critères objectifs d'évaluation.

Indexer et résumer

Après une année de maîtrise à l'université de Chicago, je dus abandonner pour un temps la philosophie et chercher un travail (quelques années plus tard, j'allais reprendre mes études et m'inscrire au doctorat). Plutôt que de renouer avec mon activité d'électricien, je pensais mettre à profit mon nouveau diplôme et trouver une place au soleil des sommets de la méritocratie universitaire. Cela s'avéra en fait beaucoup plus difficile que je ne l'avais prévu. J'obtins d'abord un emploi de secrétariat dans un prestigieux cabinet d'avocats de Palo Alto, mais je n'y étais payé que dix dollars de l'heure. Donc, une fois finie ma journée de travail – de huit heures du matin à cinq heures du soir –, je roulais vers le nord de la péninsule de San Francisco pour donner des cours de rattrapage scolaire à des étudiants préparant l'examen d'entrée à l'université (pour quinze dollars de l'heure) et, plus tard dans la soirée, bien souvent, je traversais le Golden Gate pour aller donner des cours particuliers à des élèves de Marin County. Je faisais donc environ 150 kilomètres par jour autour de la baie de San Francisco avant de retourner, épuisé, à l'appartement que je sous-louais à Berkeley. Un jour, je fus licencié du cabinet d'avocats. Peu de temps après, la boîte de cours de rattrapage scolaire où j'enseignais fit faillite (ils me devaient plusieurs milliers de dollars d'arriérés de salaire dont je ne vis jamais la couleur). À ce stade, il aurait sans doute été plus sensé de ma part de laisser tomber mes prétentions « méritocratiques » et de me réinstaller comme électricien, une profession où j'aurais certainement gagné beaucoup plus. Mais je n'étais pas vraiment capable d'analyser la situation clairement et d'en tirer les conséquences. C'est vrai quoi, je n'étais pas n'importe qui, j'avais une maîtrise, nom de Dieu !

En 1942, Joseph Schumpeter écrivait que l'expansion de l'éducation supérieure au-delà de la capacité d'absorption du marché du travail réduisait souvent les cols blancs à accepter « des travaux inférieurs ou [des] salaires moins élevés que ceux des ouvriers les mieux rémunérés ». En outre, cette situation risquait d'engendrer des « incapacités de travail [*unemployability*] d'un type particulièrement déconcertant. L'homme qui a fréquenté un *high school* ou une université devient facilement psychiquement inemployable dans des occupations manuelles sans être devenu pour autant employable, par exemple, dans les professions libérales[76] ».

Au bout de plusieurs semaines de recherche d'emploi, avec tout ce que cette quête désespérée impliquait pour mon auto-estime de diplômé universitaire, j'étais de plus en plus disposé à accepter n'importe quoi et de moins en moins sûr de ma propre valeur. Je finis par trouver un poste de rédacteur chez Information Access Company (IAC), une succursale du groupe de presse Ziff Communications, et y restai pendant onze mois. C'est ainsi que, par une matinée ensoleillée de l'année 1992, je traversai le pont de San Mateo à 8 h 15 pour entamer ma première journée de travail. Le vent soufflait tellement fort que même le fond de la baie était couvert d'une houle aux crêtes moutonneuses. J'étais passablement excité. Mon nouveau travail consistait à lire des articles de revues universitaires, à les indexer en fonction de catégories prédéfinies et à rédiger

---

76. Schumpeter ajoute dans une note de bas de page : « Présentement, la majorité du public apprécie ce développement en se plaçant au point de vue de l'idéal consistant à mettre des facilités d'enseignement de toute nature à la portée de quiconque peut être incité à en faire usage. Cet idéal est si profondément gravé dans les esprits que les moindres doutes formulés à son encontre sont presque universellement considérés comme quasiment indécents [...] » (*Capitalisme, socialisme et démocratie*, Payot, Paris, 1974, p. 212).

des résumés d'environ deux cents mots qui étaient vendus sur CD-ROM et par abonnement à un réseau de bibliothèques dans lesquelles les usagers pouvaient les consulter par le biais d'un système baptisé InfoTrac. J'étais devenu un travailleur de la connaissance. J'y voyais une occasion rêvée d'explorer les frontières du savoir et d'acquérir une vision synoptique d'une série de disciplines, ainsi que ma formation académique était censée m'y avoir préparé. Mais pour l'instant, ce qui s'offrait à mon regard alors que j'abordais la péninsule, c'était Foster City.

Foster City était un territoire de dix kilomètres carrés gagné sur les eaux marécageuses du littoral occidental de la baie de San Francisco, une sorte d'annexe de la Silicon Valley fondée par un corsaire de l'immobilier, T. Jack Foster, qui souhaitait créer une communauté modèle de l'ère postindustrielle. Vue du haut du pont de San Mateo, elle offrait un panorama esthétiquement uniforme de parcs industriels, de marinas et de villas qui semblaient tous partager un même code génétique.

Pendant le délai de quelques semaines entre mon entretien d'embauche et ma première journée de travail, il m'arriva fréquemment de m'imaginer en situation face aux directeurs que j'avais rencontrés et de les étonner par mon savoir et mon intelligence. Ce genre de fantaisie apaisait mes sentiments d'isolement et d'irrésolution, qui commençaient à éroder mon sens du réel. Le jour où le service du personnel m'appela pour me confirmer mon embauche, j'eus soudain l'impression d'avoir attrapé au vol le train du monde – grâce au miracle des petites annonces – et d'être enfin bercé par le rythme de sa marche. Et quand mes collègues me montrèrent ce qui allait être mon poste de travail, je me sentis profondément honoré : on m'avait fait une place, une place réservée à moi tout seul, et mon cubicule étriqué me sembla dès lors extraordinairement spacieux. Car, après tout, c'était *mon* bureau, c'était là que j'allais enfin *penser*, et penser était désormais mon travail et non plus un divertissement privé tendant forcément à engendrer un sentiment d'aliénation. Car mes pensées seraient désormais ma contribution irremplaçable à un projet commun, dans une vraie entreprise avec des centaines de vrais salariés. La géométrie régulière de ces espaces de bureau cloisonnés me donnait l'impression d'avoir enfin trouvé ma place dans l'ordre des choses ; leur étendue élargissait mon horizon. Je décidai de porter une cravate.

Mais je ne tardai pas à déchanter et, pour comprendre mon changement d'humeur, il convient d'expliquer comment mon travail était conçu et structuré. Le premier produit commercialisé par IAC en 1977 était *Magazine Index*; comme son nom l'indique, il s'agissait d'un catalogue indexant le contenu d'environ quatre cents magazines populaires. En 1980, IAC avait été racheté par le groupe de presse Ziff et, cinq ans plus tard, Ziff avait fusionné IAC avec une autre de ses acquisitions, Management Contents. Management Contents ne se contentait pas d'indexer une série de publications, mais fournissait des résumés d'articles parus dans des revues de gestion professionnelles. Les débuts de cette activité de rédaction de résumés coïncidaient donc avec l'introduction de revues « sérieuses » avec notes de bas de page et tout le tralala. Je suppose que le passage de la simple indexation aux résumés et des magazines aux revues fut une transition aisée, pratiquement insensible, vu le contenu spécifique des revues de gestion. Dans ce type de publication, on rencontre environ une idée tous les cinq alinéas, ce qui fait qu'il est assez facile de les résumer. Mais à partir de 1991, peu de temps avant mon embauche, IAC commença à produire des résumés d'un tout autre genre en s'attaquant à des revues de physique, de biologie, de sciences sociales, de droit, de philosophie, d'histoire et de littérature. Il y a une différence assez fondamentale entre, par exemple, *Marketing Today* et *Nature Genetics* (un des titres dont j'étais responsable), mais les distinctions de niveau de rigueur intellectuelle ont du mal à résister à l'effet dissolvant des fusions et des acquisitions qui tendent à réduire le savoir à de l'« information[77] ». À

---

77. Dans son usage jadis le plus fréquent, le mot « information » renvoyait à la description d'un état de fait spécifique. Il pouvait aussi se référer aux instructions visant à altérer cet état de fait, comme la recette d'un ragoût de bœuf, par exemple. Mais dans les années 1940, Claude Shannon, des Laboratoires Bell, introduisit un nouvel usage de ce terme. Sa perspective était

titre d'exemple de la nature du problème, voilà un extrait de la section « Courrier des lecteurs » d'un numéro de 2007 de *Nature Genetics* :

> Nous montrons que mir214 est exprimé dans les somites pendant les phases de segmentation précoces et que ses variations d'expression altèrent celles des gènes contrôlés par la voie de signalisation Hedgehog. L'inhibition de l'expression de mir214 aboutit à la diminution voire la disparition des cellules musculaires des fibres lentes. Nous montrons que l'ARNm [ou ARN messager] su (fu), qui code un régulateur négatif de la voie Hedgehog, est une cible de mir214.

Dans certaines revues scientifiques, dont *Nature Genetics,* les articles sont précédés d'un *abstract* rédigé par l'auteur mais, même dans ce cas, je devais rédiger mon propre résumé. Et comme on me l'expliqua lors de ma semaine initiale de formation, je ne devais pas non plus me contenter de reformuler le résumé de l'auteur. Il me fallait relire le texte dans son intégralité et en reproduire la substance dans mes propres termes. Cette procédure était justifiée par le fait qu'il fallait absolument offrir au client

---

celle d'un mathématicien cherchant à clarifier certains concepts dans le but de faciliter la tâche des ingénieurs électriciens de Bell. D'après la définition de Shannon, « information » ne renvoie plus au contenu sémantique d'une proposition tel qu'il est appréhendé par son émetteur et son récepteur, mais décrit la transmission du sens plutôt que le sens lui-même, et ce, dans sa dimension strictement quantitative, en tant que « mesure de la difficulté de transmettre les séquences produites par une source d'information donnée » (d'après Warren WEAVER, « The Mathematics of Communication », *Scientific American*, juillet 1942, p. 12, cité *in* Theodore ROSZAK, *The Cult of Information: A Neo-Luddite Treatise on High Tech, Artificial Intelligence, and the True Art of Thinking*, University of California Press, Berkeley, 1994, p. 12). Dans ce nouvel usage, comme l'écrit Roszak, « n'importe quel charabia peut devenir de l'"information" à partir du moment où quelqu'un prend la peine d'en effectuer la transmission ». L'appropriation par Shannon du mot « information » à cette fin a entraîné toutes sortes de confusions et a contaminé notre usage courant de ce terme à un point tel qu'il nous faut désormais faire un effort additionnel pour préserver l'idée de sens, si du moins tel est notre souci. L'effet net de cette évolution sémantique est d'encourager notre tendance innée au nivellement intellectuel tout en le faisant passer pour un corollaire nécessaire du progrès technique.

d'IAC une « valeur ajoutée ». J'avais du mal à croire que je serais capable d'« ajouter » autre chose que des erreurs et de la confusion à ce type de document, mais mes formateurs se chargèrent de me démontrer le contraire.

Mon travail reposait sur l'hypothèse que, pour rédiger un bon résumé, il suffisait d'appliquer une méthode, et qu'il n'était pas vraiment nécessaire de comprendre le contenu (comme un ordinateur qui manipule la syntaxe sans être affecté par la sémantique). C'était – textuellement – ce que racontait ma formatrice Monica alors qu'elle me traçait le diagramme du résumé type sur un tableau blanc. Mais la simplicité de ces principes méthodologiques très généraux était trompeuse, et je me rendis vite compte que, pour remplir correctement ma tâche, il me faudrait effectuer une immersion intégrale dans chaque texte[78]. Monica était apparemment une personne parfaitement raisonnable et ne manifestait aucun signe extérieur de dérangement. Elle se garda toutefois de trop insister sur ses propos, et il fut vite assez clair qu'elle se trouvait dans

---

78. Si l'on en croit Alexis de Tocqueville, « les hommes des siècles démocratiques aiment les idées générales parce qu'elles les dispensent d'étudier les cas particuliers ; elles contiennent, si je puis m'exprimer ainsi, beaucoup de choses sous un petit volume et donnent en peu de temps un grand produit. Lors donc qu'après un examen inattentif et court, ils croient apercevoir entre certains objets un rapport commun, ils ne poussent pas plus loin leur recherche, et, sans examiner dans le détail comment ces divers objets se ressemblent ou diffèrent, ils se hâtent de les ranger tous sous la même formule, afin de passer outre » (*De la démocratie en Amérique*, Robert Laffont, Paris, 1986, p. 439). Cette hâte est incompatible avec un examen détaillé qui rend vraiment justice aux objets étudiés. Mais Tocqueville suggère aussi que le type d'attention requise par un engagement pratique peut servir de correctif à cette tendance. S'il est vrai que les idées générales séduisent les gens, « cela [...] ne doit s'entendre que des matières qui ne sont pas l'objet habituel et nécessaire de leurs pensées » (*ibid.*, p. 440). En outre, « des commerçants saisiront avec empressement et sans y regarder de fort près toutes les idées générales qu'on leur présentera relativement à la philosophie, à la politique, aux sciences et aux arts ; mais ils ne recevront qu'après examen celles qui auront trait au commerce, et ne les admettront que sous réserve » (*ibid.*). Un jugement qui mérite aujourd'hui d'être fortement nuancé car, à l'époque de Tocqueville, il n'existait pas d'activité commerciale sans engagement pratique et sans le type d'attention que celui-ci requiert, alors que, de nos jours, la séparation entre le penser et le faire a délivré la classe des fonctionnaires du commerce du fardeau d'une telle attention et l'a rendue plus encline à succomber à la séduction des idées générales.

une position analogue à celle d'un bureaucrate soviétique chevronné, qui doit fonctionner à deux niveaux à la fois, celui du réel et celui de l'idéologie officielle.

Au terme d'une semaine de formation, mon quota initial était de quinze articles par jour. Au bout de onze mois, j'en étais arrivé à vingt-huit articles (une accélération standard anticipée par l'encadrement). Alors que les efforts de Charlie Chaplin pour se conformer au rythme de plus en plus effréné de la chaîne de montage dans *Les Temps modernes* finissent par engendrer un extraordinaire ballet comique, mes tentatives étaient plutôt marquées par leur caractère déprimant. Et, surtout, par une irrésistible somnolence. Cette sensation d'épuisement était certainement liée au fait que je me sentais pris au piège d'une redoutable contradiction[79]. Un rythme aussi rapide impliquait une certaine forme de concentration mais, en même temps, il excluait toute véritable absorption dans mon travail et engendrait une sensation de dédoublement. Ou plutôt, j'*essayais* de me dédoubler et de m'absenter de ma tâche pour mieux remplir mon quota, mais rédiger des résumés n'est pas une forme de travail à la chaîne qu'on peut faire en pilotage automatique. Le contenu des articles que je traitais était trop exigeant et me sommait de lui rendre justice. Trahir un auteur qui a investi tellement de lui-même dans le traitement d'un thème spécifique équivalait à faire violence à ce que je ressentais de meilleur en moi.

Mes efforts pour lire, assimiler et résumer le contenu de vingt-huit articles de revues universitaires par jour requéraient de fait la suppression active de ma propre capacité de pensée, parce que plus je pensais et plus je percevais les lacunes de ma compréhension des arguments d'un auteur. Ce qui ne pouvait que ralentir mon travail. Mon quota journalier impliquait également que je mette en veilleuse tout sentiment de responsabilité envers autrui, qu'il s'agisse de l'auteur lui-même ou du pauvre usager

---

79. Parmi les «caractéristiques personnelles prometteuses» signalées par un manuel contemporain de psychologie des organisations, on compte la «tolérance à l'égard de la contradiction». Frank J. LANDY et Jeffrey M. CONTE, *Work in the 21st Century: An Introduction to Industrial and Organizational Psychology*, 2e éd., Blackwell Publishing, Malden, Mass., 2007, p. 102.

d'InfoTrac, qui était censé naïvement supposer que mon résumé était fidèle au contenu de l'article. Mon travail supposait donc à la fois un certain abrutissement et une certaine rééducation morale.

Certes, n'importe quel type de travail implique toujours une certaine forme d'inconfort moral ou matériel. Un électricien respire une bonne quantité de poussière d'origine indéterminée, s'abîme les genoux à ramper dans des espaces exigus et attrape des torticolis à force de fixer le plafond, sans compter les chocs électriques qu'il encaisse parfois alors qu'il est perché sur une échelle. Ses mains sont pleines de coupures à force de tordre des câbles, de manipuler des boîtes de jonction en tôle et de découper des câbles à la scie à métaux. Mais si vous êtes électricien, rien de tout cela n'affecte le meilleur de vous-même.

On demandera si je n'étais soumis à aucun contrôle de qualité. De temps à autre, mon chef relisait quelques-uns de mes résumés et, une ou deux fois, il corrigea ma rédaction et me demanda de ne pas commencer mon texte par une subordonnée. Mais je ne fus jamais confronté à un superviseur reprochant à mon résumé de trahir le contenu de l'article. Les seuls critères de qualité mobilisés étaient ceux de la grammaire et de la cohérence linguistique générale du résumé, qui ne requéraient pas la moindre lecture de l'article lui-même de la part de mes supérieurs. Dans ce sens, je n'étais soumis à aucun critère extérieur objectif.

On pourra aussi m'objecter que, si les résumés produits par IAC n'étaient pas de bonne qualité, le « marché » se chargerait de les sanctionner : mon entreprise serait évincée par un concurrent plus exigeant. En fait, IAC a été rachetée et vendue plusieurs fois depuis que je n'y travaille plus, mais continue apparemment à opérer. Peut-être les choses vont-elles mieux et la qualité de sa production a-t-elle augmenté ; sincèrement, je n'en sais rien. Quoi qu'il en soit, la justice omnisciente administrée par le marché relève sans doute d'une échelle temporelle assez différente de la courte durée qui embrasse les épisodes cruciaux de la vie active d'un pauvre mortel. Par son entrée précoce sur le marché des résumés accessibles par voie informatique, IAC put jouir pendant un certain temps d'un quasi-monopole, raison pour laquelle je suppose qu'elle avait pratiquement tout le loisir de définir les critères de contrôle à sa guise. Il est donc probable que le quota de production et la qualité du produit étaient établis en fonction d'un seuil de « passabilité » minimale en dessous duquel le client était censé refuser le service[80]. Après tout, l'achat réitéré de services peut se perpétuer même quand les intérêts du producteur et du consommateur sont loin de coïncider entièrement, voire quand ils sont nettement contradictoires. Il est fréquent que nous en venions à haïr des produits dont nous continuons cependant à être fortement dépendants (Windows, par exemple). En outre, un produit élaboré dans des conditions d'irresponsabilité intellectuelle et de pression taylorienne, tels les résumés d'InfoTrac vers 1992, peut produire sa propre demande en exerçant un effet corrosif sur nos critères. Toute exigence de qualité supérieure finira dès lors par passer pour réactionnaire. L'existence même du produit dotera les critères ainsi révisés à la baisse d'une aura de respectabilité ou d'inévitabilité.

En me plongeant dans tous ces articles savants, je pensais que j'allais apprendre énormément de choses. Outre la rémunération, mon travail semblait ainsi remplir une fonction intrinsèquement positive en satisfaisant ma soif de connaissances. Une telle satisfaction était parfaitement congruente avec l'objectif de l'usager d'InfoTrac, qui désirait lui aussi augmenter ses connaissances, et celui de l'auteur de l'article, qui voulait être compris correctement. Le critère interne d'évaluation de ma tâche, si celle-ci était adéquatement conçue, était en toute apparence exactement le même que celui qui animait les deux parties intéressées que j'étais censé servir : l'excellence intellectuelle. Mais ce noble objectif n'était en aucun cas

---

80. En fait, je crois que cette conception théorique du comportement monopolistique suppose un degré d'omniscience qui fait défaut à la plupart des entreprises. Dans un supermarché, le feedback du consommateur est rapide, mais quand votre client est une institution, une bibliothèque par exemple, il y a des rigidités incontournables du côté de la demande. Comment une bibliothèque peut-elle solliciter l'expression du mécontentement de ses usagers ? Tout ce qui se passera dans ce cas, c'est que le terminal d'InfoTrac restera inutilisé.

desservi par la logique purement quantitative de la production de résumés. Cette méthodologie quantitative avait été élaborée par une tierce partie dont la visée propre était surimposée au processus de travail et n'avait aucun lien intrinsèque avec les buts des autres participants. Bien entendu, cette visée consistait à extraire un profit de mon travail.

Comme je l'ai déjà signalé dans les chapitres précédents, le travail est forcément pénible et sert les intérêts d'autrui. C'est la raison pour laquelle il est rémunéré. Il n'empêche que, si j'avais servi directement les intérêts de l'usager de la base de données, à savoir l'accès à un résumé de grande qualité, cet objectif aurait été plus aisément compatible avec mon propre désir de faire l'expérience des plaisirs de la compréhension. Évidemment, il est difficile de savoir si la vente directe du résultat de mon travail à l'usager aurait pu à la fois lui délivrer un produit de qualité supérieure à un prix attractif et me procurer une rémunération suffisante pour vivre. La viabilité de ce type de transaction ne pourrait être évaluée que par le biais d'un calcul économique assez complexe, qui devrait aussi intégrer les coûts de marketing et de distribution, et celui de la correction de mes éventuelles erreurs techniques. À quoi il faut bien ajouter que, de mon propre chef, je n'aurais jamais pris l'initiative de lancer un produit tel qu'InfoTrac et que les entrepreneurs qui l'ont fait ont certainement pris des risques. Je n'ai rien à leur reprocher de ce point de vue-là. Ils ont élaboré un produit et l'ont vendu à un client (le groupe de presse Ziff) qui semble vivre de l'acquisition et de la vente de ce type d'entreprises. Ce que je veux simplement souligner, c'est que la présence de cette tierce partie, qui cherche à *maximiser* une plus-value sur mon dos en restant complètement insensible aux limitations de rythme dues à la nature même de la tâche effectuée, tend par définition à pousser le processus de travail au-delà de ces limites. Il est dès lors *impossible* que la tâche en question soit guidée par les objectifs qui lui sont propres. Ce sont pourtant ces objectifs propres, en tant que biens en soi, qui font que je désire accomplir mon travail correctement. Ils régissent de façon très stricte la « qualité » d'un produit, dimension quasi métaphysique qui échappe largement à ceux qui se contentent de calculer leurs bénéfices, mais qui reste une préoccupation centrale tant pour l'usager que pour le producteur de l'objet lui-même.

Pourtant, ce n'est pas l'appât du gain qui est en soi le problème. En rester à ce niveau d'analyse, ce serait manquer le cœur de la question et céder à des lamentations ou à une invocation fastidieuse des vertus de l'altruisme. S'il est vrai que l'appât du gain est sans doute une des causes principales de l'appauvrissement du travail humain, cela ne veut pas dire que les directeurs qui conçoivent et organisent le procès de travail soient eux-mêmes esclaves de cette motivation. Ou plutôt, leur intérêt pour le profit n'est pas foncièrement différent de celui de chacun d'entre nous, mais là n'est pas le problème. Après tout, ils sont des salariés comme nous, et il n'y a pas de raisons que, dans leur vie privée, ils ne soient pas régis par des normes éthiques tout aussi exigeantes.

L'apprentissage de l'irresponsabilité

Les directeurs sont pris au piège d'une contradiction sociale durable qui engendrait jadis des émeutes de rue mais se manifeste aujourd'hui de façon plus silencieuse : l'antagonisme entre le travail et le capital. Les risques qu'entraîne la position de direction sont tout à fait spécifiques. Le sociologue Robert Jackall a consacré plusieurs années à étudier les cadres dirigeants d'entreprise, à les interviewer et à décrire le caractère « particulièrement fluide et aléatoire » de leur univers. Il montre la vulnérabilité professionnelle des directeurs et du type de discours qui lui est associé, un discours qui se caractérise par un fort degré d'incertitude tant au niveau de l'expression que de la motivation. Il me semble que les contradictions du « travail intellectuel » telles que je les ai vécues chez IAC peuvent être renvoyées à une sorte d'impératif d'abstraction qu'on peut interpréter comme un dispositif utilisé par les cadres dirigeants pour affronter les exigences psychiques de leur travail.

Pour commencer, Jackall observe que, malgré la nature essentiellement bureaucratique du procès de travail moderne, les directeurs ne vivent nullement leur rapport à l'autorité comme quelque chose d'impersonnel. Cette autorité est en fait incarnée dans les personnes concrètes avec lesquelles ils entrent en relation à tous les niveaux de la hiérarchie. La carrière d'un individu dépend entièrement de ses relations personnelles, entre autres parce que les critères d'évaluation sont très ambigus. Par conséquent, les gestionnaires doivent passer une bonne partie de leur temps à « gérer l'image que les autres se font d'eux ». Soumis sans répit à l'exigence de faire leurs preuves, les directeurs vivent « dans une angoisse et une vulnérabilité perpétuelles, avec une conscience aiguë de la probabilité constante de bouleversements organisationnels susceptibles de faire capoter tous leurs projets et d'êtres fatals à leur carrière », comme l'écrit Craig Calhoun dans sa recension du livre de Jackall[81]. Ils sont ainsi systématiquement confrontés à la « perspective d'un désastre plus ou moins arbitraire ».

Une bonne partie de leur travail consiste donc « à interpréter et réinterpréter des événements qui définissent une réalité au sein de laquelle il est difficile d'attribuer la faute de quoi que ce soit à qui que ce soit, et surtout pas à soi-même », explique C. Calhoun. Une telle situation stimule l'art de parler pour ne rien dire. Des propositions parfaitement contradictoires sont rendues compatibles par de purs tours de passe-passe rhétorique, ce qui permet au directeur « de définir une position couvrant tous les aspects d'une question ou bien d'enfouir telle ou telle instruction concernant la marche à suivre sous une couche de formules descriptives vaguement reliées entre elles et qui exigent une véritable exégèse textuelle pour pouvoir être décryptées[82] ». L'objectif de ce type de discours n'est pas de tromper l'interlocuteur, mais de préserver une marge

---

81. Craig CALHOUN, « Why Do Bad Careers Happen to Good Managers? », *loc. cit.*, p. 543. Mon compte rendu des recherches de Jackall doit beaucoup à cette recension.

82. Robert JACKALL, *Moral Mazes: The World of Corporate Managers*, Oxford University Press, New York, 1988, p. 136.

d'interprétation au cas où le contexte changerait; dans cette éventualité, «une nouvelle signification plus appropriée peut être attachée au discours employé antérieurement. En ce sens, l'entreprise est un lieu où la parole des individus n'est jamais prise au pied de la lettre parce qu'il est généralement entendu que tout discours a un caractère provisoire[83]». Rien n'est fixé dans le béton, contrairement à ce qui se passe par exemple sur les chantiers où, justement, les travailleurs doivent couler des dalles en béton.

Bien sûr, quand il s'agit de raconter ce qu'ils ont fait pendant leur week-end, ou même de décrire certaines situations de travail, les directeurs sont parfaitement capables d'utiliser entre eux une langue vivante et colorée; mais ce type de discours est réservé à l'univers parallèle de l'interaction privée. Dès qu'ils se retrouvent en groupe entre professionnels, ils se doivent de protéger l'«immunité discursive» de leur patron en ayant recours à une langue suffisamment vide ou abstraite pour masquer la substance des problèmes et laisser le champ des interprétations aussi ouvert que possible. «Plus un problème est épineux, plus la langue publique qui le décrit devra être vague et aseptisée[84].»

Cette duplicité discursive – une parole directe en privé, vide en public – fait que la langue des directeurs ressemble à celle des bureaucrates soviétiques, qui devaient négocier leur rapport à la réalité sans pouvoir s'appuyer sur une langue publique susceptible de la capturer et étaient au contraire obligés d'employer un discours essentiellement destiné à masquer cette réalité.

À partir du moment où le succès d'un directeur dépend de sa capacité de manipulation de la langue et d'évitement de la réalité, les notions de blâme et de récompense n'ont plus aucun lien avec celle d'effort exécuté en toute bonne foi. Notre homme peut dès lors en tirer la conclusion que la responsabilité spécifique de ses subordonnés ne peut elle aussi être assignée que de façon purement arbitraire. Dans les cours orientales de l'Antiquité, les eunuques au

---

83. *Ibid.*
84. *Ibid.*

service de la maison royale se caractérisaient ainsi par leur comportement particulièrement arbitraire à l'égard des autres eunuques, à savoir ceux qui étaient les plus éloignés du centre du pouvoir. Cet exercice du caprice discrétionnaire était en quelque sorte un privilège informel attaché à leur fonction.

On pourrait penser qu'une telle situation a quelque chose de démoralisant pour tous les intéressés. Mais l'être humain est une créature qui se caractérise par son énorme capacité d'adaptation, et ce type de contexte engendre son propre genre de moralité : les points d'orientation fixes de la boussole éthique intérieure sont dès lors remplacés par une forme d'intuition agile et flexible. Cela n'exclut nullement l'éventualité que certains directeurs soient dotés de fortes convictions, mais ils doivent les abandonner à la porte de l'entreprise et ils attendent de leurs collègues et subordonnés qu'ils fassent de même. « Les points de vue moraux menacent vos collègues de travail parce qu'ils les exhortent implicitement à respecter des normes qui peuvent entraver leur capacité à déchiffrer l'évolution des rapports de force au sein de l'entreprise[85]. » Il existe donc de fait une pression sociale (on pourrait presque dire une exigence morale) de ne pas être trop « moraliste ». Cette pression a sa source dans l'insécurité psychologique des carrières managériales.

Ma superviseure, Carol, devait elle aussi produire des résumés, ce qui rendait sa position de contrôleuse des quotas plutôt troublante. En tant que rédactrice, il est probable qu'elle se sentait elle aussi prise au piège de la contradiction que j'ai décrite. Elle était passionnée de lecture, et je suppose donc qu'elle partageait mon goût de la précision intellectuelle. Mais il s'agissait là d'une valeur morale « inappropriée » qu'elle ne pouvait pas mettre en avant au moment de défendre le travail de tel ou tel de ses subordonnés devant ses chefs (ce que je suppose qu'elle faisait de temps à autre). De fait, de telles préoccupations ne peuvent être rendues valides aux yeux des échelons supérieurs de la direction que si l'on peut démontrer qu'elles contribuent

---

85. *Ibid.*, p. 105.

à l'augmentation des profits. Et ce, non pas parce que les dirigeants sont des individus sans cœur, mais parce qu'une telle démonstration est censée procurer à tout le monde une justification minimale. En fait, tout ce qu'a besoin de faire un cadre de rang subalterne, c'est de faire montre à ses supérieurs d'une *apparence* de solide réalisme et de mettre en scène les exigences de la maximisation du profit à grand renfort de gadgets (tableaux, présentations Power-point, etc.). Sans ces talents de dramaturge d'entreprise, il risque de ne pas obtenir carte blanche pour satisfaire les besoins de ses salariés.

Vu le labyrinthe moral dans lequel évoluent les direc-teurs, on peut comprendre pourquoi le sommet de la hié-rarchie ne s'embarrasse pas de connaître les détails du processus de production : rien de tel qu'un certain degré d'abstraction pour échapper à toute responsabilité. En revanche, les cadres de rang inférieur ne peuvent éviter de s'affronter au concret, et leur proximité par rapport au procès de travail les oblige à être conscients de sa dimen-sion humaine, y compris de ses effets négatifs. C'était là la situation de Carol, qui était prise entre deux feux. Quant aux effets négatifs, je ne parle pas seulement du syndrome du canal carpien, mais de l'aliénation engendrée par un environnement de travail qui subordonne impitoyable-ment le bien intrinsèque d'une activité aux exigences extrinsèques du profit.

* * *

À l'heure du lunch, j'avais un arrangement avec deux autres rédacteurs. L'un d'entre eux faisait partie de mon groupe de travail et s'appelait Mike, un type hirsute et laconique qui me plut aussitôt. Il remplissait son quota presque aussi bien que moi (c'est-à-dire pas très bien), mais cela ne semblait pas le déranger outre mesure. Mon deuxième collègue travaillait dans l'autre partie des locaux et s'appelait Henry, un Libérien tiré à quatre épingles qui avait jadis travaillé pour la CIA dans son pays. Un jour, il avait dû fuir le Liberia de façon précipitée et s'était bientôt retrouvé dans la zone industrielle de Foster City. Henry n'avait pas non plus l'intention de faire du zèle. À midi et demi, nous nous dirigions à pied vers l'espace *fast-food* du centre commercial voisin. Il est difficile d'exagérer le sentiment de soulagement que nous procurait cette petite excursion. Nous devions traverser une série de « campus » ornés de bassins fréquentés – surprise ! – par de véritables mouettes, après quoi nous nous installions à table pour consommer un repas que je savourais toujours avec délectation. Comment ne pas penser à Marx, qui écrivait que, dans les conditions du travail aliéné, l'être humain « ne se sent plus librement actif que dans ses fonctions animales ». Tout en mangeant, Mike nous racontait les monstruosités qu'il insérait dans ses résumés, lesquels étaient destinés à être publiés sous le nom de professeurs assistants non titularisés. Je voyais se dessiner mon avenir dans ces moments furtifs de sabotage, petits plaisirs qui nous consolaient de la monotonie du travail de bureau. Avec son mélange habituel de drôlerie et de gentillesse, Mike nous confessa un jour qu'il prenait régulièrement de l'héroïne. Et qu'il en consommait au bureau. Ce qui paraissait assez logique.

Je n'arrivais pas vraiment à m'expliquer comment, avec mon passé de fier électricien indépendant, j'avais fini par échouer au milieu de ces éclopés du taylorisme en col blanc, et ce, pour un salaire de 23 000 dollars par an. Certes, je n'avais pas fait un second cycle universitaire en vue d'une carrière (je cherchais surtout à ce qu'on me guide dans la lecture de quelques livres difficiles), mais une fois obtenue ma maîtrise, j'estimais appartenir de plein droit à une certaine élite sociale, avec toutes les subtilités formelles qui vont avec. Mais, malgré mes belles cravates, voilà que je menais en fait une existence bien plus prolétarienne que celle que j'avais connue quand j'étais un travailleur manuel.

Interlude : à quoi sert l'université ?

Si mon passage par l'université avait été justifié par la poursuite d'une carrière, cela aurait sans doute été une grave erreur de ma part. Heureusement, ce n'était pas le cas, et je n'ai donc pas de raison de regretter mes études. Mais nombre de gens semblent considérer l'éducation supérieure comme une extension de la scolarité obligatoire. Plus de 90 % des étudiants de *high school* « déclarent que leur conseiller d'orientation les a encouragés à faire des études supérieures[86] ».

Une telle dynamique ne tient guère compte de la diversité des dispositions individuelles, ni du fait qu'il existe des individus très intelligents qui ne sont absolument pas doués pour les études universitaires ni pour le type de travail que vous êtes censé effectuer une fois que vous avez un diplôme. En outre, orienter tout le monde vers l'université a des effets pervers sur le marché du travail.

Le sociologue de l'éducation Randall Collins décrit une dynamique d'inflation des diplômes « apparemment sans fin, jusqu'au jour où il faudra un doctorat pour être concierge et où les baby-sitters ne pourront pas travailler sans un diplôme avancé de puériculture[87] ». La demande croissante de légitimation universitaire donne l'impression d'une société de plus en plus savante, dont les membres sont capables d'exploits cognitifs que leurs parents auraient eu du mal à concevoir. Prenons l'exemple de mon boulot de rédacteur de résumés tel qu'il aurait pu être décrit par un journaliste économique adepte du jargon à la mode sur la « société postindustrielle » ou l'« économie créative ». J'étais l'exemple parfait du « travailleur de la connaissance » et, en outre, j'étais titulaire d'un diplôme d'études avancées. L'idée de mon existence multipliée par plusieurs millions est exactement ce qui fait frissonner de plaisir les futurologues : nous sommes tous en train de devenir tellement intelligents ! Et pourtant, ce qui échappe complètement à ce regard superficiel, c'est que ma maîtrise ne faisait que masquer l'abrutissement bien réel que je vivais sur mon lieu de travail, avec mon salaire

---

86. Charles MURRAY, *Real Education*, Random House, New York, 2008, p. 103.
87. D'après un article paru en 2002 dans la *Chronicle of Higher Education* et cité par Noel Weyrich dans la *Pennsylvania Gazette*, mars-avril 2006. C'est l'article de Weyrich qui m'a alerté quant à l'existence d'une partie de la littérature que je cite ici.

de diplômé. Comment diable expliquer ce phénomène ? En sommes-nous vraiment arrivés là en tant que société : acheter et consommer toujours plus d'éducation dans le seul but d'atteindre de nouveaux sommets de stupidité ?

Vu que l'essentiel du travail «intellectuel» tel qu'il est conçu dans le cadre de l'entreprise n'est pas franchement très stimulant pour l'esprit, voire qu'il exige carrément l'oblitération de l'intelligence du salarié, on pourrait supposer que les diplômes ne sont pas un critère de recrutement très pertinent. Et, de fait, les chasseurs de têtes avouent qu'ils ne se soucient guère du niveau universitaire réel des candidats. Ils estiment que l'université a déjà opéré une sélection cognitive suffisante au moment d'accepter les étudiants. Dans leur ouvrage intitulé *Higher Education and Corporate Realities*, les sociologues Phillip Brown et Richard Scase citent un recruteur qui tient les propos suivants : «Nous ne percevons aucune corrélation entre vos diplômes et votre niveau de performance dans l'entreprise. Absolument aucune. Désolé. S'il en était autrement, je pourrais vous dire : "Si votre moyenne n'est pas en béton, laissez tomber"[88].»

Cette non-pertinence des savoirs acquis (ou non) dans le système scolaire par rapport au monde du travail ne paraît guère compatible avec la vision technocratique de l'économie, qui est systématiquement associée à une forme d'optimisme méritocratique béat. C'est ce que les spécialistes désignent parfois sous le nom de «théorie du capital humain». D'après cette théorie, explique David Labaree, «le système scolaire contribue à fournir à la société les compétences dont elle a besoin et à procurer aux individus les positions sociales auxquelles ils aspirent[89]».

Cette conception technocratique/méritocratique nous semble aujourd'hui relever du sens commun, mais elle repose en fait sur une certaine vision du rôle de

88. Phillip Brown et Richard Scase, *Higher Education and Corporate Realities: Class, Culture and the Decline of Graduate Careers*, UCL Press, Londres, 1994, p. 138.
89. David Labaree, *How to Succeed in School Without Really Learning: The Credential Race in American Education*, Yale University Press, New Haven, Conn., 1997, p. 3.

l'éducation qui a émergé au cours de la deuxième moitié du xxᵉ siècle. Dans les années qui ont suivi la Seconde Guerre mondiale, nombre d'observateurs ont été frappés par la complexité croissante de la société. La gestion rationnelle et scientifique de cette complexité semblait être une exigence impérative ; l'invocation du simple sens commun passait pour un palliatif désuet et totalement inadapté aux défis de l'économie moderne. Dans l'immédiat après-guerre, nombre des cadres chargés du recrutement étaient eux-mêmes dépourvus de diplômes, et ils étaient convaincus que les étudiants frais émoulus de l'université feraient des salariés de qualité supérieure grâce à leurs connaissances hyperboliques et à leurs super-compétences. Ils étaient donc prêts à embaucher des diplômés de l'enseignement supérieur pour occuper des postes jadis occupés par de simples bacheliers. Et pourtant, il n'était guère évident que ces nouveaux salariés suréduqués fussent plus performants que leurs prédécesseurs ; bien souvent, ils l'étaient même moins. À titre d'exemple, dans une étude célèbre, le sociologue Ivar Berg démontra qu'il existait une corrélation inverse entre le niveau d'études et la performance au travail des contrôleurs aériens[90].

Par ailleurs, la conception technocratique/méritocratique de l'éducation traite celle-ci de façon étroitement instrumentale, la réduisant à ce qui est « bon pour la société et bon pour votre carrière », ce qui a un effet corrupteur sur la formation des jeunes esprits. Comme l'écrit David Labaree, « les caractéristiques formelles du processus de formation – notes, unités de valeur et diplômes – finissent par avoir plus de poids que la substance des connaissances, et la quête de ces symboles de réussite devient plus importante que l'apprentissage de savoirs effectifs. [...] La sélection a désormais la priorité sur l'enseignement, et la fonction sociale des notes l'emporte sur leur usage pédagogique[91] ».

---

90. Ivar BERG, *Education and Jobs: The Great Training Robbery*, Praeger Publishers, New York, 1970.
91. David LABAREE, *How to Succeed in School Without Really Learning...*, *op. cit.*, p. 2.

Car, d'un point de vue pédagogique, une mauvaise note est censée faire percevoir à un étudiant l'état pitoyable de son esprit. Cette mortification n'est qu'une première étape sur la voie de son perfectionnement : il s'agit de piquer son estime pour éveiller en lui l'amour du savoir, de lui révéler l'abîme qui sépare son niveau de compréhension de celui des géants de la pensée. Ce n'est pas par méchanceté que l'enseignant se livre à ce jeu, mais parce qu'il a l'intuition du potentiel de son élève et cherche à cultiver en lui le goût de la difficulté. Avec le goût de la difficulté vient l'audace de résister à la fadeur des conventions établies et aux facilités d'une époque autosatisfaite qui ont laissé une forte empreinte initiale sur sa personnalité. C'est à cela que servent les mauvaises notes. Mais de nos jours, si vous attribuez un D à un étudiant, il est probable qu'il vous suppliera de ne pas compromettre son admission à la faculté de droit. La machine à sélectionner marche à plein régime.

En adoptant ce type d'attitude, les étudiants ne font que s'adapter à l'éthique mercantile des institutions censées les former. « Les établissements d'enseignement sont captifs d'une hiérarchie auto-imposée et se voient obligés d'entrer en concurrence entre eux pour renforcer leur crédibilité marchande auprès de consommateurs socialement très alertes[92]. » Il en résulte « une insistance croissante sur la production de distinctions symboliques sélectives plutôt que sur des résultats substantiels partagés[93] ». Autrement dit, ce qui compte, c'est votre rang par rapport à vos pairs ; peu importe si tous les pairs en question, vous compris, sont parfaitement ignorants. Quand l'unique objectif de l'éducation devient la production de diplômes plutôt que la promotion du savoir, le système d'enseignement trahit la motivation identifiée par Aristote : « Tous les hommes désirent naturellement savoir. » On arrive ainsi à une véritable indifférence intellectuelle chez les étudiants.

Alors, après tout, il est peut-être légitime d'affirmer que l'enseignement supérieur est indispensable pour

---

92. *Ibid.*
93. *Ibid.*, p. 13.

préparer les étudiants aux emplois de l'économie de l'information. Et ce, non pas pour les raisons qu'on avance habituellement, à savoir qu'il existerait une demande croissante de salariés dotés d'une forte capacité intellectuelle, mais dans un sens beaucoup plus pervers : la routine universitaire habitue les jeunes gens à accepter comme un état de choses tout à fait normal le décalage entre la forme et le contenu, les représentations officielles et la réalité. Un état d'esprit qu'on ne saurait taxer de cynisme dans la mesure où, tout comme jadis en Union soviétique, il est indispensable à la survie dans un environnement de travail bureaucratique.

Il y a trente ans, Randall Collins soulignait que l'enseignement supérieur avait une fonction essentiellement signalétique : ce qu'il validait et récompensait, c'était l'autodiscipline de la classe moyenne. Mais quel est le type de discipline qui est exigée des travailleurs en col blanc à l'heure actuelle ? Il fut un temps où passer ses examens, respecter les délais et travailler dur en vue de maîtriser un corpus de connaissances signalaient une certaine disponibilité à se soumettre à la discipline de l'organisation et exhibaient les dispositions requises pour développer les compétences associées au travail de bureau. Mais le nouvel idéal antibureaucratique de flexibilité soumet les individus à des exigences tout à fait nouvelles et suppose la construction d'une subjectivité foncièrement différente. Comme le soulignent Phillip Brown et Richard Scase, dans ce nouveau contexte, c'est la personnalité tout entière qui est en jeu ; plus qu'une gamme spécifique de compétences liées à l'accomplissement de tel ou tel objectif de l'organisation, ce que l'individu doit posséder, ce sont certaines qualités personnelles. Ce que cherchent les recruteurs, c'est un certain style de comportement, une série d'aptitudes psychologiques et sociales qui sont difficiles à codifier. (Ce qui n'a de sens que dans un environnement de travail dénué de critères objectifs, au contraire d'un atelier de mécanique.) Dans le même ordre d'idées, l'obsession des diplômes encouragée par l'enseignement supérieur n'a désormais de sens que si elle est accompagnée par la mention d'activités extracurriculaires qui signalent la possession d'un *paquet complet* de caractéristiques personnelles désirables[94]. Les étudiants et leurs parents semblent bien avoir assimilé cette exigence. Il est désormais important de mettre en avant dans son CV la participation à toutes sortes d'activité collectives, car celle-ci indique une personnalité parfaitement adaptée au « travail en équipe ».

Le travail en équipe

L'essor de la notion de travail en équipe coïncide avec la découverte de la « culture d'entreprise » par les théoriciens de la gestion dans les années 1970. Loin d'exprimer une critique sarcastique du pingouin en costume-cravate, comme cela pouvait être le cas dans les années 1960, l'idée de « culture d'entreprise » évoquait désormais un nouveau royaume de possibilités. Comme l'écrit David Franz, « l'idée qu'on pouvait *gérer* la culture d'entreprise était tout à la fois un aspect central de sa capacité de séduction et une innovation conceptuelle fondamentale[95] ». Mais l'idée qu'on peut gérer la culture, précisément, implique un bouleversement complet de la notion traditionnelle de culture.

---

94. Qu'est-ce que cela implique pour une jeune fille ou un jeune homme doué provenant des rangs inférieurs de la classe moyenne, qui finit sa scolarité secondaire avec d'excellentes notes, travaille avec assiduité, entre dans une bonne université et continue à y briller tout en effectuant un boulot à temps partiel ? Ses heures de travail sont autant de temps indisponible pour le processus de socialisation extrascolaire qui est le domaine par excellence de formation des « bonnes » attitudes, d'apprentissage des indices les plus subtils de la présentation de soi et d'accumulation du capital culturel. Pour Phillip Brown et Richard Scase, « si les candidats à un poste de travail ne partagent pas les mêmes références et les mêmes dispositions culturelles que leur recruteur, ils auront beaucoup de mal à "décoder" les règles implicites du processus de sélection » (*Higher Education and Corporate Realities, op. cit.*, p. 22). En même temps, l'étudiant en question a désespérément besoin d'émettre les signaux adéquats *dès maintenant*, pendant ses études, parce que l'existence d'une structure hiérarchique de plus en plus « nivelée » implique que les opportunités d'avancement au sein d'une même organisation sont de moins en moins fréquentes. Les échelons intermédiaires de la direction sont en petit nombre, et le sommet de la hiérarchie est occupé par des recrutements horizontaux en provenance d'autres entreprises.

95. David A. Franz, *The Ethics of Incorporation*, thèse de doctorat, Département de sociologie, University of Virginia, 2009, p. 71.

« La culture au sens où les chercheurs en sciences sociales utilisent ce terme est essentiellement une force souterraine, relevant de l'implicite et de l'inexprimé. Nous naissons en tant que membres d'une culture qui nous enseigne à voir, à parler, à penser. Ce n'est qu'au prix de gros efforts que nous sommes capables d'objectiver notre propre culture, et seulement de façon partielle. En revanche, les cultures d'entreprises sont susceptibles d'être diagnostiquées, évaluées et transformées[96]. » Les directeurs se transforment dès lors en anthropologues. Mais surtout, ils doivent devenir de véritables *fondateurs* de cultures, tout comme Moïse, Jésus ou Mahomet. Ce qui veut dire que leur acuité anthropologique ne prendra pas la forme d'une analyse détachée, mais plutôt celle d'une puissance d'innovation charismatique (avec salaire de cadre supérieur à la clé). La découverte de la culture d'entreprise a ainsi ouvert la voie à de nouvelles et perturbantes méthodes de manipulation sur le lieu de travail.

À travers l'exercice de l'autorité charismatique, le directeur *déstabilise* ses salariés, il secoue leurs préjugés et leurs routines obsolètes dans le but de libérer leur créativité. Il s'agit là d'un nouveau type de leadership charismatique qui semble aller dans le sens d'une forme de démocratie radicale. Le nouveau leader ne cherche pas à recruter des adeptes, il veut que chaque individu devienne son propre leader. Son autorité elle-même se dilue dans la transformation du travail en activité ludique. Il installe des paniers de basket-ball en plastique dans les locaux, il invite tout le monde à laisser tomber la cravate le vendredi. Grâce à lui, la classe des « créatifs » est en pleine expansion.

Ce genre d'innovation est d'abord apparu à Silicon Valley, épicentre des espoirs de transformation du travail par le biais de la technologie. En 1966, Philip Rieff écrivait que le type de personnalité idéale qui se profilait à l'horizon était « un homme voué au loisir, délivré par la technologie de la discipline quasi militaire du travail et voué à assurer son bien-être en remodelant son environnement de

---

96. *Ibid.*

façon sophistiquée[97] ». Rieff n'aurait sans doute pas été surpris par la transformation du « loisir » en « jeu » et par leur
absorption mutuelle au sein du travail. L'épanouissement
de l'individu le libère de la « discipline quasi militaire du
travail », mais cet épanouissement peut fort bien passer par
une accumulation d'heures supplémentaires.

Les salariés doivent *s'identifier* à la culture de leur entreprise et manifester un haut degré d'intériorisation de sa
« mission ». La séparation entre vie privée et vie professionnelle en vient à s'effacer, et c'est la personnalité tout
entière qui est désormais en jeu dans l'évaluation des
performances. Cette exposition totale n'est pas nécessairement à sens unique : certains directeurs sont désormais
soumis à la méthode dite « 360 degrés », dans laquelle ils
sont confrontés non seulement au jugement de leurs supérieurs hiérarchiques (n'oublions pas que, dans ce modèle,
la hiérarchie a été censément pulvérisée), mais aussi à celui
de leurs collègues, de leurs subordonnés et même de leurs
clients et fournisseurs. Ce type de processus d'évaluation
ressemble aux « thérapies de groupe » des années 1970,
au cours desquelles un individu était mis sur la sellette et
soumis aux critiques de tous les participants. L'idée était
de casser le moi du patient et de le nettoyer de toutes les
fausses images de soi qui sont censées constituer son « identité ». Ainsi purifié, le moi pouvait alors être reconstruit par
le groupe à travers la louange. Dans l'ouvrage *Teambuilding
That Gets Results*, on trouve le passage suivant :

> Exercice collectif : renforcer l'équipe à travers la construc-
> tion du moi. Chaque membre de l'équipe écrit son nom
> sur un morceau de papier qui est alors plié et mis dans un
> panier. Chacun pioche un papier et prend une minute pour
> rédiger le plus grand nombre possible de caractéristiques
> positives de l'individu tiré au sort. Cela fait, chaque membre
> du groupe identifie à haute voix la personne dont le sort
> leur a confié l'évaluation et exprime son opinion élogieuse
> sur elle. Avant de passer au membre suivant, la personne

---

97. Philip RIEFF, *The Triumph of the Therapeutic*, Harper and Row, New York,
1966, p. 236.

évaluée est interrogée : est-ce ainsi qu'elle se perçoit elle-même ? Peut-elle expliquer son point de vue[98] ?

L'objectif de cette activité est d'« accentuer le positif » et de renforcer l'estime de soi des salariés. Mais il s'agit d'une auto-estime toute particulière, étayée par les jugements flatteurs de l'Équipe. Peut-être ne s'agit-il plus tant de « construire le moi » que de le reconstituer de telle manière que le collectif de travail devienne l'unité de contrôle de la personnalité. Il existe d'autres méthodes pour dresser l'individu, comme le montrent d'autres exercices proposés par *Teambuilding That Gets Results*[99]. Dans l'un d'entre eux, six à dix personnes sont rassemblées dans une pièce et se disposent en cercle en étendant les doigts, sur lesquels l'animateur place horizontalement une cheville de bois extrêmement légère. L'objectif est de déposer tous ensemble cet objet sur le sol sans le faire tomber. Mais, contrairement à la volonté de chacun des participants, et à leur grande surprise – suivie d'une hilarité générale –, le morceau de bois a tendance à monter plutôt qu'à descendre. L'animatrice s'emploie alors à leur rappeler la différence entre « en haut » et « en bas » : « Ça, c'est le parquet, et ça, c'est le plafond. » Quand les participants font tomber le morceau de bois, ils doivent recommencer à zéro, ce qui augmente leur frustration. Mais ce sentiment de frustration est justement un aspect central de l'intention pédagogique du jeu. À chaque nouvel échec, l'animatrice les critique gentiment : « Je leur dis que le morceau de bois est très léger et que ce n'est pas sorcier, il faut juste le faire descendre doucement vers le sol. » Chaque fois qu'elle fait redémarrer l'exercice, elle exerce une pression vers le bas, leur donnant ainsi l'impression que le morceau de bois est plus lourd qu'il ne l'est réellement, ce qui amène les participants à réagir automatiquement en sens inverse et à échouer de nouveau pitoyablement dans leur entreprise, échec

---

98. Linda Eve Diamond et Harriet Diamond, *Teambuilding That Gets Results*, *op. cit.*, p. 110-111.
99. *Ibid.*, p. 58-60.

apparemment lié à leur présomption quant à la bonne foi de l'animatrice. Finalement, « le groupe commence à anticiper la feinte de cette dernière et se prépare à réagir en conséquence ». C'est-à-dire ? Faut-il supposer qu'ayant enfin surmonté leur fausse conscience et atteint un certain niveau de solidarité les salariés décident de se saisir du morceau de bois pour flanquer une bonne raclée à leur tourmenteuse ? Si c'est le cas, l'animatrice ne le mentionne pas.

L'auteur décrit son moment « préféré » comme celui où « le groupe se trouve complètement paralysé. Personne ne prend de risques, parce que personne ne veut être le premier à rompre le cercle ». Ayant induit cette paralysie collective, l'animatrice entreprend alors de stimuler l'esprit d'innovation et l'anticonformisme charismatique, désormais exercés collectivement :

> Les groupes les plus innovants remettent en question l'idée que le point de départ de l'exercice doive être la position debout. Ils observent qu'il est assez difficile de passer de la station debout à la position à genoux qui seule permet de déposer en douceur le morceau de bois sur le sol sans jamais en perdre le contrôle. Ils demandent dès lors s'ils peuvent démarrer l'exercice en position agenouillée. En général, j'approuve cette initiative dans la mesure où j'estime que le groupe démontre ainsi sa capacité d'apprentissage et de remise en question de certaines règles tacites[100].

Voilà donc que tout le monde est enfin à genoux de sa propre initiative, en vertu d'une décision surgie du génie collectif de l'Équipe. Tous ensemble, ces rebelles ont développé la force de caractère qui leur a permis de « remettre en question certaines règles tacites », comme la vieille idée reçue qu'il vaut mieux se tenir debout qu'à genoux.

La sensibilité démocratique de nos contemporains interdit à l'autorité de se manifester de façon trop directe, *en tant* que contrainte émanant d'un être supérieur : elle préfère être perçue comme une entité impersonnelle

---

100. *Ibid.*, p. 60.

qui procède plus ou moins du collectif lui-même[101]. Le détenteur de l'autorité doit par conséquent adopter une attitude doucereuse de type passif-agressif et essayer de se faire passer pour un partenaire amical et coopératif, voire exerçant une espèce de bénévolat. L'autorité prétend désormais servir avant tout vos intérêts, les intérêts de tout le monde et incarner la pure rationalité.

Le risque, c'est que les salariés finissent par croire qu'il existe un bien commun là où il n'y en a pas. De ce point de vue, c'est l'employé du *fast-food* du coin qui est le plus lucide quand il se fait un point d'honneur de préserver un détachement total par rapport à son travail et de ne pas s'impliquer personnellement dans une activité qui ne lui apporte aucun bénéfice psychique. Une telle approche est-elle vraiment «pathologique», comme le suggèrent avec insistance les critiques conservateurs de l'*underclass*? N'est-elle pas au contraire logique pour des individus qui ne se voient offrir aucun emploi susceptible de susciter une telle implication, et la fierté qui va avec? Et l'employé de bureau qui se prête au jeu du morceau de bois ne ferait-il pas mieux d'imiter l'exemple du petit jeune blasé chargé de retourner les hamburgers sur un grill?

C'est là que se manifeste clairement l'utilité de la notion de culture d'entreprise. Elle revêt cette dernière d'une signification transcendante aux yeux de ses employés. Elle lui attribue le type d'exigences morales normalement associées aux véritables phénomènes culturels. Elle contribue activement à définir une idée de bien commun, un principe supérieur qui donne un sens à l'activité de travail. Et,

---

101. Je dois la formulation de ce paragraphe à Manuel Lopez. Dans un même ordre d'idées, il associe les épisodes festifs périodiques qui agrémentent la vie de bureau aux «*pep rallies* [N.d.T. : festivités scolaires dans lesquelles les étudiants manifestent leur enthousiasme bruyant pour l'équipe de leur établissement] qui précèdent les événements sportifs dans les *high schools*, sans l'enthousiasme naturel engendré par la présence des meneuses de claques. En fait, ils ressemblent plutôt à des *pep rallies* organisés par le directeur et les enseignants d'âge mûr, le genre qui promeut le slogan "Dis non à la drogue, défonce-toi dans la vie !", et qui tend par là même à vous amener à considérer les consommateurs de stupéfiants de l'école avec un certain respect, ou du moins à découvrir en vous-même des réserves insoupçonnées de mépris pour l'institution» (communication personnelle).

de fait, la notion de « citoyenneté organisationnelle » et le comportement qu'elle implique – qui inclut la disposition à mettre les « objectifs de l'équipe au-dessus des intérêts personnels » – sont la nouvelle coqueluche des psychologues du travail en matière d'évaluation de la personnalité des salariés[102]. Sauf qu'en général le principe supérieur en question n'est que très vaguement défini et relève d'une espèce de méta-niveau insaisissable. Les directeurs sont censés le mettre en scène en l'invoquant de façon rhétorique, et il se caractérise essentiellement par son absence de contenu spécifique. En fin de compte, toute l'atmosphère d'urgence morale qui accompagne ce discours se réduit à l'impératif de développer un « esprit d'équipe ».

Quand un conflit émerge parce qu'un salarié se refuse à reconnaître son propre intérêt dans cette définition managériale du bien collectif, le directeur adopte aussitôt le rôle du gourou thérapeute et diagnostique les motivations du réfractaire : il est tout à fait naturel d'éprouver une certaine *résistance*, expliquera-t-il, surtout lorsqu'il s'agit d'une résistance au *changement*. Chaque individu a ses *ressorts* qu'il faut savoir manœuvrer. Et les auteurs de *Teambuilding That Gets Results* de s'interroger : « Est-ce vraiment le changement qui provoque ce type de stress ? [...] Ou bien est-ce que ce sont nos réactions aux nouvelles directives ? [...] Certes, il est possible que ces directives semblent impossibles à mettre en œuvre, que les imprévus qu'elles impliquent rendent la tâche plus difficile, que ces idées radicales paraissent ridicules, mais céder au stress ou fulminer consomme une énergie qui serait plus sagement employée à s'adapter à la nouvelle situation[103]. » Car le stress ou la colère ne sont pas des réactions raisonnables à une situation irraisonnable, mais l'indice d'une déficience de l'individu, d'un blocage de sa part. La normalité supposée de la nouvelle situation échappe pour sa part à toute critique rationnelle, car le changement est une force

---

102. Voir Frank J. Landy et Jeffrey M. Conte, *Work in the 21ˢᵗ Century*, *op. cit.*, p. 169.

103. Linda Eve Diamond et Harriet Diamond, *Teambuilding That Gets Results*, *op. cit.*, p. 151.

naturelle, semblable au métabolisme du corps humain : « 98 % des atomes de votre organisme sont remplacés chaque année ; votre squelette se renouvelle entièrement tous les trois mois ; votre épiderme, toutes les quatre ou cinq semaines[104] », et ainsi de suite. Une analogie qui laisse entendre que, quand votre travail change en pire, ce n'est pas dû à des *décisions* prises par tel ou tel individu, mais aux lois inexorables de la nature. L'idée même de responsabilité se dissipe ainsi sous nos yeux.

Il existe des activités qui permettent à l'équipe de confronter sa propre attitude face au changement. Demandez à cinq volontaires de se saisir d'un long ruban de tissu. Dites à la personne située au milieu d'avancer et, au bout de quarante-cinq secondes, ordonnez à tout le groupe de s'arrêter. « Notez la position respective de chacun des participants. Discutez leur réaction au déplacement de leur collègue du milieu. Certains d'entre eux auront aussitôt suivi le mouvement, d'autres auront tenu ferme sur leurs positions, d'autres encore se seront laissé entraîner avec réticence. » L'exercice se poursuit. Ceux qui ont résisté ont peut-être senti le ruban tendu à l'extrême rentrer dans leur chair ; une discussion stimulante s'ensuit pour savoir à quel point cette douleur est supportable. Les auteurs citent une situation où une des participantes finit par éclater en sanglots, mais avec un effet en définitive rédempteur. Elle explique alors que l'exercice « a mis sa résistance en perspective et qu'elle est désormais prête à s'engager pleinement à prendre les dispositions nécessaires pour remettre sa carrière sur les rails[105] ».

L'équipe et le chantier

Tocqueville observait que les Américains seraient de plus en plus amenés à chercher la sécurité sous la tutelle d'une forme de « despotisme doux » incarné par l'État. Son analyse mérite d'être enrichie, dans la mesure où cette tendance despotique *soft* ne relève plus seulement aujourd'hui du paternalisme étatique, mais aussi du pou-

104. *Ibid.*, p. 140.
105. *Ibid.*, p. 150.

voir des grandes entreprises. On pourrait même avancer que ce sont désormais les géants du secteur privé, plutôt que l'administration, qui exercent sur nous cette forme particulièrement débilitante d'autorité par le biais du travail.

Tocqueville envisageait aussi toutefois un remède à ce mal : l'existence des petites et moyennes entreprises, au sein desquelles les Américains délibéraient en commun pour résoudre collectivement des problèmes pratiques. Il me semble que ce remède reste valide, surtout quand l'entreprise en question fournit un bien ou un service gouverné par des critères objectifs et dans la mesure où ceux-ci peuvent servir de base à des rapports sociaux libres de manipulation.

Une façon d'appréhender cette possibilité consiste à se poser la question suivante : en quoi faire partie d'un collectif de travail, sur un chantier par exemple (*crew*), est-il différent de faire partie d'une « équipe » (*team*) au sens où ce terme est employé dans le travail de bureau ? La réponse est en partie liée au caractère ambigu de ce qui est produit par cette dernière. Prenons l'exemple d'une équipe de marketing chez Apple. Le succès de l'iPod en tant que produit ne peut pas être défini exclusivement en termes d'ingénierie. Il repose aussi sur la production d'un nouveau type de comportement chez les consommateurs, d'une nouvelle façon d'écouter de la musique. Le travail de l'équipe fait partie d'une vaste et complexe entité dont l'objectif est de produire de la culture, et il est difficile de mesurer les contributions individuelles à un tel effort. Étant donné l'ampleur et la complexité de cette entreprise, la responsabilité du succès ou de l'échec est difficile à attribuer. Il n'existe pas de critères objectifs de performance à donner en exemple aux salariés, mais les directeurs doivent quand même faire *quelque chose*. C'est pourquoi ils s'efforcent de travailler sur les mentalités, évoquent des principes supérieurs et ont recours aux services de psychologues du travail pour élaborer le profil du type de personnalité désirable. De son côté, le membre de l'équipe ne peut s'appuyer sur rien pour résister à ce type de dressage moral. Contrairement au menuisier face à son contremaître, il ne peut pas dire : «Voilà ce qu'indiquent le niveau et le fil à plomb, vérifiez vous-même.» Sa seule défense est une espèce de schizophrénie. Il se cuirasse à grand renfort d'ironie autoréférentielle et en puisant aux sources de la culture médiatique : il épingle des pages de Dilbert à la cloison de son bureau et regarde *The Office* tous les jeudis soir.

Une des principales sources de fierté que peut apporter le travail est l'exécution intégrale d'une tâche susceptible d'être anticipée intellectuellement dans son ensemble et contemplée comme un tout une fois achevée. Mais, dans la plupart des emplois liés aux grandes organisations, le travail effectué par l'individu n'a pas de sens pris isolément. À lui tout seul, le salarié individuel ne paraît pas faire de différence. Sa formation l'a préparé à ce type d'environnement de travail et il ne voit guère comment il pourrait gagner sa vie autrement. Cela le prédispose à manifester sa déférence envers l'autorité exercée au sein de l'organisation (même si cette déférence est légèrement teintée d'ironie), car c'est elle qui donne un sens à son travail.

A priori, un travailleur sur un chantier est lui aussi une simple pièce de la machine. Prenons l'exemple d'un électricien. L'installation de câbles, d'ampoules et d'interrupteurs n'a pas de sens en dehors du reste du travail de construction, qu'il s'agisse de celui des maçons qui montent les murs, des plombiers qui installent les canalisations et les robinets, des fondations, du toit, etc. Séparément, ces diverses tâches n'ont aucune valeur ; prises ensemble, elles contribuent à définir un lieu de résidence habitable. La différence, c'est que sur un chantier vous disposez de critères objectifs pour évaluer votre propre contribution indépendamment des autres, et ce sont ces mêmes critères qui serviront à vos camarades de travail pour vous juger. Soit vous êtes capable de courber un câble rigide, soit vous ne l'êtes pas, il n'y a pas d'échappatoire. Par conséquent, vous avez moins de raisons de vouloir ménager les apparences. Dans ce genre d'environnement de travail, il existe une véritable liberté de parole qui se reflète à l'extérieur et nourrit une plus grande «libéralité». Vous pouvez raconter des blagues assez salées, par exemple. Là où existe un vrai travail à accomplir, l'ordre des choses n'est plus aussi fragile.

On ne sera guère surpris de constater que c'est dans les environnements de bureau qu'on a vu naître la codification du discours politiquement correct, les ateliers de sensibilisation à la diversité et autres formes de régulation du comportement. D'aucuns pourront attribuer ce fait à la plus grande mixité du travail de bureau, mais je suis convaincu qu'une raison plus fondamentale est que, lorsque l'activité n'est gouvernée par aucune tâche concrète – par un bien autonome visible aux yeux de tous –, les rapports sociaux dans l'entreprise sont dépourvus de base solide. La préoccupation prioritaire de la direction est le maintien du consensus et la prévention des conflits, et tout le monde se sent dès lors obligé de marcher sur des œufs. À partir du moment où vous ne pouvez pas faire appel au verdict du fil à plomb, les ateliers de formation aux relations humaines deviennent une nécessité[106].

La forme caractéristique d'interpellation sur un chantier est l'*ordre* direct. Dans un bureau, en revanche, écrit R. Jackall,

> les cadres ont un sens aigu de la contingence des processus organisationnels qui les amène à s'adresser les uns aux autres avec la plus grande circonspection : l'individu que vous critiquez ou avec lequel vous êtes en désaccord aujourd'hui peut demain être votre chef… En outre, dans

---

106. Je ne veux pas idéaliser les métiers manuels artisanaux. Un des pires boulots que j'aie jamais expérimentés a été ma participation à un gros chantier de construction d'un magasin Home Depot en Californie. L'installation électrique était déjà bien avancée au moment où j'ai été embauché, et les autres électriciens s'amusaient à m'envoyer régulièrement à la recherche d'outils et de matériaux qui n'existaient pas (je ne me rendis compte de leur petit jeu qu'au bout d'un certain temps). Mon travail effectif en pâtit considérablement, et je fus viré au bout de quelques jours. Vu que les tâches sur ce genre de chantier sont exécutées sans grande supervision hiérarchique, il est probable que les cas de persécution entre travailleurs y sont plus fréquents que dans les environnements de bureau. Les petits nouveaux, les salariés non blancs ou les femmes sont des cibles privilégiées de ce type de harcèlement.

l'entreprise, la forte valorisation du style implique l'attente d'une certaine subtilité dans la gestion des relations humaines, d'une forme de «sensibilité relationnelle», comme on dit. Comme l'explique un cadre : «On peut plus simplement bousculer les gens.» Suggestions discrètes, allusions et messages codés prennent la place des ordres directs; bien entendu, cela met en valeur les capacités des salariés de déchiffrer les desiderata vaguement formulés, voire complètement tacites, de leurs chefs[107].

Tout cela ressemble fort à ce qui se passe dans une petite bande d'adolescentes, où l'une des participantes peut commettre un grave faux pas sans vraiment s'en rendre compte et où il est difficile de connaître sa place dans la hiérarchie en raison du style et des coutumes de ce type de sororité. Dans un tel contexte, même la conscience d'être constamment mis à l'épreuve peut avoir du mal à émerger clairement, et elle prend plutôt la forme d'une anxiété morose et confuse.

Tel qu'il est formulé par le système éducatif, l'objectif de renforcer l'estime de soi des individus a tendance à accoutumer les jeunes gens à un type de travail dénué de critères objectifs et centré sur la dynamique de groupe. Or, quand l'estime de soi est ainsi stimulée de façon artificielle, et dans la mesure où elle est le produit d'une technologie sociale plutôt que fermement établie dans la certitude d'un accomplissement concret, elle rend l'individu plus facilement manipulable. Les psychologues de l'enfance observent une corrélation positive entre l'éloge répété et «une moindre persévérance à la tâche, une constante recherche de contact oculaire avec l'enseignant et une hésitation du discours dans lequel les réponses adoptent la même intonation que les questions[108]». Plus les enfants reçoivent d'éloges, plus ils ont tendance à vouloir préserver cette image flatteuse; si on leur répète trop souvent qu'ils sont

---

107. Robert JACKALL, *Moral Mazes, op. cit.*, p. 135.
108. J. HENDERLONG et M. R. LEPPER, «The Effects of Praise on Children's Intrinsic Motivation : A Review and Synthesis», *Psychological Bulletin* 128, n° 5, 2002, p. 774-795, cité *in* Charles MURRAY, *Real Education, op. cit.*, p. 130.

intelligents, ils risquent de choisir la facilité au moment où on leur confie une nouvelle tâche[109]. Leur aversion croissante au risque s'accompagne d'une forte dépendance à l'égard d'autrui. Le goût excessif des étudiants pour les notes et les diplômes est une réaction naturelle à ce type d'éducation et les prépare fort bien à l'absence de critères objectifs dans le type d'emploi qu'ils vont occuper. La seule validation du jugement que vous portez sur vous-même est celle que vous offrent les dispositifs de sélection institutionnels. Ce sont désormais les bourses prestigieuses, les stages et les diplômes qui calibrent votre estime de soi. On peut craindre que ce type de formation ne prépare pas vraiment les jeunes à l'indépendance d'esprit, à l'audace intellectuelle et à l'acquisition d'une forte personnalité.

* * *

« Si tu ne vidanges pas les canalisations *comme ça*, les gaz du tout-à-l'égout remonteront à travers l'eau des toilettes et toute la maison puera la merde. » Dans les métiers artisanaux, le maître fournit à l'apprenti de bonnes raisons pour agir de telle ou telle manière afin d'atteindre un objectif dont la pertinence est parfaitement évidente. Il n'a donc nul besoin de maîtriser la psychologie et les arts de la persuasion pour soumettre son subordonné à une volonté plus ou moins arbitraire, car le sens de l'activité poursuivie est avéré et bien défini. Le maître lui-même accomplit exactement les mêmes tâches que son apprenti ; simplement, il les accomplit mieux. S'il est capable d'expliquer en quoi consistent ces tâches, c'est parce qu'elles sont régies par des principes rationnels. Il peut aussi se montrer laconique et se contenter d'enseigner par l'exemple. Quant à l'apprenti, il assimilera progressivement la rationalité des actions du maître. Au début, il ne comprendra peut-être pas pourquoi les choses doivent être faites de telle ou telle manière et devra le croire sur parole, mais cette rationalité deviendra évidente avec l'expérience acquise. Le travail d'équipe n'a pas ce caractère progressif dans la mesure où il repose sur

---

109. Charles MURRAY, *Real Education*, *op. cit.*, p. 130.

la dynamique de groupe, qui est intrinsèquement instable et propice à la manipulation.

Sur un chantier, en revanche, la compétence est au centre d'un cercle de considération mutuelle entre individus qui se reconnaissent comme des pairs, même si leurs métiers respectifs sont différents. Ce cercle peut d'ailleurs prendre une forme littérale et matérielle à l'heure du déjeuner, quand chacun est assis sur sa glacière. Un apprenti peut aspirer à apprendre le métier à seule fin d'entrer dans ce cercle, en dehors de toute considération de salaire. Sur cette base, sa soumission au jugement du maître est plus susceptible de l'anoblir que de l'avilir. Et ce type d'environnement de travail est à même d'engendrer un certain type d'amitié et de solidarité dans la mesure où il n'y a pas d'ambiguïté sur le rang respectif des travailleurs et où les critères de la réussite sont clairs.

7

La pensée en action

C'est parce qu'il a des mains que l'homme est le plus intelligent des animaux.

A N A X A G O R E[110]

Le mode prochain de l'usage n'est pas ce connaître qui ne fait plus qu'accueillir l'étant, mais la préoccupation qui manie, qui se sert de... – et qui d'ailleurs possède sa « connaissance » propre.

Martin H E I D E G G E R [111]

Les pompiers expérimentés savent à quel moment ils doivent fuir un bâtiment en feu ; souvent, on les voit sortir juste quelques instants avant que la structure d'un édifice s'effondre. Quand on leur demande comment ils savaient exactement à quel moment battre en retraite, ils évoquent généralement une espèce de « sixième sens ». Le fait que l'intuition des pompiers nous apparaisse – et leur apparaisse – comme quasi surnaturelle indique clairement que notre compréhension de la façon dont notre esprit appréhende le monde est passablement déficiente.

Notre système d'enseignement repose sur certaines conceptions de ce qu'est une connaissance pertinente : ce qui est important, c'est de « savoir que » plus que de « savoir comment ». Cette opposition correspond en gros à celle qui sépare le savoir universel du savoir issu de l'expérience individuelle. Si vous *savez que* telle ou telle chose *est*, il s'agit d'une proposition qui est censée pouvoir être formulée

---

110. Anaxagore, cité par A R I S T O T E, *Les Parties des animaux*, 686a.
111. Martin H E I D E G G E R, *Être et temps*, *op. cit.*, p. 72.

dans n'importe quel contexte. En fait, ce type de savoir aspire à incarner ce que le philosophe Thomas Nagel appelle le « point de vue de nulle part », soit un regard qui appréhende la véritable nature des choses parce qu'il n'est pas conditionné par les circonstances particulières de l'observateur. Ce type de savoir peut être transmis oralement ou par écrit sans aucune perte de sens et exposé par une conscience générique qui n'a pas besoin de posséder une expérience préalable. Les professions qui reposent sur un savoir de type universel et propositionnel sont généralement plus prestigieuses, mais ce sont celles-là mêmes qui sont le plus menacées par la concurrence internationale au fur et à mesure que le savoir livresque se dissémine au sein de l'économie mondiale. Le savoir-faire pratique, de son côté, est toujours lié à l'expérience d'un individu spécifique. On ne peut pas le télécharger sur Internet, on peut seulement le vivre.

Pour parodier les prétentions du savoir théorique, le dramaturge grec Aristophane forgea le mot *phrontisterion*, qui correspond littéralement à l'expression anglaise *think tank*. Dans sa comédie *Les Nuées*, il met en scène un Socrate constamment distrait qui fait son apparition suspendu dans une corbeille d'osier, le regard tourné vers le firmament. Un quémandeur se présente ; il souhaite être admis dans le *think tank* de Socrate et interpelle le philosophe. Socrate se penche par-dessus le bord de sa corbeille pour lui répondre.

Socrate : « Pourquoi m'appelles-tu, ô créature éphémère ? »

Le candidat à la sagesse rétorque : « Avant tout, explique-moi ce que tu es en train de faire, je t'en prie... »

Socrate : « J'aéroflâne et je considère le soleil... »

L'étudiant se demande pourquoi Socrate se livre à ces activités depuis son perchoir : « Alors, c'est d'une claie à formage que tu considères les dieux de haut... et non de la terre, si tel est le cas ? »

Socrate : « Je n'aurais jamais si précisément assimilé toutes les idées en l'air si je n'avais pu suspendre mon esprit et ma pensée, la mélanger pour la rendre subtile, avec l'air, qui est de même nature... Si j'étais resté sur terre pour considérer d'en bas ce qui est en haut, je n'aurais rien découvert : car il est vrai que la terre, avec force, attire à elle la sève de la pensée... C'est exactement ce qui se passe pour le cresson[112] ! »

Nous entretenons une vision fort partielle du savoir quand nous le considérons comme quelque chose qui s'obtient depuis un perchoir dans les hauteurs. Cela revient à séparer le penser et le faire, à traiter les étudiants comme des cerveaux dans un bocal et à les préparer à être des philosophes perchés dans un panier. Les images ridicules d'Aristophane ne sont que de simples exagérations d'une conception du savoir qui jouit du plus grand prestige.

Considérer le savoir universel comme la totalité du savoir, c'est refuser de prendre en compte le caractère incarné et intéressé de la connaissance, qui est la marque de l'activité des penseurs effectifs, lesquels sont toujours *en situation*. Le caractère situé ou intramondain de l'être incarné a des implications pour la façon dont nous sommes amenés à appréhender le monde, et le savoir expert du pompier peut être considéré comme une version hyperbolique de notre compétence cognitive quotidienne. En général, nous n'abordons pas le réel de façon purement désintéressée, pour la simple raison que les choses qui ne nous affectent pas directement ne sollicitent pas notre capacité d'attention, qui est relativement limitée. (Je parle des « choses qui nous affectent directement » au sens large : une inconnue ou un inconnu séduisant qui passe devant nous dans la rue alors que nous sommes assis à la terrasse d'un café peut tout à fait captiver notre attention. En tant qu'objet de notre désir, cette personne affecte notre monde au sens où elle ouvre la voie à diverses actions potentielles, même si ces actions restent cantonnées au niveau de notre imagination.)

Les choses que nous connaissons le mieux sont celles auxquelles nous sommes confrontés dans tel ou tel domaine de notre pratique habituelle. Heidegger observait notoirement que la meilleure façon de comprendre un marteau n'est pas de le contempler fixement mais de s'en saisir et

---

112. ARISTOPHANE, *Théâtre complet*, I, Gallimard, Paris, 1966, p. 183-184.

de l'utiliser. Il considérait ce simple fait comme un élément fondamental de notre rapport au monde en général. Pour lui, le souci de connaître les choses « telles qu'elles sont en elles-mêmes » était une préoccupation fallacieuse, liée à une dichotomie entre sujet et objet étrangère à notre expérience. Les choses ne se manifestent pas à nous comme de purs objets sans contexte, mais comme des instruments de notre action (le marteau) ou des invitations à agir (le bel inconnu ou la belle inconnue) inscrits dans une situation intramondaine spécifique. Une des questions centrales des sciences cognitives, enracinée dans l'épistémologie dominante, est de savoir comment l'esprit en vient à « représenter » le monde, dans la mesure où l'esprit et le monde sont conçus comme deux entités totalement distinctes. Pour Heidegger, le problème de la re-présentation du monde n'existe pas, étant donné que le monde se présente lui-même de façon originaire comme quelque chose qui nous est consubstantiel : nous sommes tout à la fois *dans* le monde et *du* monde. Ses intuitions sur le caractère situé de notre compétence cognitive quotidienne nous aident à comprendre un type de savoir expert qui est lui aussi intrinsèquement situé, comme celui du pompier ou du mécanicien.

* * *

Si la pensée est intimement liée à l'action, alors la tâche de *saisir* adéquatement le monde sur le plan intellectuel dépend de notre capacité à intervenir sur ce monde. Et c'est bien le cas : pour vraiment connaître une paire de lacets, il vous faut faire l'expérience de les attacher. Sans quoi vous risquez de faire la même erreur que mon père, qui attribuait les propriétés de cordons purement mathématiques aux lacets réels et en tirait gaillardement la conclusion qu'un double nœud peut-être défait d'un seul geste, quel que soit le matériau spécifique dont est fait le lacet[113]. Dans le contexte d'un marché du travail de plus

---

113. Une telle erreur peut être commise y compris par quelqu'un qui noue ses lacets – des vrais lacets – tous les matins. Ce phénomène illustre la capacité qu'ont les abstractions de contredire l'expérience, ou plutôt de la marginaliser.

en plus mondialisé, les économistes Alan Blinder et Frank Levy ont mis en lumière les conséquences probables du fait que certains métiers sont intrinsèquement situés et ne peuvent pas être réduits à l'application de règles. Moi-même, je sais d'expérience que les habitudes mentales engendrées par la physique théorique sont fort mal adaptées à la réalité d'une vieille Volkswagen. Examinons de plus près pourquoi le savoir-faire pratique n'est ni entièrement formalisable, ni essentiellement réductible à des règles.

Entre la loi d'Ohm et une paire de chaussures boueuses
Une des vérités que mon père m'assenait alors que j'essayais de comprendre pourquoi l'allumage à bougie de ma Coccinelle de 1963 ne fonctionnait pas était la loi d'Ohm : $U = IR$, où U représente la différence de potentiel ou tension en volts, I le courant électrique (en ampères) et R la résistance (en ohms). D'après cette équation, ces trois entités ont entre elles une relation bien définie. Mais, dans un vrai moteur usé, la notion de résistance en tant que phénomène simple et unitaire, comme la lettre R, peut entraver le type de perception nécessaire pour déceler les sources concrètes de cette résistance et les diverses circonstances auxquelles elle est liée. Dans le jargon des mécaniciens, un câblage électrique doit être tendu, sec et propre. Or, les vibrations ne cessent de le détendre, le climat de l'humidifier, le passage du temps de le corroder et les kilomètres de le salir, parce que *la route est un endroit particulièrement sale.*

La loi d'Ohm ne fait référence à aucun lieu particulier, ni à aucune source spécifique de corruption – comme la pluie, par exemple. Imaginons une de ces semaines où le ciel ne cesse de déverser des trombes d'eau. Notre mécanicien est constamment obligé de nettoyer la boue qui colle à ses chaussures et de détacher sa chemise trempée de son épiderme. Dans ces circonstances, s'il a un peu d'expérience, sa première réaction face à un problème d'allumage sur une vieille voiture sera de se saisir du vaporisateur WD-40 et d'en asperger le dispositif d'allumage pour éliminer l'humidité de tous les points de contact.

En revanche, si ses cheveux sont couverts d'une couche de sable tombée en micro-avalanches des rainures d'un 4×4 monté sur le pont, il supposera que le conducteur du véhicule a dû faire du hors-piste dans des dunes de la région, et s'emparera de son pistolet à air comprimé pour nettoyer à fond le dispositif. Je parle de « supposition » plutôt que de certitude, parce que notre mécanicien ne peut tracer aucun lien logique direct entre ses chaussures pleines de boue et la solution A, ou bien entre le sable dans ses cheveux et la solution B. Ce qui se passe, c'est qu'il a une certaine familiarité avec les *situations* les plus typiques, et que leur caractère typique est un phénomène dont il a une connaissance *tacite*. Cette connaissance tacite semble reposer sur une capacité de reconnaître des traits récurrents, et les récurrences causales du problème d'allumage sont reflétées par des récurrences au niveau de ses propres réactions gestuelles : se gratter régulièrement la tête pour en chasser le sable, secouer sa chemise trempée.

La loi d'Ohm est une formulation explicite reposant sur des règles définies et elle est vraie au sens où une proposition peut être vraie ou fausse. Il y a une certaine beauté dans son absolue simplicité ; un esprit qui appréhende pleinement cette équation sera probablement séduit par le sentiment de sa propre compétence intellectuelle. Il aura l'impression d'avoir accès à quelque chose d'universel, et le plaisir qu'il en tirera aura peut-être même quelque chose de quasiment mystique. Mais cette séduction peut entraver l'appréhension concrète de la réalité ; elle peut marginaliser ou même faire obstacle au développement d'un autre type de savoir, sans doute difficile à formuler de façon consciente et explicite, mais certainement supérieur du point de vue pratique. Et cette supériorité repose sur le fait qu'il a sa source dans le typique plutôt que dans l'universel et qu'il offre donc un accès plus rapide et plus direct aux causes spécifiques, à savoir celles qui tendent à être vraiment à l'origine des problèmes d'allumage.

Il est important de pouvoir apprécier le caractère situé du type de réflexion que nous mettons en œuvre quand nous travaillons, parce que la dégradation du processus de

travail est souvent liée aux tentatives de remplacer les jugements intuitifs des praticiens par l'application de règles et
la codification du savoir par le biais de systèmes de symboles abstraits censés représenter cette connaissance située.
Dans son ouvrage sur la société postindustrielle, Daniel
Bell parle à ce propos de « technologies intellectuelles ».
Leur importance est liée au fait qu'elles ouvrent la voie aux
« technologies sociales » – c'est-à-dire, en fait, au type de
division du travail – qui peuvent affecter par exemple l'organisation d'un hôpital, d'un réseau de commerce international ou d'un groupe de travail dont les membres sont
engagés dans des tâches spécialisées en vue d'un objectif
commun. La quintessence de l'idée de technologie intellectuelle est le « remplacement des jugements intuitifs par
des algorithmes (des règles pour résoudre les problèmes).
Ces algorithmes peuvent être incarnés dans des machines
automatiques, des programmes d'ordinateur ou des séries
d'instructions reposant sur une formule statistique ou
mathématique[114] ».

   Daniel Bell paraît considérer la mécanisation et la centralisation de la pensée comme un progrès, ou du moins
comme un phénomène inévitable ; elles seraient l'unique
réponse possible à la complexité croissante de la société.
S'il est volontiers disposé à se passer des jugements intuitifs
des praticiens experts, c'est parce qu'il estime que de tels
jugements ne sont pas adaptés aux systèmes complexes
qui impliquent

> l'interaction d'un nombre de variables trop élevé pour que
> l'esprit puisse les appréhender simultanément et dans un
> ordre adéquat[...] [L]es jugements intuitifs répondent aux
> relations de cause à effet immédiates qui caractérisent les
> systèmes simples, tandis que dans les systèmes complexes
> les causes réelles peuvent être profondément dissimulées,
> éloignées dans le temps ou, plus souvent encore, relever de
> la structure du système elle-même, qui n'est pas identifiable
> de façon immédiate. C'est pour cette raison qu'on doit avoir

---

114. Daniel BELL, *The Coming of Post-Industrial Society*, Basic Books, New York,
1973, p. 29-30.

recours à des algorithmes plutôt qu'à des jugements intuitifs dans le processus de décision[115].

Si cette théorie de la connaissance est valide, elle justifie l'expropriation de la compétence évaluative des professionnels à partir du moment où les choses deviennent trop complexes. Mais le fait est que, lorsque les choses se compliquent vraiment, vous aurez plutôt tendance à souhaiter qu'un être humain doté d'une certaine expérience prenne le contrôle. De fait, la préférence pour les algorithmes en lieu et place des jugements intuitifs, à partir du moment où les causes « relèvent de la structure du système elle-même », est une conclusion erronée si l'on prend correctement en compte la dimension tacite de la connaissance.

Le savoir tacite du pompier et du maître d'échecs

À la base de la notion de connaissance tacite, il y a l'idée que nous en savons plus que nous sommes capables de l'exprimer, et certainement plus que nous sommes à même de le spécifier par une formulation rigoureuse. Les jugements intuitifs portés sur les systèmes complexes, en particulier les jugements formulés par des praticiens experts, comme les pompiers chevronnés, sont souvent plus riches que les vérités susceptibles d'être capturées par des algorithmes.

Le psychologue Gary Klein a étudié le processus de décision des pompiers et d'autres praticiens experts qui exécutent des tâches complexes dans le monde réel. « Dans

---

115. *Ibid.*, p. 32. Dans ce passage, et dans de nombreux autres du livre de Bell, on ne sait pas vraiment si l'auteur adhère totalement à l'argumentation qu'il présente. Le passage cité est en fait la paraphrase par Bell des propos d'un certain Jay Forrester. Daniel Bell semble s'en distancier à la page suivante (il définit le projet d'essayer d'ordonner rationnellement la société à travers le déploiement de technologies intellectuelles comme un rêve utopique voué à l'échec). Et pourtant, toute la cohérence de son ouvrage dépend de la validité de cette argumentation. De fait, dans des publications ultérieures, Bell confirmera ces assertions. Kevin Robins et Frank Webster analysent en détail les contradictions de Bell et suggèrent qu'elles seraient « fonctionnelles », au sens où elles exerceraient une fonction rhétorique importante. Voir leur article « Information as Capital: A Critique of Daniel Bell », *in* Jennifer Daryl SLACK et Fred FEJES (sous la dir.), *The Ideology of the Information Age*, Ablex Publishing Corporation, New York, 1987, p. 95-117.

une série d'environnements dynamiques, marqués par l'incertitude et par l'accélération, il n'existe pas une seule
façon correcte de prendre une décision, explique Klein.
Les experts apprennent à percevoir des choses qui restent
invisibles pour les novices, telles que les caractéristiques
d'une situation typique[116]. »

L'esprit expérimenté est souvent capable d'intégrer
un nombre extraordinaire de variables et de détecter une
configuration (*pattern*) cohérente. Or, c'est cette configuration qu'il appréhende, pas les variables individuelles. Notre
capacité à émettre des jugements pertinents a un caractère
holistique et procède d'une confrontation répétée avec le
réel ; ce dernier se présente sous formes d'entités totali-
santes appréhendées par une saisie globale et immédiate
qu'il est souvent impossible de formuler explicitement[117].
Cette dimension tacite du savoir trace les limites de la
conception d'une tâche comme application de règles.
Ce n'est pas seulement l'*intervention* du pompier qui est
intrinsèquement *in situ* (conformément aux observations
de l'économiste Alan Blinder). Son savoir est lui aussi lié
à un site spécifique : le site d'un incendie.

Les algorithmes peuvent simuler le type de connaissance tacite que possèdent les experts. C'est le cas du
logiciel Deep Blue d'IBM, par exemple, qui s'est montré
capable de jouer aux échecs au plus haut niveau en 1997.
Par le biais d'une analyse computationnelle de tous les
coups possibles conformes aux règles du jeu d'échecs (soit
200 millions de positions par seconde), le programme
réussit à sélectionner les coups gagnants. Pour mieux
définir leur problème, les programmeurs s'étaient fixé pour
objectif de battre un joueur en particulier, Gary Kasparov,
alors champion du monde en titre. Ce qui leur facilitait
la tâche, c'est qu'ils connaissaient les coups initiaux et les
stratégies préférées de leur adversaire. Mais, en battant

---

116. Cité *in* Bruce BOWER, « Seeing through Expert Eyes: Ace Decision Makers
    May Perceive Distinctive Worlds », *Science News*, 154, n° 3, 18 juillet 1988,
    p. 44. Klein explique plus loin que, « quand des difficultés surgissent, elles
    offrent aux experts des opportunités d'improviser des solutions ».
117. Voir en particulier Michael POLANYI, *The Tacit Dimension*, University of
    Chicago Press, Chicago, 1966.

Kasparov à son propre jeu, Deep Blue fait quelque chose de très différent de ce qu'accomplissent les êtres humains quand ils jouent aux échecs. Cette différence est illustrée par l'expérience suivante : un maître d'échecs de niveau international doit jouer une partie de blitz (jeu éclair où la durée de réflexion des joueurs est strictement limitée) avec une limite de cinq secondes par coup. Pendant ces cinq secondes, il doit se livrer à toute une arithmétique mentale qui mobilise sa mémoire fonctionnelle et sa capacité d'analyse explicite. Pourtant, l'expérience prouve que cela ne l'empêche pas de tenir sa place « face à un joueur légèrement plus faible, mais ayant le niveau d'un maître[118] ». Il est clair que les joueurs humains font tout autre chose que simplement appliquer les règles des échecs et comparer des configurations de positions successives en suivant la logique d'un arbre de décision, comme le font les ordinateurs.

D'autres indices suggèrent que la compétence d'un joueur d'échecs virtuose repose sur la reconnaissance de configurations pertinentes, tout comme celle d'un pompier. Dans une expérience célèbre, on fait visionner à des joueurs de différents niveaux des échiquiers projetés sur un écran[119]. Ils ont chacun quelques secondes pour mémoriser la configuration présentée et doivent ensuite la reproduire sur leur échiquier. Quand ladite configuration correspond à un ensemble de positions effectivement possibles aux échecs, les grands maîtres sont capables de reproduire correctement la position de vingt à vingt-cinq pièces, les très bons joueurs, celle de quinze pièces environ, et les débutants, seulement celle de cinq ou six pièces. Mais quand les images projetées sur l'écran représentent des configurations aléatoires ne correspondant à aucune situation possible aux échecs, alors il n'y a plus de différences entre les joueurs : ils sont tous incapables de reproduire la position de plus de

118. Hubert L. Dreyfus et Stuart E. Dreyfus, « From Socrates to Expert Systems : The Limits and Dangers of Calculative Rationality », disponible sur http://socrates.berkeley.edu.

119. A. D. De Groot, *Thought and Choice in Chess*, Mouton, La Haye, 1965.

cinq ou six pièces[120]. La performance du véritable expert ne s'explique pas parce qu'il posséderait une meilleure mémoire en général, mais parce que les configurations pertinentes du jeu d'échecs sont aussi celles qui structurent son expérience.

Apparemment, donc, le succès de Deep Blue n'explique pas vraiment comment jouent les joueurs virtuoses. On me rétorquera que c'est évident : « C'est juste un ordinateur ! » Cette objection me semble tout à fait pertinente, mais pour défendre les conclusions du sens commun, il faut parfois en passer par des arguments assez sophistiqués. Nous sommes constamment tentés de nous contempler dans le miroir déformant de la technologie et, de fait, c'est la « théorie computationnelle de l'esprit » qui prédomine en psychologie cognitive (même si elle est de plus en plus contestée)[121]. Il existe tout un champ de recherches académiques qui reposent sur l'idée que nous *sommes* des espèces d'ordinateurs[122]. L'ordinateur en vient même à représenter un idéal à la lumière duquel la pensée réelle finit de façon perverse par paraître déficiente[123]. Aussi,

---

120. Cette élégante variation sur l'étude originale de De Groot, qui utilise la condition aléatoire, a été menée par W. G. CHASE et H. A. SIMON, « Perception in Chess », *Cognitive Psychology*, 4, 1973, p. 55-81.

121. Voir surtout Michael WHEELER, *Reconstructing the Cognitive World: The Next Step*, MIT Press, Cambridge, 2005.

122. Pour un excellent compte rendu, voir Jean-Pierre DUPUY, *Aux origines des sciences cognitives*, La Découverte, Paris, 1994.

123. Il est intéressant d'observer que les *origines* de l'informatique coïncident avec une réflexion qui reconnaît la compétence spécifique de l'esprit humain telle qu'elle ressort de découvertes faites en logique formelle au début du XXᵉ siècle. Le théorème d'incomplétude de Gödel démontre en effet logiquement que certaines propositions vraies, et dont la vérité est aisément perçue par les êtres humains, ne peuvent pas être validées par l'application d'un système de règles formelles quel qu'il soit. Un ordinateur qui chercherait à le faire ne pourrait que tourner en rond sans jamais s'arrêter (c'est ce qu'on appelle le « problème de l'arrêt »). Alan Turing reconnaissait que cela signifie que l'esprit humain est capable d'exécuter des opérations « non calculables ». D'après Andrew Hodges, la thèse de doctorat de Turing en 1938 posait la question suivante : « Que se passe-t-il lorsqu'on complète un système formel avec des procédures de déduction non calculables ? C'est dans cette perspective que Turing introduisit ce qu'il appelle un "oracle", soit un outil capable d'offrir à la demande une réponse au problème de l'arrêt pour chaque machine de Turing », c'est-à-dire pour chaque ordinateur numérique. De fait, Turing « identifiait cet "oracle" avec une forme d'intuition » semblable à celle utilisée par les mathématiciens

lorsqu'un prophète de la société postindustrielle part de l'idée que les systèmes complexes se caractérisent par « l'interaction d'un nombre de variables trop élevé pour que l'esprit puisse les appréhender simultanément et dans un ordre adéquat » et en tire la conclusion qu'« on doit avoir recours à des algorithmes plutôt qu'à des jugements intuitifs dans le processus de décision », il juge indûment le fait que l'esprit humain ne fonctionne pas de la même façon qu'un ordinateur comme une preuve de déficience. C'est là une forme de raisonnement qui semble trahir un préjugé irrationnel à l'encontre des êtres humains. Car, en réalité, un esprit humain bien entraîné peut être particulièrement doué pour capter les indices émis par un édifice en feu, jouer aux échecs, déparasiter les circuits électriques d'un véhicule ou Dieu sait quoi encore.

Le fait que le savoir du pompier est tacite plutôt qu'explicite, et qu'il est donc pratiquement impossible à formuler, signifie que ce professionnel n'est pas à même de se justifier pleinement aux yeux du reste de la société. Il

---

pour prouver des théorèmes, et en particulier avec la « capacité humaine de percevoir la vérité d'une proposition gödelienne formellement improuvable » (Andrew HODGES, « Uncomputability in the Work of Alan Turing and Roger Penrose », conférence disponible sur www.turing.org.uk). Le trait essentiel de l'oracle, c'est qu'il exécute des opérations qui ne peuvent être exécutées par aucun processus mécanique. Pendant la Seconde Guerre mondiale, Turing participa au programme de décryptage de codes secrets Enigma, qui s'appuyait sur des méthodes fortement routinisées. C'est sur la base de cette expérience qu'il commença à se montrer plus intéressé par ce que les machines *peuvent* faire que par ce qu'elles ne peuvent pas faire. « Turing en conclut que le domaine de la calculabilité *n'était pas limité* aux processus dans lesquels l'esprit applique une règle spécifique et explicite. Des machines capables de modifier leurs propres règles de comportement seraient susceptibles de manifester des propriétés non anticipées par leurs créateurs » (*ibid.*). « Turing en conclut que la fonction du cerveau était celle d'une machine, mais d'une machine si complexe qu'elle pouvait offrir l'apparence de ne suivre aucune règle » (*ibid.*). Dans l'informatique contemporaine, le thème à la mode est celui des « réseaux neuronaux », ainsi baptisés parce qu'ils imitent l'architecture parallèle du cerveau et effectuent des calculs capables d'aller au-delà des projets explicites d'un programmeur. Ces réseaux « apprennent » en variant la force des connexions entre les nœuds logiques, de la même façon que des passerelles neuronales sont « frayées » dans le cerveau à force de répétition, comme quand un individu pratique des exercices au piano ou récite ses déclinaisons latines. S'il existe un avenir pour l'intelligence artificielle, il est probablement dans cette direction.

ne peut pas revendiquer la valeur de son intellect dans les termes qui prévalent en son sein, et peut donc même arriver à en douter lui-même. Mais sa propre expérience offre un terrain pour une critique radicale de l'idée que le savoir théorique est le seul vrai savoir.

Technologie intellectuelle et connaissance personnelle

Tommy, mon ancien collègue d'atelier, travaille actuellement chez Pro Class Cycles, un réparateur indépendant installé dans le sud de Richmond depuis les années 1980. C'est l'endroit où aller pour trouver des pièces détachées de seconde main, un hangar de quatre mille mètres carrés rempli de vieilles motos. Bob Eubank, le propriétaire, est connu pour la qualité de son travail et pour ses prix abordables. Les concessionnaires de grandes marques lui sous-traitent souvent des réparations dont ils savent que leurs propres employés – généralement frais émoulus du Motorcycle Mechanics Institute – sont incapables de les effectuer correctement : monter des roues, par exemple. Les modèles courants ont des roues en alliage d'aluminium depuis la fin des années 1970, mais les motos tout-terrain continuent d'avoir des roues à rayons, et en monter est souvent un exercice de géométrie plutôt éprouvant. Le frère de Bob, Lance, qui travaille aussi chez Pro Class Cycles, est connu chez les amateurs de tout-terrain comme *le* gourou de la suspension en Virginie centrale. Et même son propre frère ne connaît pas ses secrets professionnels.

Bob a l'habitude d'examiner telle ou telle partie d'un véhicule, mettons l'état d'une pièce interne du moteur, et d'émettre un jugement fondé sur l'expérience. Ainsi, par exemple, il peut reconnaître les premiers signes d'usure sur la paroi d'un cylindre et estimer s'il a besoin d'être rectifié. Si on lui demande de justifier sa décision, il vous répondra quelque chose du genre : « J'en ai déjà vu dans cet état qui pouvaient faire quinze mille kilomètres de plus sans perte de compression. » L'expérience sur laquelle s'appuie Bob est de nature fondamentalement personnelle ; il ne suit pas un ensemble d'instructions. Quand un mécanicien émet ce type de jugement, il intègre tacitement un ensemble de connaissances sensibles en créant un lien inconscient entre sa perception actuelle et les configurations accumulées dans son esprit par une longue expérience. Ce faisant, il raisonne exactement comme le pompier ou le maître d'échecs.

Les modèles de moto les plus récents sont désormais parfois équipés de systèmes d'autodiagnostic informatisé, tout comme les automobiles. Mais ces nouvelles fonctions n'éliminent nullement le jugement du mécanicien. Comprendre pourquoi elles en sont incapables nous permettra de mieux saisir les limites intrinsèques de l'idée de « technologie intellectuelle » et le risque que court le processus de travail lorsqu'on perd la conscience de ces limites.

Les fabricants d'automobiles sont censés standardiser leurs systèmes de diagnostic automatique en vertu du protocole OBD-II (pour *Onboard Diagnostics*). Néanmoins, n'importe quel mécano vous dira que, de temps à autre, ces systèmes délivrent un diagnostic erroné en commettant une erreur de code. Une erreur d'un seul chiffre peut donner le diagnostic « alimentation trop pauvre sur le corps un (P0171) », ce qui signifie un mélange air-carburant dans lequel il y a trop d'air et pas assez de carburant dans le premier corps de carburateur des cylindres, alors que le problème réel est : « alimentation trop riche sur corps deux (P0172) ». Un mécanicien chevronné peut faire la différence entre « trop pauvre » et « trop riche » en examinant les bougies ; elles seront presque blanches dans le premier cas et noires de suie dans le second. Pour sa part, la représentation purement formelle des états du monde en tant qu'« information » codifiable permet de les intégrer au type de syllogisme que les diagnostics informatiques savent maîtriser. Mais cela revient à traiter les états du monde isolément des contextes à partir desquels émerge tout ce qui fait leur *sens*, et, par conséquent, ce type de représentation est particulièrement enclin à sombrer dans le non-sens. Un individu qui se fierait exclusivement aux diagnostics informatiques se retrouverait dans la position d'un écolier qui apprend à tirer des racines carrées sur une calculatrice sans vraiment comprendre le principe mathématique en jeu. S'il fait une erreur de frappe au moment de chercher la racine carrée de 36 et obtient 18, il ne se rendra pas compte que quelque chose cloche. Pour le mécano, le risque, c'est que *quelqu'un d'autre* ait commis une erreur de frappe[124].

Non seulement le diagnostic informatisé ne remplace pas le jugement du mécano, mais il rajoute une couche de travail additionnel, qui mobilise un autre type de disposition cognitive. Tommy rapporte à ce propos l'anecdote suivante. Un jour, un client amena chez Pro Class Cycles une Kawasaki sport de fabrication récente. Il expliqua à Bob que sa moto manquait de puissance et qu'un des lumignons du moteur ne cessait de clignoter. Bob examina l'engin et ne trouva rien d'anormal. Il se saisit alors du manuel de service fourni par le fabricant, qui contenait les instructions concernant la codification des pannes et dysfonctionnements dans le système de diagnostic. Normalement, il suffit de consulter une liste et vous avez la clé du problème.

Le code précisait seulement qu'il y avait une difficulté au niveau du système d'admission et indiquait une procédure de test susceptible de cerner le problème de façon plus précise. Après avoir tenté d'appliquer la procédure, Bob en arriva à un point où il jeta l'éponge, déclara que tout ça était « de la pure connerie » et remit la moto aux bons soins de Tommy. Il s'agit là d'un moment crucial sur lequel je reviendrai plus avant afin d'essayer de mieux le comprendre.

---

124. La fragilité de l'information digitalisée reflète celle de la langue : l'omission de la particule de négation « ne… pas » dans une phrase peut complètement inverser son sens. Et, bien entendu, il ne s'agit pas d'une simple analogie ; l'information digitalisée est dans un certain sens une représentation du monde par le biais du langage. Mais attention : l'omission de la particule de négation peut généralement être détectée (par un éditeur, par exemple), parce que son absence jurera avec le contexte, entraînant une correction quasi automatique. Telle est la robustesse fondamentale de la langue naturelle. En revanche, la fragilité du code est due au fait qu'il repose sur une série d'instructions destinées à un système mécanique, plutôt que sur une production de sens, comme dans le cas du langage. Pour comprendre un mot ou une phrase, l'être humain l'intègre au contexte global d'un paragraphe, à la pragmatique d'une situation de communication spécifique (une blague, par exemple) ou, en général, à un domaine de sens plus ample. Cette opération semble être le domaine réservé de l'esprit humain.

Tommy appliqua de nouveau la procédure, qui consistait à mesurer les impédances et les voltages de plusieurs circuits, et à comparer leurs valeurs absolues et relatives avec les valeurs types indiquées par le manuel. Pour ce faire, il eut recours à un multimètre numérique, qui est le seul moyen d'obtenir le niveau de précision nécessaire. Quiconque a déjà fait usage d'un tel instrument sait que, quand il est réglé au niveau de sensibilité supérieur qui caractérise ce type de diagnostic, la lecture tend à osciller de façon un peu folle. Et il ne s'agit pas de l'oscillation parfaitement déchiffrable d'une aiguille, comme dans les anciens multimètres analogiques ; avec une aiguille, vous avez une représentation spatiale de la valeur moyenne de votre lecture et des variations de l'oscillation. Avec un multimètre numérique, vous aurez parfois un écran complètement affolé qui alterne les lectures avec une telle vélocité que vous n'aurez pas le temps de les enregistrer. Pour arranger le tout, chaque chiffre est composé de petites lignes électroniques, comme sur une montre numérique (un huit est ainsi un zéro avec une ligne supplémentaire au milieu). Quand ces chiffres défilent à toute allure, il est impossible de se faire une représentation spatialisée de l'information transmise. Parfois, il semble que la réaction de l'écran soit plus lente que l'enregistrement par l'appareil du « bruit » thermal qui engendre l'oscillation des chiffres, ce qui aboutit à des lectures absurdes[125]. Ainsi, par exemple, il peut arriver que s'affiche un neuf à l'envers. Ou bien s'agit-il d'un P ? Qu'est-ce que cela peut bien signifier ? Positif ? Polarité ?

En général, ma réaction à ce genre d'absurdité est la même que celle de Bob : « C'est de la pure connerie. » Le multimètre numérique, à l'instar de la procédure indiquée

---

125. Peut-être que si vous avez les moyens de vous payer un multimètre Fluke (« coïncidence », « hasard ») au lieu d'un appareil de la marque Craftsman (N.d.T. : littéralement « artisan »), vous éviterez ce genre de problème. À vrai dire, je n'en sais rien. En tout cas, c'est un nom plutôt bizarre pour un instrument de mesure, étant donné qu'un des critères d'une bonne mesure est qu'elle soit réitérable. Même un mécano un peu paranoïaque aurait de bonnes excuses pour soupçonner qu'on est en train de se payer sa tête royalement.

dans le manuel, offre une image de précision scientifique qui est souvent fallacieuse. Ce que la procédure exige en fait du mécano, c'est un véritable effort d'interprétation qui n'est nulle part mentionné dans le manuel.

Mais Tommy persista. Il n'avait pas le choix, c'était son boulot. Il effectua plusieurs lectures, toujours avec des résultats aussi ambigus, et répéta plusieurs fois la procédure de test. « Je cherchais à déceler une différence d'impédance dans deux directions différentes ; je supposais qu'il y avait une espèce de diode dans le capteur, mais le manuel ne m'expliquait pas ce qui se passait vraiment ; il indiquait seulement qu'il fallait remplacer ce coûteux composant si la différence était inférieure à une valeur x. » Cette logique de type « si-alors » vise à intégrer le technicien lui-même à un processus de *remplacement* automatisé de l'intelligence humaine individuelle. Dans ces circonstances, l'intention implicite de l'auteur du manuel de service est en quelque sorte de faire passer Tommy du statut d'individu pensant à celui de rouage d'une technologie intellectuelle et de la technologie sociale correspondante.

Le manuel de service en tant que technologie sociale

Il fut un temps où les manuels de service étaient rédigés par des personnes qui travaillaient sur les machines qu'ils décrivaient et connaissaient intimement. L'un de ces auteurs, au moins, atteignit le statut de sage et de héros populaire : John Muir, qui rédigea le manuel que j'utilisais lorsque je commençai à travailler sur des Volkswagen en 1980. Je suis certain que des milliers d'autres usagers se souviennent aussi de son nom, car son livre est amplement et justement reconnu comme un classique[126]. Muir était un amateur au meilleur sens du terme, et il en savait long sur les Volkswagen. Son traitement des problèmes mécaniques n'était pas coupé des situations concrètes dans lesquelles ils se présentaient, ce qui fait que son livre est extraordinairement clair et utile. Il se distingue aussi par ses qualités humaines.

---

126. John MUIR, *How to Keep Your Volkswagen Alive* ; la première édition date de 1969.

Les manuels rédigés par les professionnels des décennies précédentes étaient eux aussi très différents de ceux d'aujourd'hui. Ils étaient écrits par des ingénieurs qui étaient généralement aussi des mécaniciens et des dessinateurs industriels, et cela se sent. On ne sait pas qui est l'auteur du *Vincent Rider's Handbook*, un ouvrage datant de 1960, mais quand ce rédacteur anonyme écrit que quelqu'un qui n'a jamais conduit un engin aussi performant auparavant « a de fortes chances de se tromper » au moment d'évaluer sa vitesse, vous sentez la présence d'un véritable être humain auprès duquel vous avez envie de vous asseoir pour profiter de son savoir. Vous regardez par-dessus l'épaule de l'auteur lorsqu'il décrit la procédure pour « rectifier » les soupapes (le rodage). Certes, vous risquez de vous demander ce que peut bien vouloir dire un Anglais quand il décrit la sonorité d'un moteur comme « feutrée » (en raison d'un mélange de fuel trop dense), mais quand vous contemplez le dessin de la boîte de vitesses, peut-être dû à la plume de l'auteur lui-même, vous ne pouvez que communier avec sa perception. Ce qui émerge alors est une espèce d'amitié philosophique, du genre qui surgit naturellement entre un professeur et un étudiant : la communauté de ceux qui désirent savoir.

Le caractère intime de ce type de collaboration fait partie de la valeur ajoutée qui est éliminée sous l'effet de la fragmentation du processus de travail. Les auteurs des manuels modernes ne sont ni des mécanos ni des ingénieurs, mais plutôt des rédacteurs techniques. L'institutionnalisation de cette profession repose sur l'idée que les principes qui lui sont propres peuvent être maîtrisés sans que les auteurs s'immergent dans les problèmes spécifiques ; leur savoir a un caractère universel plutôt que situé. Les rédacteurs techniques savent *que* mais ne savent pas *comment*. Ils travaillent généralement en équipe dans un bureau, et leur travail est organisé de la façon la plus efficace possible, c'est-à-dire de manière à produire le plus grand volume possible de matériau écrit par membre de l'équipe. Dans le cas des motos japonaises, il apparaît en outre que ces rédacteurs sont de pauvres étudiants d'anglais débutants. C'est du moins ce que je suppose vu les absurdités systématiques contenues dans ces ouvrages, où vous ne cessez de buter sur des phrases contradictoires ou dénuées de sens, qu'il vous faut dès lors essayer de décrypter en les rapportant d'une façon ou d'une autre à la réalité que vous avez sous les yeux. S'il y a des illustrations, elles auront été élaborées par un spécialiste du dessin assisté par ordinateur, mais pas par quelqu'un qui est familier avec ce qu'il est en train de décrire ou qui sache quels sont la situation et les objectifs probables du destinataire de ces illustrations. Le regard du mécanicien devra dès lors percer le brouillard mental propagé par l'introduction de ces diverses couches de travail abstrait et fragmenté[127].

Encore une fois, quand Bob examine une pièce et juge qu'elle peut encore fonctionner correctement pendant quinze mille kilomètres, il intègre tacitement un ensemble de connaissances sensibles et rapporte sa perception actuelle aux configurations sédimentées dans son esprit par le biais de l'expérience. Mais les systèmes de diagnostic informatique reposent de leur côté sur une intégration *explicite* de l'information, une intégration qui se produit au niveau d'un système de savoir de caractère social. Les résultats de cette intégration explicite sont communiqués au mécanicien par le manuel de service, lequel est rédigé par des individus qui n'ont aucune connaissance personnelle de la motocyclette en question.

Dans sa célèbre critique de l'intelligence artificielle, le philosophe John Searle nous demande d'imaginer un homme enfermé dans une pièce et qui ne serait relié au

---

127. Ainsi, par exemple, dans le manuel de Suzuki GSX-R 600 modèle 2005, on trouve la recommandation suivante : «Quand vous utilisez le testeur multi-circuits OK, ne pas dommager ou courber mortellement [*sic*]». Ce que j'interprète plus ou moins comme suit : Allez-y doucement avec le coupleur ECM, ses broches se tordent facilement. Si vous voyez s'afficher le code C42, le problème est décrit comme suit : «Le signal d'allumage n'est pas en entrée d'ECM. *Quand le "contrat de distribution" n'est pas vérifié.» Si vous cherchez en bas de page à quoi correspond l'astérisque, vous trouverez la mention suivante : «Système immobilisateur est seulement modèle équipé», que j'interprète comme «seulement sur les modèles équipés d'un système immobilisateur». Le premier exemple provient de la page 4-34 du manuel de service de la Suzuki GSX-R 600, le deuxième de la page 4-31.

monde extérieur que par une mince fente dans la porte[128]. À travers cette fente, on lui passe des morceaux de papier sur lesquels sont tracés des caractères chinois. Notre homme n'a aucune connaissance du chinois. Sans qu'il en sache rien, les textes qui lui sont transmis sont une série de questions. Il dispose de son côté d'un ensemble d'instructions en anglais qui lui indiquent comment faire correspondre une autre série de caractères à chaque texte qui lui est transmis. Il fait passer cette nouvelle série par la fente de la porte, et on considère alors qu'il a « répondu » aux questions posées. L'idée de Searle, c'est que, pour accomplir cette tâche, l'homme n'a nul besoin de connaître le chinois, pas plus que cela ne serait nécessaire pour un ordinateur qui effectuerait la même opération. Certains enthousiastes de l'intelligence artificielle rétorquent pourtant que *le système*, en fait, connaît le chinois – qu'il existe en quelque sorte une pensée sans penseur. Mais une position moins mystique admettrait que c'est le programmeur humain, celui qui a rédigé les instructions permettant de faire correspondre des réponses chinoises à des questions chinoises, qui connaît le chinois.

Le mécano qui travaille avec un diagnostic informatique se trouve dans la même situation que l'homme de la chambre chinoise. Dans l'expérience imaginaire de Searle, l'idée fondamentale, c'est que vous pouvez disposer d'un ensemble d'instructions qui vous permettent de faire correspondre de façon adéquate une série de réponses à une série de questions sans jamais avoir à faire référence à la signification des propositions ainsi manipulées. La possibilité d'une telle opération est une question extrêmement controversée en linguistique et en philosophie de l'esprit, et il n'existe pas de réponse simple à ce problème. Mais la conception décérébrée du travail qui prévaut souvent aujourd'hui ressemble étrangement au dispositif de la chambre chinoise. Les êtres humains y sont perçus comme des versions moins performantes des ordinateurs.

---

128. John R. SEARLE, « Minds, Brains, and Programs », *Behavioral and Brain Sciences*, 3, n° 3, septembre 1980.

Pour revenir à Tommy, lorsqu'il s'est efforcé de mettre en œuvre la procédure de tests sur la Kawasaki, il a bien *essayé* de suivre une série de règles, mais il s'est vu en fait obligé d'interpréter activement un multimètre capricieux et un manuel passablement confus. Pour pouvoir réparer la moto, il lui a fallu recréer une cohérence dans ce charabia, et il n'a pu le faire qu'en rapportant ces instructions déficientes au modèle mental personnel qui lui suggère *comment les choses fonctionnent*[129]. Il a dû intégrer les mots du manuel, les faits bruts offerts à son regard et son savoir préalable sur les motocyclettes en une totalité intelligible. Sans quoi il n'aurait jamais pu aller voir Bob et lui dire finalement : «Je crois que j'ai compris ce qui se passe. » Ce que cette déclaration exprime, c'est l'émission d'un jugement. La dimension «je pense» de la formulation de Tommy ne pourra jamais être entièrement éliminée.

En tant que dispositif censé se substituer à la connaissance personnelle, la division du travail fondée sur des formes de «technologie intellectuelle» offre un exemple de rationalité fallacieuse que le mécanicien doit parfois *contourner* pour pouvoir accomplir sa tâche. Il serait erroné de penser qu'il s'agit là d'un problème superficiel qui peut être résolu grâce à une meilleure formation des équipes de rédacteurs techniques, par exemple. En réalité, ce dont ces rédacteurs ont besoin, c'est une expérience concrète de mécanicien, sans quoi ils ne feront qu'engendrer «une projection de choséité qui passe en quelque sorte à côté des choses», comme l'écrit Heidegger dans un autre contexte. Car, au moment de démarrer votre véhicule, c'est encore et toujours la responsabilité du mécanicien qui est en jeu.

---

129. Dans les manuels modernes, vous rencontrez souvent à côté de la description de telle ou telle procédure de réparation un petit symbole accompagné des mots «utiliser l'outil spécifique numéro xx-xxx». En fait, de tels outils peuvent souvent être improvisés à partir du moment où vous savez de quoi il retourne. Si vous travaillez dans un atelier indépendant, vous essaierez de deviner de quel outil il s'agit au juste en analysant la tâche qui vous incombe et ses exigences opérationnelles. Il s'agit en gros de raisonner à l'envers, en allant de la fonction à la forme. Soit un autre exemple de la nécessité d'aller au-delà des obscurités du manuel et de comparer les instructions aux faits auxquels vous êtes confronté. Chez un concessionnaire, il vous suffirait de demander au magasinier un outil numéro xx-xxx.

8

Travail, loisir et engagement

Lors des Jeux olympiques de 1976, les spectateurs du monde entier furent électrisés par la performance impeccable de la gymnaste roumaine Nadia Comaneci, qui obtint une note de 10 sur 10, fait sans précédent dans les annales de ce sport. De fait, le tableau d'affichage électronique s'avéra incapable d'enregistrer un tel résultat – dont personne n'avait jamais envisagé la possibilité – et marqua 9,99. Les opérateurs du tableau remplacèrent ce chiffre par un 1,00 et tout le monde comprit ce que cela signifiait. Revenant sur son exploit quelques années plus tard, Nadia Comaneci expliqua : « Pendant que j'exécutais mon enchaînement, je ne pensais pas du tout que ma performance était parfaite. J'estimais qu'elle était plutôt assez bonne, mais les athlètes ne pensent pas qu'ils font l'histoire au moment de faire l'histoire. Ils se concentrent sur ce qu'ils sont en train de faire, et c'est comme ça que les choses arrivent… Au début, je n'ai même pas regardé le tableau d'affichage. Ce sont mes coéquipiers qui ont commencé à le montrer du doigt à cause des acclamations de la foule[130]. »

---

130. *In* Bill Penington, « Perfection Is Afterthought, Some Perfect Examples Say »,

Ces remarques mettent en lumière une caractéristique importante des pratiques qui supposent une forme d'engagement actif et compétent : l'attention des pratiquants est concentrée sur des critères intrinsèques à ladite pratique plutôt que sur les biens extérieurs qui peuvent être obtenus grâce à elle, comme l'argent ou la reconnaissance sociale. Cette distinction entre bien interne et bien externe peut-elle nous aider à mieux comprendre la nature du travail ?

Il est symptomatique que, lorsque nous pensons à une activité intrinsèquement satisfaisante, c'est d'abord le domaine des loisirs qui nous vient à l'esprit : un sport, par exemple, ou un hobby que nous apprécions particulièrement. Ces activités sont des fins en soi et nous les pratiquons sans que personne nous paye pour ce faire. Inversement, l'objet fondamental du travail est la rémunération, et il y aurait quelque chose d'utopique à essayer de comprendre le travail sans aucune référence à ce bien externe. Peut-être que la séparation entre travail et loisir, entre dure nécessité et activité agréable est un fait incontournable de la vie. Mais essayons d'imaginer à quoi pourrait ressembler une forme d'existence plus intégrée, même si ce faisant on pourra nous reprocher de nous aventurer sur le territoire douteux de l'« idéalisme ».

De nos jours, il est fréquent que les individus considèrent que leur « véritable personnalité » s'exprime dans les activités auxquelles ils consacrent leur temps libre. Conformément à cette perception, un bon travail est un travail qui vous permet de maximiser les moyens de poursuivre ces autres activités à travers lesquelles la vie a enfin un sens. Le vendeur d'hypothèques travaille dur toute l'année avant de s'offrir des vacances au Népal pour escalader l'Everest. Au niveau psychique, la fixation hyperbolique sur cet objectif lui permet de tenir le coup pendant les mois d'automne, d'hiver et de printemps. Les sherpas semblent comprendre leur rôle dans ce drame intime et s'efforcent de faciliter avec discrétion son besoin d'une confrontation nue et solitaire avec le Réel. Il y a déconnexion totale entre son existence au travail et ses loisirs :

New York Times, 3 février 2008, p. 1 et 20.

dans la première, il accumule de l'argent ; dans le cadre des seconds, il engrange des nourritures psychiques. Les deux dimensions de son existence sont codépendantes, aucune ne serait possible sans l'autre, mais la forme que prend cette codépendance est celle d'une espèce de négociation entre deux subjectivités différentes plutôt que celle d'un tout cohérent et intelligible.

Il existe pourtant des vocations qui semblent offrir une connexion plus étroite entre le fait de vivre sa vie et celui de la gagner. Ce type de cohérence est-elle liée à la nature du travail lui-même ? Un médecin s'occupe des corps, un pompier veille aux incendies, un enseignant forme les enfants. Tout comme l'Everest, ces choses font partie du réel, et les pratiques qui les servent exigent le type de concentration autour de laquelle une existence peut prendre forme (de même que l'existence des sherpas tourne autour de l'escalade en montagne). Dans ces professions, le praticien développe une forme avancée de jugement discriminant sur les objets de sa pratique, quelque chose qui ressemble un peu à la capacité d'appréciation esthétique. Sa perception des corps, des incendies, des élèves ou des montagnes se renforce avec l'expérience, et sa capacité de réagir de façon appropriée progresse en conséquence.

Un bon enseignant aime ses élèves et cherche à développer leur intelligence. La plupart des individus qui travaillent sur des automobiles aiment les voitures. Ils cherchent généralement à développer leur capacité à rouler plus vite. Il est donc possible que le travail d'un mécanicien ait lui aussi le caractère d'une vocation.

Le monde du *speed shop*

Aux États-Unis, les ateliers de type *speed shop* – comme Donsco, où travaillait mon ami Chas – font partie du paysage de la mécanique auto et moto depuis plusieurs décennies. Pour les employés de ce type d'entreprise, la frontière entre travail et loisir est souvent difficile à tracer ; leur emploi est un véritable style de vie. Un *speed shop* se compose généralement d'une boutique qui vend des pièces détachées (américaines ou importées, mais jamais les deux ensemble) pour véhicules de compétition et d'un atelier de réparation et de service. Le matériau qui y est traité est une procession constante de reliques complètement détraquées, ou du moins sérieusement endommagées, et dont les propriétaires espèrent résoudre leurs problèmes par le biais de diverses stratégies : en discutant avec les employés ou avec les autres clients, en achetant de nouvelles pièces ou les services d'un mécano, voire en empruntant les outils de ce dernier (emprunt qu'il s'agit de solliciter avec la plus extrême courtoisie s'ils ne veulent pas être bannis à jamais). Nombre de *speed shops* fonctionnent aussi comme des sortes de clubs d'amateurs enthousiastes qui parrainent des véhicules dans telle ou telle compétition.

Bien souvent, un employé de *speed shop* aura commencé à fréquenter le comptoir de vente en tant que jeune client novice avant de grimper dans la hiérarchie en étant admis dans l'atelier avec son véhicule, et peut-être même autorisé à utiliser un cric rouleur pour installer lui-même des amortisseurs achetés sur place. Un avocat aurait certainement des sueurs froides face aux risques d'accident qu'implique un tel mélange des rôles, mais cette espèce d'adoption du client par l'atelier repose sur une évaluation implicite de la personnalité du novice et sur l'instauration d'un certain niveau de confiance. Couché sous son châssis, notre mécano improvisé sera généralement soumis à une forme atténuée de supervision par un professionnel dont il n'apercevra que les chaussures et qui l'abreuvera au passage d'invectives obscènes. Ce torrent d'insultes fera partie du processus d'instauration de la confiance. Si notre novice se montre capable de répliquer avec un minimum d'humour, la conversation virera rapidement au pur dévergondage sexuel, et la confiance en sera renforcée et deviendra totalement réciproque. Si les talents du mécano amateur s'avèrent prometteurs et s'il semble capable de s'enfoncer encore plus loin dans la turpitude, il se peut fort bien qu'il soit embauché : il aura démontré un niveau de sociabilité qui fait que tout le monde se sentira à l'aise auprès de lui.

Outre sa rémunération officielle, il aura accès à une série de bénéfices additionnels. On lui fera un prix sur les pièces détachées et il pourra se servir du pont après la fermeture. La satisfaction de pouvoir désormais prodiguer ses propres conseils à la prochaine génération de jeunes amateurs est aussi un bonus non négligeable ; elle représentera en tout cas un changement de statut prestigieux. Un autre plaisir substantiel consistera à pouvoir fréquenter la piste locale de tout-terrain le samedi soir en compagnie de ses potes, tous revêtus du tee-shirt de l'atelier. De temps à autre, toute l'équipe s'embarquera pour la Basse-Californie avec une caravane de groupies et d'admirateurs pour participer à un grand rallye dans le désert. Bien entendu, il y aura toujours des types pour s'inviter à la fête en baptisant pompeusement leur engin du titre de « véhicule d'accompagnement » ou « véhicule d'ouverture », censé faire la course avant le départ pour vérifier le parcours. Bref, ce seront vingt-quatre heures de réjouissances parfumées d'essence de compétition et de bière chaude, et ponctuées par le bruit du métal qui casse brutalement.

La hiérarchie sociale des *speed shops* est liée à une éthique de la vitesse qui pourra éventuellement être un peu difficile à déchiffrer pour un jeune novice. Ce dernier aura parfois besoin d'être formé. Un jour, quand j'avais dix-huit ans, à peu près un an avant d'être introduit dans le milieu des Volkswagen de compétition par Chas, j'étais garé devant un autre *speed shop* californien, la Buggy House de Hayward. J'étais affairé à farfouiller dans mon carburateur, lequel émergeait avec une ostentation un peu vulgaire d'un orifice que j'avais découpé dans le capot moteur de ma voiture. Un type plus âgé que moi, au volant d'une Coccinelle apparemment flambant neuve et pas du tout modifiée, arrive, se gare et entre dans la boutique. Au bout de quelques minutes, il ressort et monte dans son véhicule sans dire un seul mot. Je me demande s'il a remarqué mon carburateur italien de fantaisie. Il démarre son véhicule, qui produit une sonorité d'apparence tout à fait inoffensive. Il se met en première et fait chauffer ses pneus.

Puis il passe en seconde. La Coccinelle ne bouge toujours pas, mais le nuage de fumée blanche qui s'échappe des ailes arrière se fait de plus en plus dense, et l'arrière du véhicule commence à chasser. Il monte en troisième et son véhicule finit par avancer et se déplacer lentement dans une direction indéfinie. Je le contemple, ébahi. Ses pneus commencent à fondre et à coller, son arrière s'abaisse, la voiture bondit et, au bout d'une trentaine de mètres, le conducteur passe en quatrième avec un beau crissement, comme pour prendre définitivement congé. Flottant dans l'atmosphère plombée de l'été, un nuage compact de fumée dérive vers moi dans un silence étrange. Au moment où l'odeur du caoutchouc brûlé atteint mes narines, je commence à réaliser la pertinence de l'expression employée par les amateurs quand ils parlent d'une voiture comme d'un *sleeper* (un « dormeur »), soit à peu près le contraire d'un véhicule qu'on caractérisera comme « pure frime, rien sous le capot ». L'important n'est pas seulement la vitesse de pointe, mais aussi l'accélération. Je me sentais comme un chiot auquel on venait de lancer une vieille pantoufle.

Travail et communauté

L'univers du *speed shop* a-t-il quoi que ce soit à nous enseigner sur la tension entre travail et loisirs et sur la possibilité d'alléger cette tension dans le sens d'une vie plus cohérente ? Il s'agit d'une communauté de consommateurs qui coexiste et coïncide en partie avec une communauté de travailleurs. Cette coexistence concerne chacun des participants, et la boutique-atelier est l'espace où se concrétise socialement la convergence de leurs intérêts : il n'est pas un seul des employés qui ne soit aussi un amateur enthousiaste de véhicules de compétition, ni un seul des clients qui ne soit un fan de mécanique. Les premiers savent tout des moteurs des seconds, et *vice versa*. En quelques années, un mécano qui travaille dans un *speed shop* aura probablement l'occasion d'intervenir plusieurs fois sur le même vilebrequin. Il reconnaîtra sa propre écriture sur les contrepoids, au crayon gras ou au

Stabilo. À chaque réparation, il notera la tolérance des roulements à billes pendant que les portées seront limées et polies. Peut-être même qu'il aura vu en direct le moteur casser pendant une course le week-end précédent, ce qui l'amènera à essayer une bielle de longueur différente. Le savoir de tous les participants progresse en vertu d'une dialectique partagée. Une dialectique entre individus, mais aussi entre actions répétées : vous commencez par casser telle ou telle pièce et vous apprenez quelque chose de nouveau en la démontant et en discutant avec d'autres. Ici, travail et loisirs s'appuient tous deux sur un phénomène fondamentalement humain : l'activité rationnelle de type coopératif. Cette activité est orientée vers un objectif qui se présente comme un bien dans le contexte d'un style de vie spécifique : la *vitesse*. Servir un tel maître, c'est entrer dans une communauté. Et, comme je l'ai appris devant la Buggy House de Hayward, c'est aussi être prêt à recevoir une leçon de la part d'un aîné. C'est une forme de solidarité.

Il me semble que la question de savoir si le travail est « aliéné » ou pas peut être comprise dans les termes que ce type de perception rend possibles. Marx soutenait que c'est par le biais du travail que nous réalisons notre « être générique », à savoir notre nature conjointe d'individus rationnels et d'êtres sociaux. D'après lui, nous sommes aliénés quand le produit de notre travail est approprié par autrui, dans la mesure où ce produit est une manifestation concrète des potentialités les plus humaines d'un individu. Le produit de son travail est « arraché » au travailleur, et Marx suggère que ce produit devient ainsi une entité étrangère, pratiquement hostile, dans la mesure où elle est *utilisée* par quelqu'un d'autre. Mais est-ce vraiment le cas ? Je ne trouve pas Marx très convaincant sur ce point. Si je suis un fabricant de meubles, par exemple, qu'est-ce que je pourrais bien faire d'une centaine de chaises ? Après tout, je désire bien *qu'elles soient utilisées*; cela complète mon activité de fabrication et les investit d'une réalité sociale. J'ai ainsi l'impression d'avoir contribué au bien commun. Mais, comme le suggère le philosophe Talbot Brewer, cet

208 Éloge du carburateur

aspect du problème soulève la question de la perception de cette utilité et de son caractère plus ou moins direct.

C'est une chose pour l'ouvrière chinoise de savoir que, quelque part dans le Middle West, la couverture en patch-work traditionnel typiquement américaine qu'elle a cousue sert les besoins d'un individu concret et que ce dernier l'investit en outre d'une signification culturelle spécifique qui lui est pratiquement incompréhensible ; c'en est une autre pour un menuisier de déambuler en ville et de repérer la nouvelle porte d'entrée qu'il a conçue et fabriquée pour tel ou tel magasin, de s'enquérir par expérience directe ou par ouï-dire de ses défauts et ses qualités esthétiques et fonctionnelles, et de modifier ses futures productions en fonction de cette rétroaction quotidienne. Il y a bien entendu tout un monde de possibilités entre ces deux extrêmes. Une certaine lecture de Marx consisterait à penser que plus on est proche du travail du menuisier, moins le travail est aliéné[131].

Quand l'activité du fabricant (ou du réparateur) s'inscrit de façon immédiate dans une communauté d'usagers, elle peut être enrichie par ce type de perception. Dans ces conditions, le caractère social du travail n'est pas séparé de ses normes intrinsèques ou de son aspect technique ; le travail s'améliore *par le biais* des relations avec autrui. Il est même possible que la nature de ces normes, les critères mêmes de sa perfection ne puissent émerger qu'à travers ces échanges répétés avec les usagers et avec les autres artisans de la même branche. Quand un travail possède ce caractère social, il est susceptible de mettre en lumière une conception partagée du bien et de la rendre plus concrète.

L'éloignement géographique et culturel de l'ouvrière chinoise exclut ce type d'expérience. Il existe aussi une autre forme d'aliénation : il se peut que les usagers soient radicalement séparés des producteurs par des conditions d'inégalité radicale, quand bien même ils habiteraient la même ville. C'est particulièrement vrai dans le cas des biens de luxe, et on peut parfaitement imaginer qu'un

---

131. Talbot BREWER, communication personnelle.

ouvrier pékinois qui fabrique des sacs Vuitton pour les ploutocrates de la capitale chinoise trouve son travail odieux.

Mais une situation analogue peut avoir une signification toute différente quand l'inégalité est accompagnée par un certain sentiment partagé du bien commun et de la chose publique. Prenons le cas d'un métallo britannique qui emboutit des morceaux de tôle pour une Rolls Royce au début des années 1970. Il n'aura jamais les moyens de se payer un des véhicules qu'il fabrique, mais il participe du prestige de la marque Rolls Royce et en éprouve un sentiment de fierté. Il s'agit d'une entreprise typiquement nationale, et de la meilleure en son genre. Dans le même ordre d'idées, prenons le cas du travailleur de chez Mercedes qui intériorise le prestige de l'«ingénierie allemande». Le produit de son travail continuera de lui être «arraché» par une classe supérieure, comme le dit Marx, mais il est aussi membre d'une communauté politique distincte du marché et qui définit un certain type de bien commun. L'idée de grandeur nationale, souvent liée à une culture matérielle, nourrissait jadis des identités communes qui modéraient jusqu'à un certain point l'antagonisme de classe. Un marxiste serait sans doute d'accord avec cette analyse, mais il l'interpréterait de façon négative en tant qu'obstacle à la révolution. D'après lui, le nationalisme est une idéologie qui conforte la domination du prolétariat en empêchant le développement de la conscience de classe. Pourtant, la fierté professionnelle de l'ouvrier de chez Rolls Royce revêt son travail d'une certaine dignité humaine, et il est présomptueux de la part de l'observateur marxiste de la dénigrer en tant que «fausse conscience».

L'ironie, c'est que c'est aujourd'hui l'élite managériale du capital international qui aura le plus tendance à se plaindre de la fausse conscience des travailleurs excessivement attachés à l'idée de nation (ceux qui, par exemple, souhaitent qu'on mette des restrictions à l'immigration). Ce sont désormais les capitalistes qui appellent les «prolétaires du monde entier» à «s'unir» pour en finir avec les «distorsions» du marché du travail (les

salaires trop élevés) engendrées par les frontières politiques. Ce slogan exprimait jadis l'espoir d'organiser une
main-d'œuvre dispersée et exploitée, il décrit aujourd'hui
la disponibilité d'une immense masse de « ressources
humaines ». À cela vient s'ajouter le prestige moral un
peu facile du multiculturalisme, ce qui fait que ce nouvel
internationalisme trouve des défenseurs à gauche. Au
sommet de la chaîne alimentaire, les membres de l'élite
s'enorgueillissent de leurs goûts cosmopolites, de leurs
restaurants japonais et de leurs petites amies brésiliennes.
Mais quand son usine est délocalisée, à quoi peut se rac-
crocher le travailleur de l'industrie automobile ? Il n'est
plus aussi facile d'être fier de travailler chez Rolls Royce
quand vous vous contentez d'assembler des pièces fabri-
quées Dieu sait où.

Dès lors, que faire ? Vous pouvez essayer de trouver un
travail dans les interstices de l'économie, un emploi dont
le débouché marchand soit entièrement compatible avec
l'échelle humaine des interactions face à face. C'est ce
qu'offre un environnement comme le *speed shop*, à savoir
une communauté de fabricants et de réparateurs entièrement intégrée au sein d'une communauté d'usagers. Ce
type d'entreprise n'est pas « extensible », elle n'est pas susceptible de faire saliver les investisseurs étrangers, qui ne
pourront pas soumettre de telles activités à leurs appétits
de réingénierie et de délocalisation.

* * *

Cette réflexion sur le rapport entre communauté et sens
du travail ne se limite pas nécessairement aux métiers
artisanaux. Prenons de nouveau l'exemple de notre
vendeur d'hypothèques amateur d'alpinisme. D'abord,
examinons les antécédents historiques de la profession
bancaire. Aux États-Unis, au XIXe siècle, il était interdit
d'ouvrir une succursale d'une banque dans une localité
différente du lieu d'origine de la maison mère. Les habi-
tants devaient pouvoir nourrir une confiance personnelle
envers leur banque avant d'y déposer leurs économies, et

les banquiers devaient être capables d'évaluer la personnalité des emprunteurs avant de leur faire un prêt. La
conviction générale était que « les intérêts des banquiers
et ceux de la communauté coïncident parfaitement »,
comme l'écrit une spécialiste de l'histoire sociale du
système financier[132]. Imaginons un banquier assis face à
un jeune couple et qui commence à se former un jugement sur leur fiabilité financière, c'est-à-dire en fait sur
leur personnalité. Cette personnalité est connaissable
grâce à l'existence d'une communauté. Le banquier peut
se renseigner auprès de l'épicerie ou de la quincaillerie
locale, il perçoit les indices subtils qui se manifestent
dans le ton d'une voix ou dans le langage corporel des
propriétaires de ces commerces au moment de mentionner le nom de leurs clients, et il se renseigne sur leur
solvabilité. Une fois satisfait, il se porte garant du jeune
couple auprès de ses collègues banquiers qui vivent dans
la même communauté, et le couple obtient son emprunt
hypothécaire. Une relation de trente ans s'établit entre la
banque et le couple. Le banquier estime avoir rendu un
service utile en récompensant la vertu grâce à une application diligente de ses facultés de discernement et à sa
connaissance des mœurs humaines. C'est ce que Thomas
Lamont, directeur de J. P. Morgan, expliquait à ses collègues en 1923 : la confiance des clients dans une banque
ne se fonde pas simplement sur une présomption d'honnêteté, mais « c'est la communauté dans son ensemble
qui exige du banquier qu'il soit un observateur honnête
de son environnement, qu'il en examine les conditions
financières, économiques, sociales et politiques de façon
constante et scrupuleuse, et qu'il en acquière une vision
d'ensemble[133] ».

---

132. Simone POLILLO, *Structuring Financial Elites: Conservative Banking and the
   Local Sources of Reputation in Italy and the United States, 1850-1914*, thèse,
   université de Pennsylvanie, 2008, p. 157. Comme l'expliquait J. P. Morgan à
   l'occasion d'une enquête parlementaire en 1913, « la première chose à prendre
   en compte est la personnalité. [...] Si je n'ai pas confiance en un individu, il
   peut m'offrir toutes les garanties financières et institutionnelles du monde,
   il n'aura pas mon argent » (citation, p. 158).
133. Cité *in ibid.*, p. 159.

Qu'en est-il du vendeur de crédits hypothécaires aux environs de l'année 2005, par exemple ? Le capitalisme absentéiste contemporain change complètement la nature de son travail. Vu qu'il sait que le crédit qu'il accorde sera vendu par la banque émettrice (une succursale d'une banque nationale) à une autre entité financière, il n'a pas à se préoccuper de la solvabilité des candidats. La banque n'est pas intéressée par la viabilité de son prêt à long terme, mais seulement par la rémunération qu'elle encaisse du fait qu'elle en est l'initiatrice. Tous ces crédits hypothécaires seront agrégés dans des paquets financiers définis à Wall Street, et ces paquets eux-mêmes seront « titrisés » et transformés en particules d'une quantité générique, la « dette immobilière », lesquelles seront vendues au gouvernement chinois et à d'autres investisseurs. Parce qu'elle continue à engager la question de la confiance, la rencontre initiale entre prêteur et emprunteur n'est pas moins saturée de contenu moral en 2005 qu'un siècle auparavant, et nul doute que les deux parties en sont bien conscientes. Le vendeur de crédits continue à éprouver un sentiment viscéral quant à la fiabilité de ses clients. Mais cette information est désormais tenue pour négligeable – et cette négligence, garantie par un véritable processus de dépersonnalisation, est parfaitement délibérée[134]. De fait, la banque émettrice reçoit de fréquents

---

134. Si vous avez déjà demandé à un ami de vendre votre voiture pour vous, vous savez déjà à peu près comment cette dépersonnalisation fonctionne. Mieux vaut ne pas encombrer votre ami avec tous les détails des avanies mécaniques de votre véhicule. De cette façon, quand l'acheteur potentiel lui demandera s'il y a des problèmes à signaler, il pourra répondra en toute sincérité qu'il n'en sait rien. C'est ainsi que fonctionne le commerce des voitures d'occasion ; quand vous vendez votre voiture, elle n'est jamais revendue au prochain propriétaire par le même négociant qui vous l'a achetée. Elle passe par une série d'enchères à travers lesquelles son origine et l'histoire de ses réparations sont délibérément oblitérées. Tout le monde a ainsi les mains propres. Les économistes parlent à ce sujet d'« asymétries informationnelles », lesquelles procurent un avantage notable à une des parties contractantes. Cependant, je n'ai jamais lu d'analyse de ce phénomène dans le cas où c'est un secteur entier du marché qui repose sur ce type d'occultation de l'information. La titrisation des crédits hypothécaires douteux et l'invention de produits dérivés indéchiffrables sur la base de ces créances semblent servir le même objectif (en supposant qu'elles aient aussi d'autres objectifs). Mais, dans ce cas, le niveau de complexité mathématique qui plonge dans l'opacité l'entièreté du processus épargne à ses participants le type de sentiment de culpabilité

appels téléphoniques d'investisseurs de Wall Street qui lui demandent d'inventer de nouvelles formules de prêt pour lesquelles l'emprunteur n'aura même plus besoin de *prétendre* offrir les moindres garanties financières ou immobilières, et encore moins de prouver leur existence[135]. Soumis par ce biais à une pression psychique implacable, le courtier qui rédige les termes de l'emprunt doit étouffer en lui la voix de la prudence et suspendre sa capacité de *jugement* et d'*observation*.

Que faut-il penser d'un système qui exige l'abêtissement des professionnels du crédit? Revenons encore une fois à l'année 2005. On constate l'émergence sans précédent d'énormes concentrations de capitaux qui sont en concurrence pour les placements et cherchent un retour sur investissement. Il en résulte au niveau mondial une avidité insatiable pour les titres fondés sur les crédits hypothécaires. Les rémunérations des divers niveaux de transactions entre les banques émettrices et les investisseurs alimentent un véritable boom financier. *Le système exige encore plus de crédits.* Notre courtier rédige alors des contrats dont il sait qu'ils ne sont absolument pas viables, et il gagne ce faisant énormément d'argent. Privé de la capacité de jugement qui est au cœur de la notion même de crédit, saturé de mauvaise foi, son travail repose désormais sur une forme d'irresponsabilité liée à la disparition de tout ancrage communautaire. S'il possède encore un vague résidu de conscience fiduciaire, celle-ci sera un handicap dans la course générale à l'irresponsabilité qui mobilise ses concurrents. Désormais, son travail est incapable de contribuer à son épanouissement en tant qu'être humain. Bien au contraire, il compromet ce qu'il y a de meilleur en lui, et il devient impératif pour notre homme d'isoler son activité professionnelle du reste de son existence. C'est ainsi que, pendant ses vacances, il part escalader l'Everest

---

latent qui peut encore vaguement tourmenter la conscience d'un vendeur de voitures d'occasion. Seul le vendeur initial du crédit hypothécaire aura éventuellement des problèmes résiduels avec sa conscience.

135. Voir l'analyse de la crise des *subprimes* diffusée par l'émission de National Public Radio, *This American Life*, épisode 355, «The Giant Pool of Money», disponible sur www.thislife.org.

pour renouveler ses forces vitales. L'année suivante, il fera de l'écotourisme dans la jungle amazonienne. Ce n'est que dans le ghetto protégé de sa deuxième vie qu'il pourra de nouveau habiter un ordre moral intelligible, où le sentiment et l'action communient encore, fût-ce seulement pour une ou deux courtes semaines.

La plénitude de l'engagement

La conception du bonheur chez Aristote peut nous permettre de mieux comprendre les activités qui engagent véritablement toutes nos facultés, et sans doute aussi de mieux saisir le rapport entre travail et loisirs. Cette conception repose sur une appréhension globale des créatures : pour comprendre un être vivant quel qu'il soit, la meilleure façon de procéder est de l'observer et de déceler son activité caractéristique. Cette activité est la « fin » spécifique de la créature, son *telos* en grec. En anglais, cette compréhension téléologique du bonheur est bien résumée par un dicton comme « *Happy as a pig in shit* » (« Heureux comme un cochon dans un tas de merde »). Les porcs se vautrent dans les excréments, et ils aiment ça. Les dauphins adorent faire des cabrioles aquatiques. Il est intéressant de souligner en passant que la biologie d'Aristote fonctionne à contre-courant de la vision darwinienne contemporaine. Pour un néodarwinien, les cabrioles du dauphin doivent nécessairement avoir une fonction en termes de survie, qu'il s'agisse de la préservation de l'individu ou de la transmission de ses gènes. J'ai plutôt tendance à penser que, si l'on pouvait interroger un dauphin à ce sujet, il nous dirait que c'est exactement le contraire : il ne fait pas des cabrioles pour survivre, il vit pour pouvoir faire des cabrioles. En tout cas, c'est exactement la conception d'Aristote. Ce type d'activité est vécue comme un bien intrinsèque, elle contient sa fin en elle-même et la met en acte « en temps réel », comme on dit aujourd'hui.

En apparence, le bain de boue du cochon et les cabrioles du dauphin sont des activités de « loisir ». Pourtant, les animaux font beaucoup de choses qui ressemblent à du travail, modifiant les formes de la nature à des fins utilitaires.

L'oiseau construit son nid, l'araignée, sa toile. Certains ont même recours à des outils rudimentaires, comme la loutre qui se sert d'une pierre pour briser la coquille d'un ormeau ou le chimpanzé qui utilise une tige pour attraper des termites. D'après Hobbes, ce qui différencie l'être humain, c'est que les animaux partent de l'effet désiré et découvrent l'instrument adéquat, tandis que nous sommes capables de percevoir n'importe quel objet comme un outil potentiel et d'imaginer tous les usages possibles auxquels il pourrait servir, aussi extraordinairement distincts que soient ces usages. Pour les êtres humains, la notion même d'outil est liée à une interrogation morale. Dans la mesure où les messages que nous transmet la nature sont fondamentalement ambigus, nous sommes obligés de nous demander ce qui est bon pour nous. Si vous donnez pour la première fois un marteau à un petit garçon, observez sa réaction, et vous verrez se dessiner sur son visage la conscience du fardeau qu'il doit désormais assumer (alors qu'il se tourne vers le chat, par exemple).

Il y a donc toujours une dimension d'investigation morale qui plane autour de nos activités pratiques, sans qu'elle soit nécessairement consciente ou qu'elle fasse l'objet d'une réflexion scrupuleuse et explicite. Dans le même esprit qu'Aristote, Brewer lie cette dimension à notre expérience du type de plaisir que nous éprouvons quand nous sommes complètement absorbés par une activité (comme Nadia Comaneci sur sa barre d'exercice). D'après lui, « il existe une forme de discernement cognitif qui accompagne et soutient les activités auxquelles nous accordons une valeur intrinsèque », et c'est cette forme d'attention évaluatrice qui rend l'activité en question plaisante. « Prendre plaisir à une activité, c'est s'engager à fond dans cette activité, et cette forme d'absorption repose sur une attention aiguë et opiniâtre à l'égard de ce qui rend ladite activité bonne ou digne d'être poursuivie [...]. Si nous n'étions mobilisés que par la valeur instrumentale de l'activité [...], cette attention évaluatrice ne serait pas orientée vers l'activité, mais vers le résultat escompté – à savoir vers autre chose que ce que nous sommes en train de faire. Or, ce type d'attention extrinsèque [...] risque de nous rendre absent à notre tâche et de la rendre fastidieuse[136]. »

Il existe une expérience classique de psychologie qui semble confirmer l'argumentation de Brewer. On distribue des marqueurs à des enfants qui aiment dessiner et on les encourage à s'en servir. Une partie des enfants sont informés à l'avance qu'ils vont recevoir une récompense pour leur dessin (un diplôme avec un sceau doré et un ruban), tandis que les autres s'activent sans aucune perspective de gratification finale. Au bout de quelques semaines, on constate que les bénéficiaires de la récompense dessinent avec moins d'enthousiasme spontané et que leurs dessins sont de moins bonne qualité, tandis que les enfants non récompensés continuent à prendre plaisir à cette activité et que leurs dessins sont de meilleure qualité. Les psychologues émettent ainsi l'hypothèse que lorsque l'intérêt de l'enfant, qui n'avait auparavant besoin d'aucune justification, commence à se déplacer vers une gratification externe, cela réduit son intérêt intrinsèque pour l'activité entreprise[137]. Ce qui veut dire qu'une gratification externe peut affecter la façon dont un individu perçoit ses propres motivations, en fonction d'une logique de prophétie autoréalisatrice. C'est sans doute un effet similaire qui explique le fait souvent observé que, quand vous faites d'un hobby votre moyen de subsistance, il devient généralement moins gratifiant. De la même façon, l'intellectuel qui poursuit une carrière universitaire tend à se professionnaliser à l'excès et parfois à cesser de penser.

Ce raisonnement tendrait à suggérer que c'est seulement dans les activités de loisirs que peut émerger le type de concentration intense et d'attention évaluatrice que nous venons de décrire. Il faudrait alors en conclure qu'une telle absorption gratifiante serait hors de portée de toute activité entreprise dans le but de gagner de l'argent. Car si l'argent

---

136. Je cite les p. 11-13 d'un manuscrit de Talbot Brewer, *The Retrieval of Ethics*, à paraître chez Oxford University Press.

137. M. P. Lepper, D. Greene et R. E. Nisbett, « Undermining Children's Intrinsic Interest with Extrinsic Reward: A Test of the "Overjustification" Hypothesis », JPSP 28 (1973), p. 129-137.

est indéniablement un bien, il ne l'est pas de façon intrinsèque, il exprime une puissance générique, et sa valeur
propre flotte indépendamment de toute évaluation *spécifique*
susceptible d'engager notre attention et de stimuler notre
activité. Le fait de garder à l'esprit pendant l'activité de
travail un bien spécifique à atteindre ultérieurement (une
opportunité d'escalader l'Everest, par exemple) ne résout
nullement le problème. De telles anticipations imaginaires
ne peuvent pas donner du sens au travail lui-même ; bien au
contraire, elles risquent de nous aliéner encore plus par rapport audit travail. Et, malheureusement, cette forme d'aliénation est peut-être justement ce que nous recherchons.

* * *

Mais tout cela est sans doute beaucoup trop catégorique.
Car il existe bien des gens qui apprécient leur travail. Vous
pouvez très bien gagner votre vie dans telle ou telle profession sans que l'argent, ou ce qu'il vous permet d'acquérir,
soit au centre de votre engagement. Pour être capable de
soutenir notre intérêt, un travail doit offrir une possibilité de progresser dans l'excellence. Dans les meilleurs
des cas, il me semble que l'excellence en question a des
ramifications en aval. Ce que je veux dire par là, c'est
qu'elle est susceptible de servir ou de nous orienter vers
une compréhension plus exhaustive de la vie bonne.

Je préfère réparer les motocyclettes que monter des
installations électriques (même si je pourrais gagner
deux fois plus en tant qu'électricien)[138]. Ces deux métiers

---

138. L'éthique du travail protestante traditionnelle alimente sans doute des vertus
génériques comme la diligence, mais elle n'a rien à nous dire au moment
d'évaluer certains types de tâches par rapport à d'autres. L'idéal libéral du
travail librement choisi (tel qu'on le trouve par exemple dans les derniers
écrits de Betty Friedan) est tout aussi peu discriminant, dans la mesure où
il s'abstient de porter un jugement sur la valeur morale respective de tel ou
tel travail (il y a là une similitude identifiée par Russel Muirhead dans son
excellent ouvrage *Just Work*). Ces deux façons d'attribuer au travail en soi
une valeur transcendante sont parfaitement compatibles avec la logique de
l'équivalence constitutive et généralisée qui prévaut dans l'échange marchand.
Toutes les distinctions qui nous importent vraiment y sont oblitérées, ce qui
semble engendrer une distorsion de la dimension humaine de notre activité

se caractérisent par un bien intrinsèque qui engage mon attention, mais le travail de mécanicien est plus riche de sens, parce que c'est non seulement la réparation, mais aussi la *conduite* qui répondent à certaines de mes intuitions concernant l'excellence humaine. De mon point de vue, les motards captent quelque chose de fondamental, et c'est ce bien intrinsèque que je souhaite servir, ce sport royal qui ressemble à une version transfigurée de la vocation guerrière.

Mon boulot, c'est de tout faire pour que les motos roulent parfaitement, et cette activité sert un bien supérieur, celui qui se manifeste quand un de mes clients prend un virage en courbe tellement penché que son genou bien protégé frôle le bitume du Blue Ridge Parkway[139]. Ce moment de foi, d'audace et de talent projette une lumière transfiguratrice sur mon travail. Je fais tout pour que les coussinets de direction de mon client paraissent aussi doux et légers que possible sans pour autant autoriser trop de jeu, et pour que ses bagues de bras oscillant soient parfaitement ajustées afin qu'il sente bien ses pneus. Car c'est seulement de cette façon qu'il peut prendre pleinement possession de la route. Si je conduis à vingt mètres derrière lui, je veux pouvoir percevoir la confiance qu'il a dans le châssis que j'ai ajusté, exprimée par la façon dont il appuie fièrement sur l'accélérateur à la sortie d'un virage. Si jamais je le perds de vue, sans doute le retrouverai-je au col de Cumberland, où il me signalera qu'il a besoin d'une huile de fourche plus légère pour avoir moins d'amortissement dans le train avant.

J'essaie d'être un bon mécano. Cet effort construit ma relation avec mes semblables, en particulier avec ceux qui incarnent l'excellence en matière de motocyclisme, parce que ce sont eux qui peuvent le mieux juger à quel point

---

productive. Car il est difficile de croire que la *nature* de l'objet ou du service produit ainsi que son inscription signifiante au sein du réseau des pratiques humaines de ses usagers ne donnent pas une tonalité spécifique à l'activité de production ou de réparation. C'est particulièrement vrai quand la tâche du fabricant ou du réparateur est enrichie par une perception directe de l'usage qui est fait du produit de son travail dans un contexte pleinement signifiant.

139. Célèbre autoroute panoramique qui longe les Appalaches (N.d.T.).

je suis arrivé à atteindre les biens fonctionnels auxquels j'aspire[140]. Je ne saurais même pas quels sont ces biens si je ne passais pas une partie de mon temps avec des conducteurs bien plus qualifiés que moi, et donc plus à même de discerner ce qu'est une bonne moto[141]. Mon travail m'inscrit donc dans une communauté spécifique. Les problèmes mécaniques limités dont je m'occupe ont leur place dans un cercle de significations bien plus ample ; ils sont au service d'une activité que nous reconnaissons tous comme partie intégrante d'une vie bien vécue. Cette reconnaissance commune, qui n'a pas besoin d'être exprimée verbalement, est à la base d'une amitié gouvernée par des représentations concrètes d'une certaine forme d'excellence.

140. J'entretiens aussi des relations avec d'autres mécanos qui sont capables d'évaluer mon travail de façon différente de celle d'un conducteur. Lors de ma dernière année à Chicago, tout au long de l'hiver et du printemps, Fred Cousins n'avait vu que des composantes (le démarreur, les deux moitiés du carter moteur) de la moto de sport que j'étais en train de construire. À la fin du mois de mai, quand j'arrivai enfin à son atelier en chevauchant mon véhicule, il le contempla pendant quelques minutes sans prononcer un seul mot. Finalement, il se pencha et me signala que le circlips du maillon rapide de la chaîne de transmission était monté en sens inverse de sa position traditionnelle. Ce n'est que plus tard que je me rendis compte que la position conventionnelle était effectivement la meilleure.

141. J'ai acquis une vive conscience de cet aspect de la chose à l'occasion d'une course classique, le Virginia International Raceway. Dans les courses amateures, la plupart des motards sont aussi leurs propres mécanos, et ils sont constamment en train d'expérimenter pour améliorer leurs performances. Certains maintiennent leurs trouvailles secrètes, d'autres sont plus ouverts. Alors que Tommy et moi déambulions sur l'aire de stationnement, nous tombâmes sur Eric Cooke, qui venait d'accéder au rang de numéro un dans sa catégorie avec sa Honda CB350. Il se trouve qu'Eric est de Richmond. Il se montra très généreux de ses connaissances acquises sur les circuits. Chez les mécanos de Richmond, le bruit courait qu'Eric, avec l'aide d'un véritable chevalier Jedi des têtes de cylindre de CB350 (que personne ne semblait capable d'identifier), avait construit un moteur capable de monter à cinquante chevaux, ce qui est à peu près le double de la normale. Au milieu de notre conversation, il fut appelé à rejoindre les participants de sa course. Au moment de démarrer, il se rendit compte que le reniflard (qui était en réalité une bouteille en plastique vide) s'était détaché du châssis. Eric était entièrement harnaché, casqué et ganté, et se trouvait donc pratiquement impuissant dans ce moment de panique. Dans un déploiement impressionnant de présence d'esprit et d'initiative, Tommy s'empara d'une paire de pinces et d'une caisse de câbles de sécurité qui traînaient dans le coin et fixa promptement le reniflard au châssis. Eric démarra aussitôt.

Mais au fond, je ne cherche pas à recommander spécialement la pratique du motocyclisme ni à idéaliser la vie du mécano. Ce que j'essaie plutôt de suggérer, c'est que, si nous suivons à rebours les traces de nos actions jusqu'à leur source, celles-ci peuvent nous instiller une certaine compréhension de la vie bonne. Une telle compréhension peut être difficile à exprimer de façon explicite ; il revient au questionnement moral de la mettre en lumière. Un tel questionnement peut être encouragé par des activités pratiques exercées en compagnie d'autrui, lesquelles donnent lieu à une sorte de conversation en acte. S'il repose sur ce type de conversation, alors le travail peut offrir un certain degré de cohérence à nos existences.

Solidarité et indépendance

Cet ouvrage est le fruit d'une tentative d'appréhender de façon critique ma propre expérience du travail. Il s'agissait pour moi d'essayer de comprendre les potentialités humaines latentes dans mon activité quand le travail était un « bon » travail, et, quand il ne l'était pas, de déterminer les caractéristiques qui entravaient ou mutilaient systématiquement ces potentialités. Ce faisant, nous avons eu l'occasion de réfléchir sur la nature de la rationalité, sur les conditions de l'agir individuel, sur la dimension morale de la perception et sur l'idéal fuyant de la communauté.

Mes arguments sur le sens du travail se limitent-ils au domaine des métiers artisanaux ? Si nous acceptons le témoignage du banquier du début du XXe siècle cité au chapitre 8, nous constatons que son travail s'appuyait sur une perception directe, une « vision d'ensemble » de sa communauté qui lui permettait d'émettre des jugements sur la personnalité de ses clients. C'est ce type d'attention évaluatrice qui nous connecte à notre travail en tant qu'êtres humains authentiques. Comme l'illustre l'histoire ultérieure du système financier, quand une profession est susceptible d'être dépersonnalisée, soumise à un processus d'«extensibilité» et rendue dépendante de forces distantes du site de son exercice, elle court le risque de subir une dégradation tellement accentuée que le travailleur se verra obligé de censurer ses meilleurs instincts.

L'attrait spécifique des métiers artisanaux, c'est le fait qu'ils résistent à cette tendance au téléguidage, parce qu'ils s'inscrivent de façon intrinsèque dans un contexte spécifique. Dans le meilleur des cas, les activités de construction ou de réparation sont inséparables d'une communauté d'usagers. Les interactions face à face y sont encore la norme, l'individu y est responsable de son propre travail, et la solidarité du collectif de travail repose sur des critères sans ambiguïté, au contraire des rapports sociaux de manipulation qui prévalent dans le «travail en équipe» des cols blancs. Il existe certainement d'autres types de tâches avec lesquelles je ne suis pas familier et où ces biens intrinsèques peuvent être réalisés; je laisse à d'autres le soin de les explorer.

Aristote inaugure sa *Métaphysique* avec l'idée que «tous les hommes désirent naturellement savoir». J'ai avancé l'idée que la véritable connaissance naît d'une confrontation avec le réel. Par conséquent, le travail offre une espèce d'anticipation accessible de la philosophie. Mais sa valeur ne réside pas seulement dans sa préfiguration d'une expérience plus haute. En réalité, dans le meilleur des cas, le travail offre lui-même une approximation du bien que vise la philosophie comprise comme mode de vie: une communauté de ceux qui désirent savoir.

Solidarité et éthos aristocratique

Quand j'avais seize ans, je suis parti tout seul pour l'Inde. En descendant de l'avion et en pénétrant dans la fournaise de Bombay, je sentis une odeur étrange et répugnante: j'appris plus tard qu'il s'agissait du remugle des ordures qu'on brûle. Au lieu de faire la queue sagement, les Indiens prenaient d'assaut les arrêts de bus. Cette masse de corps collés contre moi dégageait elle aussi une odeur nauséabonde, je me sentais complètement étranger à tous ces gens qui me touchaient littéralement. Leur regard paraissait un peu vide, comme si leurs yeux n'ouvraient pas sur les mêmes profondeurs de conscience que les miens.

Le jour suivant, le *rickshaw* que j'avais emprunté s'arrêta au feu rouge à côté d'un chantier de construction. J'aperçus un groupe d'hommes chaussés de sandales et fumant des mégots de cigarettes. Ils avaient installé une rangée de rouleaux de câble métallique sur un manche à balai posé en équilibre entre deux cageots. Je fus secoué par le choc de la révélation : ils s'apprêtaient à faire passer ces câbles par des conduites. Ma morosité et mon sentiment d'aliénation se dissipèrent aussitôt ; j'avais envie de sauter de mon *rickshaw* et de leur dire : « C'est aussi mon métier ! » Tout d'un coup, je me sentais connecté avec ce petit groupe d'électriciens. Quel lubrifiant utilisaient-ils ? (Aux États-Unis, c'est la marque Ideal Yellow 77.) Avaient-ils recours à la même technique que la nôtre pour former la « tête » du faisceau de câbles qui doit passer par la conduite et qui doit être aussi étroite que possible ? Est-ce qu'ils racontaient les mêmes blagues inévitablement obscènes ? Je constatai que le plus costaud de l'équipe, un sikh à en juger par son turban, était posté à une extrémité de la conduite pour tirer les câbles à lui, tout comme en Amérique. Le sentiment oppressif d'être un étranger parmi des étrangers s'évaporait au fur et à mesure que je me projetais par imagination dans ce moment précis de leur journée de travail. Leur rapport au monde m'était tout à fait familier, leurs repères étaient les mêmes que les miens et la conscience tapie derrière leur regard ne m'était plus du tout étrangère.

La plupart des systèmes d'éthique universalistes exigent de nous une certaine forme d'« obligation envers autrui ». Cette exigence a quelque chose d'un peu sinistre, elle ressemble à une convocation officielle à faire partie d'un jury. Pour les kantiens, une telle obligation s'enracine dans une argumentation rigoureuse, mais je me sens incapable de les suivre dans ce sens. En revanche, la notion de *solidarité* est plus susceptible de me mobiliser, dans sa parenté avec l'amour. Il ne s'agit pas d'un impératif abstrait, mais d'une expérience réelle que nous éprouvons de temps à autre. Sa portée est nécessairement plus étroite et sa dimension affective plus intense que celles d'une loi universelle éthérée.

Il existe de fait une organisation syndicale qui s'appelle la Fraternité internationale des travailleurs de l'électricité (International Brotherhood of Electrical Workers). Elle n'a en réalité pas grand-chose d'international, vu que son recrutement se limite au Canada et aux États-Unis. Mais ce nom capture de façon éloquente l'expérience de la fraternité que j'éprouvais depuis mon *rickshaw* de Bombay. Cette expérience offre peut-être une alternative aux diverses tentatives de dépasser l'autarcie de l'individu moderne en vertu de critères universalistes.

L'humanitarisme progressiste considère les droits de l'homme, ancrés dans notre commune humanité, comme le fondement de notre obligation envers nos semblables éloignés. Il s'agit là d'un noble idéal, mais peut-être bien trop noble pour véritablement mobiliser nos capacités affectives. Quand nous finissons par percevoir l'humanité d'êtres qui nous étaient jusqu'alors invisibles, il me semble que c'est généralement parce que nous avons entrevu en eux quelque trait spécifique. Il peut s'agir d'une expérience quotidienne que nous partageons avec eux, comme monter une installation électrique, ou bien au contraire de quelque chose d'extraordinaire qui attire notre attention par sa capacité de nous impressionner – une preuve quelconque d'*excellence.*

L'admiration de l'excellence humaine relève d'un éthos aristocratique. Il est peut-être un peu excentrique de parler d'aristocratie à notre époque, mais il convient de tenir compte de cette vérité paradoxale : l'*égalité* est elle-même un idéal aristocratique. C'est l'idéal de l'amitié entre ceux qui se tiennent à distance de la masse et se reconnaissent entre eux comme des pairs. Cela peut concerner des professionnels spécialisés ou des travailleurs sur un chantier. En revanche, l'idéal bourgeois ne repose pas sur un principe d'égalité, mais sur un principe d'équivalence – sur l'idée d'une interchangeabilité qui efface les différences de rang.

Ce type de raisonnement peut nous aider à obtenir une conscience plus claire de nos intuitions aristocratiques, et ces dernières peuvent en fait contribuer à humaniser et à approfondir nos convictions démocratiques plutôt que les menacer. Les individus qui nourrissent des sympathies aristocratiques ont une conscience aiguë des notions de rang et de différence, et prennent plaisir à les contempler. Je crois que nous partageons tous ce type de réaction face au spectacle du talent, mais il nous est devenu difficile de l'exprimer. Dans une société où « tous les enfants sont au-dessus de la moyenne », comme le dit le romancier Garrison Keillor dans *Lake Wobegon Days*, il semble illégitime de rendre justice à la notion de rang. Et pourtant, c'est précisément notre attirance envers l'excellence – notre disponibilité permanente à en percevoir les manifestations les plus exceptionnelles – qui peut nous amener à contempler diverses pratiques humaines avec une certaine ouverture d'esprit, sans préjugés, et à trouver des exemples de qualités supérieures dans les domaines les plus inattendus. Je pense par exemple aux performances intellectuelles de personnes qui exercent une profession « salissante », comme la mécanique. Par le biais de telles découvertes, nous étendons l'horizon de notre imagination à des individus qui ne sont pas pris au sérieux par les critères conventionnels d'évaluation, et nous en venons à les trouver admirables. Ce qui nous incite à le faire, ce n'est pas le type d'injonction morale à laquelle les égalitaristes universalistes nous invitent à obéir, mais la perception de quelque chose de vraiment digne d'admiration, et le choc que nous en éprouvons.

À la différence de l'égalitariste universaliste, l'amant de l'excellence est enclin à sortir de lui-même de façon presque érotique. L'empathie du premier, projetée à distance et sans discrimination, relève plus de principes abstraits que d'une attention concrète. En cela, elle est semblable à l'art de mauvaise qualité ou aux lacets mathématiques : elle présuppose l'humanité de ses bénéficiaires sans vraiment l'embrasser du regard. Mais le destinataire de ce type d'empathie désire quelque chose de plus qu'une reconnaissance générique. Il veut être perçu comme un individu et souhaite que sa valeur soit reconnue en fonction des critères qu'il s'est lui-même *efforcé* de respecter, voire de dépasser, en cultivant telle ou telle forme spécifique d'excellence ou de compétence.

L'importance de l'échec

Le praticien d'un art stochastique tel que la réparation de motocyclettes fait l'expérience quotidienne de l'échec. Aujourd'hui même, par exemple, juste avant de m'asseoir pour rédiger ces lignes, je me suis vu confronté à une vis estropiée coincée dans une culasse de moteur. J'ai dû sectionner la tête de la vis avec un burin pneumatique (relativement facile), poinçonner la tige restante au pointeau (*idem*), puis la faire sortir de son trou avec une mèche au cobalt. Cette dernière procédure est toujours passablement délicate et, de fait, la mèche a cassé à l'intérieur du trou que j'étais en train de forer. À ma connaissance, il n'existe pas de mèche plus résistante qu'une mèche au cobalt pour dégager un morceau de mèche au cobalt coincé. (Toutes mes excuses à Bob Gorman, le propriétaire de la culasse – je promets que je trouverai un moyen quelconque de le dédommager.) Tout semblait marcher comme sur des roulettes et puis voilà que, à un moment donné, je me suis retrouvé dans une impasse. Un mécanicien finit par intérioriser ce type d'échec, qui nourrit à la fois une certaine forme de pessimisme et une attitude autocritique. *Non seulement les choses tendent à tourner au vinaigre, mais vos propres actions contribuent à ce processus.*

À partir d'un certain niveau de la hiérarchie sociale, les individus censés prendre les grandes décisions qui nous affectent tous ne semblent guère avoir le sens de leur propre faillibilité. Cette méconnaissance de la possibilité de l'échec – et je parle du genre d'échec qu'on ne peut pas dissimuler sous des interprétations commodes – a sans doute quelque chose à voir avec le manque de prudence souvent manifesté par les dirigeants politiques et économiques dans les actions qu'ils entreprennent au nom de leurs semblables. Dans son ouvrage *Real Education*, Charles Murray cite une maxime attribuée au secrétaire de presse de Lyndon Johnson : « Quiconque n'a jamais été victime d'une déception majeure au cours de son existence ne devrait pas être autorisé à travailler à la Maison-Blanche. » À quoi Murray ajoute que « ce niveau de responsabilité est trop grand [...] pour être confié à des individus incapables de concevoir à quel point les choses peuvent tourner mal[142] ».

Mais, comme le soutient Murray, l'expérience de l'échec semble avoir été éliminée du système d'enseignement, au moins pour les élèves les plus doués. Les élèves en difficulté, eux, font constamment l'expérience de l'échec, et ils considèrent probablement les tentatives faites par les éducateurs de leur dorer la pilule en stimulant leur estime d'eux-mêmes comme une preuve supplémentaire de la folie des adultes. Mais les louanges constantes délivrées aux élèves les plus doués ont des conséquences encore plus pernicieuses, en particulier quand elles sont accompagnées par l'inflation des notes et le cursus laxiste qui sont notoirement d'usage dans les établissements d'élite. S'il évite les sciences naturelles et les langues étrangères, un étudiant peut y obtenir son diplôme sans jamais avoir fait l'expérience de *s'être trompé*.

Ce type d'éducation renforce les effets pédagogiques de la culture matérielle qui prévaut dans les milieux aisés et qui les isole de toute confrontation trop éprouvante avec la dure réalité – la réalité de l'échec, entre autres. Car l'échec vous oblige souvent à solliciter l'aide de vos semblables, comme quand vous tombez en panne au milieu de nulle part, sans téléphone cellulaire, et qu'il vous faut héler un automobiliste ou frapper à une porte inconnue. Une telle expérience de la dépendance vous enseigne généralement l'humilité et la gratitude.

On pourrait donc suggérer qu'il ne serait pas inutile que les meilleurs étudiants apprennent un métier artisanal, ne serait-ce que pendant les vacances d'été, afin de voir malmener sainement leur ego avant qu'ils ne se consacrent à diriger le pays. Mais ne suis-je pas ici en train de tomber dans une contradiction ? N'ai-je pas recommandé

---

142. Charles MURRAY, *Real Education, op. cit.*, p. 132.

les métiers artisanaux sur la base de la fierté qu'ils ins-
tillent à leurs pratiquants ? N'ai-je pas prêché la valeur de
l'indépendance (*self-reliance*) ?

L'agir individuel dans un monde commun

Effectivement, je me suis efforcé d'argumenter en faveur
d'un certain type d'indépendance, celle qui nous amène
à prendre les choses en main par nous-mêmes. Une telle
indépendance requiert une intelligibilité fondamentale de
nos possessions : d'où viennent-elles, comment fonctionnent-
elles, comment les entretenir ou les réparer ? Bref, une
appréhension de toutes les facettes qui rendent un objet
suffisamment lisible pour nous pour que nous puissions
nous en porter responsables.

Mais, vue sous un autre angle, la notion d'indépendance a quelque chose d'un peu sinistre, et on peut aussi
la percevoir comme visant essentiellement à nous consoler
de l'effondrement des institutions d'entraide mutuelle[143].
La retraite peut finir en naufrage, tout comme un mariage.
On rédige bravement un testament afin de ne pas être un
fardeau pour nos proches, les liens de famille cèdent la
place à la couverture santé des personnes âgées, et celle-ci
au compte retraite individuel. Pour remplir le vide qui
accompagne la solitude et l'affubler d'une touche de positivité, nous cultivons l'idéal du moi souverain, radicalement
libre et débarrassé de tout attachement à autrui. Il s'agit
en fait du moi du consommateur qui imprime sa marque à
l'univers en achetant des choses, donnant ainsi une expression active à ses préférences. Ces idéaux de liberté et de
choix exercent une puissante attraction, et tout se passe
comme s'il existait une corrélation entre notre solitude
et notre idéal du moi. Cette même éthique de la liberté
absolue se manifeste dans le comportement de l'homme
politique ou du dirigeant d'entreprise qui agissent au nom
de la collectivité sans avoir le moindre sens de leur faillibilité ou des conséquences éventuellement tragiques de
leurs actes. Face à cette tendance généralisée au solipsisme,
comment puis-je plaider pour l'indépendance ?

---

143. Je dois cet aperçu à Joseph E. Davis (communication personnelle).

En réalité, le type d'indépendance que j'ai à l'esprit est tout à fait différent du culte du moi souverain et il exige une réflexion plus profonde sur la notion d'agir humain. La capacité d'agir est souvent comprise en référence à l'idée d'activité autonome (*self-directed*) et en opposition à celle d'activité hétéronome (*dictated by another*). Une telle distinction est *a priori* séduisante, mais elle est susceptible de nous amener à commettre une erreur d'interprétation typique de la modernité. On entend le plus souvent par activité « autonome » une activité orientée par la volonté du sujet conformément à ses choix personnels et purement arbitraires. Par conséquent, l'opposition généralement établie est celle qui distingue les fins choisies par autrui des fins définies par le sujet lui-même. Dans le premier cas, le travail est aliéné, dans le deuxième cas, il est censé ouvrir la voie à l'autoréalisation et à l'épanouissement personnel.

Le concept d'agir humain que j'ai essayé d'illustrer dans cet ouvrage est différent. Il s'agit bien d'une activité orientée vers une fin qui est affirmée comme bonne par l'agent, mais cette affirmation n'a rien d'arbitraire ou de strictement privé. Elle découle plutôt de l'appréhension de caractéristiques réelles de son environnement. Cela peut être quelque chose de facile à saisir, comme quand un plombier explique à son apprenti comment vidanger correctement une canalisation pour éviter la remontée des gaz pestilentiels du tout-à-l'égout. Cela peut aussi être quelque chose qui exige un certain discernement, comme quand un motocycliste plus chevronné que moi m'explique pourquoi, de son point de vue de conducteur, il conviendrait de durcir l'amortissement du train avant de son véhicule. Dans les activités orientées vers une fin déterminée (une canalisation bien vidangée, un châssis bien équilibré), la valeur positive de la fin en question n'est pas simplement présupposée. L'individu y fait l'expérience progressive de la *révélation* des *raisons* pour lesquelles il doit viser cette fin et de la meilleure façon d'y parvenir. Tout au long du processus d'apprentissage d'un métier, cette fin spécifique s'inscrit peu à peu dans un contexte plus ample qui offre une définition implicite de ce que signifie être un

bon plombier ou un bon mécano. En général, cette signification est incarnée par un individu de chair et d'os qu'il
s'agit d'essayer d'imiter (comme j'ai tenté de le faire avec
Chas, puis avec Fred). Le caractère progressif d'une telle
révélation stimule les efforts de l'apprenti pour devenir un
travailleur compétent – quelque chose d'insoupçonné se
dévoile à ses yeux, et cela engendre une certaine exaltation. La sensation que votre jugement devient de plus en
plus pertinent fait partie de cette expérience d'engagement total dans une activité et nourrit le sentiment d'avoir
accès à un univers indépendant de votre subjectivité avec
l'aide d'un aîné plus avancé que vous sur ce chemin.

Le tribunal professionnel d'un menuisier, c'est son
niveau ; ce qui fait un bon électricien, c'est la différence
entre la lumière et l'obscurité ; le travail d'un mécano de
compétition est soumis au verdict du chronomètre. Ce type
de critère a une validité universelle que tout un chacun
peut constater, mais les distinctions les plus fines formulées
par les praticiens d'un art expriment aussi certaines subtilités esthétiques qui peuvent rester invisibles à l'observateur extérieur. Seul un compagnon de métier est à même
de déclarer : « Joli travail. » Pour pouvoir légitimement formuler un jugement sur ce type de détails subtils, il faut
partager une orientation commune à l'égard des finalités
fonctionnelles les plus fondamentales qui sont exprimées
par les critères objectifs de telle ou telle pratique. L'exécution d'un « joli travail » reflète la personnalité d'un artisan.
Non seulement son individualité est compatible avec cet
effort pour atteindre un but commun, mais c'est à travers
lui qu'elle se réalise.

Cette individualité s'exprime donc à travers une activité qui, parce qu'elle relève d'un monde commun, le met
en relation avec autrui : les clients qu'il sert et les autres
praticiens de son art, seuls compétents pour reconnaître
l'excellence spécifique de son travail. Une telle individualité sociable contraste avec l'autisme implicite de la notion
d'« autonomie », un terme qui, étymologiquement, exprime
l'idée d'obéir à sa propre loi. Or, cette notion occulte le fait
que nous sommes nés dans un monde qui existait avant

nous. Elle présuppose une forme de solipsisme ; un être autonome est libre au sens où un être totalement coupé des autres est libre[144]. Mais il s'agit là d'une conception qui oblitère notre dette naturelle à l'égard de l'univers et manifeste une forme d'ingratitude profondément erronée sur le plan moral. Car la réalité, c'est que nous sommes essentiellement des êtres dépendants : dépendants les uns des autres et dépendants d'un monde que nous n'avons pas créé.

***

Vivre éveillé, c'est vivre avec la pleine conscience de cette réalité de notre condition humaine. Vivre *bien*, c'est nous réconcilier avec elle, et essayer de parvenir à une forme ou une autre d'excellence. Pour ce faire, certaines conditions économiques sont plus propices que d'autres. Quand la conception du travail est trop éloignée du site de son exécution, non seulement les travailleurs sont divisés entre eux, mais chacun d'entre eux vit une contradiction interne. Car la pensée est intrinsèquement liée à l'action, et seule une activité rationnelle en coopération avec nos semblables peut satisfaire nos aspirations spécifiques.

Dans une économie véritablement humaine, la possibilité de parvenir à ce type de satisfaction ne serait pas exclue d'avance pour la plupart des gens. Mais une telle économie devrait d'abord fonctionner à une autre échelle. En Occident, les institutions sont organisées de façon à prévenir la concentration du pouvoir politique par le biais de dispositifs tels que la séparation des fonctions législatives, exécutives et judiciaires. En revanche, nous avons complètement échoué à prévenir la concentration du pouvoir économique, ou du moins à prendre en compte la façon dont cette concentration porte atteinte aux conditions de possibilité d'un épanouissement humain authentique (je parle de conditions de « possibilité », car

---

144. Je dois cette formulation sur le caractère solitaire de l'autonomie à une conférence sur l'*Enfer* de Dante prononcée par Anthony Esolen à l'université de Virginie le 5 novembre 2008.

un tel épanouissement n'est jamais garanti). Nous recherchons une consolation dans la consommation compulsive, laquelle agit comme une drogue qui nous évite d'avoir à faire face à cette réalité tout en contribuant à l'immense accumulation spéculative de ressources financières qui a provoqué la dernière crise.

Trop souvent, les défenseurs du libre marché oublient que ce qui nous importe vraiment, c'est la liberté des hommes. Produire des hommes libres suppose une économie susceptible de favoriser la vertu de l'indépendance, une économie où toute une série de types humains différents seront capables de trouver des emplois adaptés à leurs compétences. Il est plus que temps d'en finir avec la confusion entre propriété privée et propriété capitaliste[145]. Les conservateurs ont raison d'exalter la première en tant que pilier de la liberté, mais quand ils recyclent ces arguments en faveur des grandes entreprises, ils se transforment en apologistes de la concentration massive et croissante du capital. Le résultat, c'est que les opportunités de créer des formes d'emploi autonome et de travail indépendant sont expropriées par des forces lointaines.

Je laisse à d'autres, mieux versés que moi dans les rouages des politiques publiques et mieux prévenus de leurs possibles conséquences involontaires, l'initiative de proposer des mécanismes qui permettraient de préserver un espace pour ce type d'activité entrepreneuriale. Ce qui m'intéresse, c'est de recommander une approche républicaine progressiste de la question du travail. Il s'agit là sans doute d'une notion tout à la fois ambitieuse et probléma-

---

145. Cette erreur est favorisée par le principe de la « personnalité juridique » de l'entreprise, qui fut pour la première fois établi dans les années 1880, à l'occasion du contentieux entre le comté de Santa Clara et la compagnie ferroviaire Southern Pacific (*Santa Clara County v. Southern Pacific Railroad Company*, 118 U.S. 398 [1186]). C'est à cette occasion que les entreprises privées furent pour la première fois définies comme des « personnes légales » bénéficiant des droits et protections de l'individu et du citoyen définis par le quatorzième amendement à la Constitution des États-Unis. En conséquence de quoi, toute une série de projets de lois progressistes en matière économique et sociale furent déclarés inconstitutionnels sous prétexte qu'ils violaient la liberté de contrat des « individus » (les firmes, en l'occurrence). Mes remerciements à Richard Brake pour m'avoir signalé ce fait.

tique, mais disons que mon idée du républicanisme relève d'un esprit tribunitien qui perçoit avec hostilité tout ce qui érode la dignité de l'être humain. Le progressisme, quant à lui, alimente la vision d'un monde meilleur. Une disposition républicaine progressiste mettrait l'accent sur notre capacité collective à réaliser ce qu'il y a de meilleur dans la condition humaine et elle concevrait les conditions de cette réalisation comme un patrimoine commun qui ne peut pas être exploité de façon prédatrice sans conséquences graves.

Mais peut-être vaut-il mieux conclure sur une note de sobriété face aux espoirs de transformation radicale. Le désespoir culturel repose sur une perception de l'impuissance des individus face au développement historique. L'esprit révolutionnaire, en revanche, se nourrit de désirs de changement parfois exagérés. Promouvoir la vision exaltante d'un futur progressiste dans lequel les antagonismes économiques seront dépassés comporte un risque, celui de négliger et d'oublier la nécessité d'une entreprise plus modeste mais plus ardue, à savoir l'effort de vivre bien dans *cette* vie. L'alternative à la révolution, que j'aimerais appeler la voie stoïque, est résolument de ce monde. Elle insiste sur la permanence et la viabilité locale de ce qu'il y a de meilleur chez l'être humain. Dans la pratique, elle revient à déceler les interstices au sein desquels la capacité d'agir des individus et leur amour du savoir peuvent être mis en œuvre dès aujourd'hui, dans notre propre existence.

REMERCIEMENTS

Je souhaite d'abord remercier les artisans qui ont pris le temps de discuter avec moi de leur travail. J'ai trouvé particulièrement utiles et informatifs les apports de Fred Cousins, de l'atelier Triple « O » Service ; Bob Eubank, de Pro Class Cycles ; Jason Hosick, de Marshall's Service Center ; Scott Bruington, de Diesel Power of Virginia ; Dwayne, de Spicer Automotive ; Kenny, de B & W Auto ; Larry DeSouza, de DeSouza Heating ; Wendell, de A & E (Appliances and Electronics) ; Warren, de Pop-a-Lock ; Stuart, de Ballos Precision Machine ; ainsi que des chaudronniers Charles Yeager et Chris Hildebrand. Je souhaite aussi remercier Tom Hull, qui enseigne la technologie au Marshfield High School, à Coos Bay, Oregon, et Dennis Mattoon, qui enseigne la technologie automobile au Reynolds High School à Troutdale, Oregon.

Ce livre n'aurait probablement pas vu le jour si je n'avais pas fait la connaissance de Thomas Van Auken. Entre 2002 et 2005, nos efforts pour comprendre ce qui clochait dans les motocyclettes de nos clients ont souvent débouché sur d'interminables digressions à propos de l'art, des machines et de l'économie dans un entrepôt décrépit de Shockoe Bottom. De fait, cet ouvrage est largement le fruit de ces conversations autour d'un radiateur à gaz ou sous un ventilateur.

Les artisans de l'atelier Taylor et Boody, qui fabrique des orgues à tuyaux, ont fait preuve d'une grande générosité à l'occasion de mes fréquentes visites et m'ont fourni une abondance d'explications sur leur travail. J'avais prévu d'en rendre compte dans ce livre, mais j'ai finalement décidé d'y consacrer un ouvrage entier qui s'intitulera *The Organ Maker's Shop*.

L'Institute for Advanced Studies in Culture de l'université de Virginie a joué un rôle important dans la rédaction de ce livre. J'ai pu y bénéficier de toute une série d'échanges de vues audacieux et pénétrants, et de l'environnement stimulant instauré par James Hunter et Joe Davis. Je les remercie tous deux pour m'avoir accueilli. Dans les magnifiques salles du Watson Manor, qui abrite l'Institut, j'ai eu de nombreuses conversations qui m'ont orienté sur des pistes que j'aurais négligées sans cela. Je pense en particulier à mes discussions avec Joe Davis, Talbot Brewer et David Franz, qui ont formulé des idées et des critiques fondamentales. Ils reconnaîtront ici nombre de leurs propres réflexions, hélas inextricablement mêlées aux miennes. David Ciepley m'a lui aussi aidé à percevoir certaines choses plus clairement. À mon sens, ce groupe de chercheurs est en train d'élaborer une nouvelle façon de penser l'économie ou peut-être bien de récupérer une conception ancienne de cette science qui permettrait d'en faire de nouveau une discipline humaniste. D'autres membres de l'Institut m'ont fait connaître des penseurs que je considère désormais comme indispensables. Josh Yates m'a orienté vers les écrits d'Albert Borgmann; Andrew Witmer m'a introduit à l'œuvre de Michael Polanyi; Chris Nichols m'a donné un livre de Jackson Lears; Amy Gilbert m'a signalé Iris Murdoch. Je n'avais jamais lu Alasdair MacIntyre avant qu'il soit assigné au programme des séminaires du vendredi de l'Institut, dirigés par Slavica Jakelic. L'influence de MacIntyre est évidente dans ces pages. L'historien antique Xénophon rapporte ces propos de Socrate : « Je déroule et parcours en compagnie de mes amis les livres où les anciens sages ont déposé leurs trésors. Si nous y voyons quelque chose de bien, nous le recueillons, et nous regardons comme un grand profit de nous être utiles les uns aux autres. »

J'ai bénéficié de mes conversations avec Maria Pia Chirinos, James Poulos, Susan Arellano, Krishan Kumar et Steve Talbot. David Novitsky m'a offert des commentaires extrêmement pénétrants sur le chapitre 3. Matthew Feeney a lu le manuscrit dans son entièreté et a suggéré d'innombrables améliorations. Que dire de Feeney ? Il est la personne dont j'attends les courriels avec le plus d'impatience. Nous partageons les mêmes jugements sur ce qui est digne d'éloge ou de blâme et je crois que nous avons exploré ensemble les frontières d'un territoire critique qui reste encore à nommer. Eric Cohen et Adam Keiper, de la revue *The New Atlantis,* ont accueilli certains de mes écrits qui n'auraient pas pu être publiés ailleurs et ont contribué à l'émergence de l'essai qui a donné naissance à ce livre. Vanessa Mobley, mon éditrice chez Penguin, experte en construction de livres, a manifesté son intérêt actif pour le matériau étudié et contribué de façon décisive à en exploiter tout le potentiel.

Je souhaite remercier ma mère pour sa sensibilité raffinée, mon père pour m'avoir montré que la pensée est le plaisir suprême, et ma sœur pour avoir partagé les extravagances de notre enfance. Sans le courage, la sagesse et l'endurance de mon épouse, B., je n'aurais jamais pu affronter les risques d'une activité d'entrepreneur ni ceux de l'écriture. Avec l'intelligence et la lucidité exceptionnelles qui la caractérisent, elle a lu et critiqué les brouillons de chacun de mes chapitres. Le fonctionnement de l'esprit humain est notre passion commune, et nos approches respectives se sont révélées complémentaires et ont débouché sur une communion intellectuelle encore plus intime. Enfin, je remercie mes filles, G., trois ans, et J., un an, tout simplement parce qu'elles sont adorables.

Cet ouvrage a été composé en ITC New Baskerville 10,75/13
et achevé d'imprimer en août 2010 sur les presses
de Marquis imprimeur, Québec, Canada.

Imprimé sur du papier 100 % postconsommation,
traité sans chlore, accrédité Éco-Logo et fait à partir de biogaz.

certifié   procédé   100 % post-   archives   énergie
            sans chlore   consommation   permanentes   biogaz